Clemens Reinders

Zeitzeugen 1939–1945

agenda

Clemens Reinders

Zeitzeugen 1939–1945

Interviews und Berichte zu Geschehenem

Herausgegeben vom

Emmericher Geschichtsverein e.V.

Heimatverein Haldern e.V.

agenda Verlag
Münster
2024

Dieses Werk entstand mit freundlicher Unterstützung durch
den Landschaftsverband Rheinland

die Katjes Fassin GmbH & Co. KG

die Sparkasse Rhein-Maas

Bibliografische Information der Deutschen Nationalbibliothek
Die Deutsche Nationalbibliothek verzeichnet diese Publikation in der Deutschen Nationalbibliografie; detaillierte bibliografische Daten sind im Internet über http://dnb.dnb.de abrufbar.

Drubbel 4, D-48143 Münster
Tel. +49-(0)251-799610
info@agenda-verlag.de, www.agenda-verlag.de

Druck und Bindung: TOTEM, Inowroclaw, Polen

ISBN 978-3-89688-849-5

Für Florentine, Ferdinand und Friederich

Inhalt

Vorwort | Niederrheiner erleben den Zweiten Weltkrieg

Der vorliegende Band beinhaltet 25 Zeitzeugenberichte von Niederrheinern über Kriegsereignisse in den Jahren 1939 bis 1945. Alle Geschichten werden durch historische Fotografien illustriert. Zum Teil stammen sie aus den privaten Alben der Zeitzeugen. Im Fokus stehen weniger geschichtliche Zusammenhänge, sondern mehr subjektiv erlebte Situationen und Lebensabschnitte einzelner Personen. So schildert Hans Liebeton aus Griethausen den Rückzug seiner Wehrmachtseinheit über die Halbinsel Krim im Herbst 1943, seine Reise in den Fronturlaub nach Griethausen, anfangs zu Fuß durch die Ukraine, seine Ängste während des Aufenthaltes bei den Eltern und schließlich seine Rückkehr zur kämpfenden Truppe am 20. April 1944 in Jassy (Rumänien).

Der Emmericher Alex Bettray berichtet sehr detailliert über die Auswirkungen eines britischen Bombenangriffs auf Emmerich am 28. September 1944. „Ich konnte nur noch Hals über Kopf über die Straße eilen zu diesem Splitterbunker“, erzählt er, „und ich seh‘ Hanni heute noch, wie sie die Hand vor den Mund hält und mir nachstarrt vor lauter Schrecken.“ Die meisten Berichte schildern also eher Situatives und sie vermitteln ein Gefühl dafür, wie sich geschichtliche Ereignisse bei den einzelnen Betroffenen anfühlten.

18 Berichte handeln vom Kriegsgeschehen oder vom nationalsozialistischen Alltag am Niederrhein, sechs Texte schildern Ereignisse an fernen Frontabschnitten. Ein Text behandelt in der Form eines Interviews mit dem Historiker Dr. Martin W. Roelen das Erstarken des Nationalsozialismus in der Stadt Wesel.

Zum großen Teil sind es die letzten Zeitzeugen des Zweiten Weltkrieges, die hier sprechen und die fast ausnahmslos in originalen O-Tönen wiedergegeben werden. Die Texte basieren auf genauen Gesprächsprotokollen, die in einem zweiten Arbeitsschritt sprachlich behutsam bearbeitet wurden. Dabei sollte der ursprüngliche Wortlaut möglichst nicht verändert werden, damit die Schilderungen so nah wie möglich beim Sprachduktus des Erzählers bleiben.

Die Schilderungen wollen als Dokumente verstanden werden, als dokumentarisches Material, das zunächst noch nicht bewertet, sondern lediglich zur Kenntnis genommen werden will. Wie eine immer noch durchscheinende Begeisterung eines ehemaligen Hitlerjungen für die damaligen Geländespiele und Segelflugübungen zu bewerten sind, soll anderen Betrachtern vorbehalten bleiben. Im idealen Fall sind die vorliegenden Geschichten also in erster Linie wertvolle Dokumente. Sie dokumentieren natürlich nicht das Ereignis selbst, sondern schlichtweg nur das, was der Zeitzeuge Jahrzehnte später noch erinnern kann oder an was er sich erinnern möchte. Außerdem dokumentieren sie nebenbei, dass sich vieles von dem, was sich an großer nationaler Geschichte ereignet, im Erleben des Einzelnen niederschlägt.

Clemens Reinders

1 | „Sie starben bei uns wie die Fliegen“

Mia Blazy (geb. Huying) erinnert sich an den Mai 1940 und ihre Zeit als Rote-Kreuz-Schwester im Emmericher Feldlazarett . . .

„Ja, Rote-Kreuz-Schwester war ich vom Anfang des Krieges bis zum Ende“, erzählt die heute 92-jährige Emmericherin Mia Blazy. „Sogar schon davor war ich hier im Krankenhaus tätig, aber immer unbezahlt. Es war doch damals eine Ehre für uns Emmericher Bürgerstöchter, wenn wir im Krankenhaus helfen konnten. Anfang 1938 hab‘ ich meine Prüfung zur Schwesternhelferin gemacht und danach auch praktisch im Labor gearbeitet, weil ich gerne medizinisch-technische Assistentin werden wollte. Aber dann kam der Krieg und so wurde nichts daraus. Man hat uns Schwesternhelferinnen zur Wehrmacht eingezogen, das Krankenhaus wurde aufgelöst und zum Lazarett gemacht. Alle zivilen Patienten mussten raus, nur ein paar ältere Leute hatten noch Betten im oberen Geschoss. Wir waren jetzt also selbst Militär und bekamen zum ersten Mal Geld für unsere Arbeit. Und ich weiß noch, wie ich das erste Geld bekam, da hab‘ ich geweint. Ich dachte, wie kann man sowas bezahlen?“

Helfen zu können, sei für sie damals mehr Freude als Arbeit gewesen, sagt Mia Blazy. Im Mai 1940 allerdings – nach den ersten Tagen des verbrecherischen Überfalls der deutschen Wehrmacht auf die Niederlande – wird für die damals 22-Jährige auch die Tragik, die mit ihrer Tätigkeit verbunden ist, deutlich. Der Irrsinn des Krieges wird hautnah spürbar.

„Es kamen immer wieder Sanitätswagen vom Feld und brachten uns die Schwerverwundeten“, erinnert sich Mia Blazy. „Sie kamen direkt von der Front, also von Arnheim. Es waren so viele, dass sogar die Flure des Krankenhauses mit ihnen überfüllt waren. Sie hatten so furchtbare Verletzungen. Manchen wurden die Beine abgenommen, andere waren erblindet, merkten aber gar nicht, dass sie nicht sehen konnten. Einmal brachten sie uns einen Mann – ich arbeitete zu dieser Zeit auch im OP – und weiß noch, dass einer der Militär-Ärzte auf die Trage schaute und meinte: ‚Ja, da kann ich auch nichts mehr machen'. Da lag der Kopf neben dem Körper auf der Trage. Also das war der Krieg, und deshalb kann ich auch heute keine Kriegsbilder mehr sehen, auch keine Geschichten davon lesen. Und ich denke oft: Diejenigen, die das heute im Fernsehen bringen, die haben das ja selbst gar nicht mitgemacht." „Es wurde viel amputiert, die Arme oder die Beine, vor allem in den Tagen nach dem Einmarsch in Holland. Denn die Schwerverwundeten kamen ja nur hierhin, nach Emmerich oder Kleve, weil dort die nächsten Lazarette lagen. Das war ein Kommen und Gehen. Wer von den Verletzten noch einigermaßen transportfähig war, wurde gleich mit dem Zug weiterverschickt, in ein anderes Lazarett. Nur die Schwerstverwundeten blieben da und die starben hier wie die Fliegen. Ja wir kamen gar nicht mehr zur Besinnung; also es ging Tag und Nacht. Ich habe dann auch viel Nachtwache gemacht und weiß wohl, dass bei mir noch viele gestorben sind. Die Schwester Oberin sagte mal: ‚Fräulein Huying schickt sie alle in den Himmel.'"

„Einige gaben mir, wenn es mit Ihnen zu Ende ging, ihre Adressen, sodass ich den Eltern schreiben konnte", erzählt sie weiter. „Und was mir noch in Erinnerung blieb, ich glaube, es war Pfingsten (12. Mai 1940). Da kam die NS-Frauenschaft ins Lazarett und brachte allen Schwerverwundeten Maiglöckchen-Sträuße. Der Geruch eitriger Wunden und andere eigenartige Gerüche waren plötzlich vermischt mit dem Duft von Maiglöckchen. Und es schrien manche Patienten vor Schmerzen. Diesen Moment vergesse ich nie. Noch jetzt, wenn ich Maiglöckchen rieche, werde ich an diese Situation und diesen merkwürdigen Duft erinnert."

Auf die Frage, ob sie diese Erfahrungen als junge Frau gut habe verkraften können, sagt Mia Blazy schlicht: „Ja wissen Sie, wenn Not da ist, sieht man nur die, man muss helfen, man sieht das andere gar nicht mehr."

Auch die Vorboten des Bombenkrieges lernt Mia Blazy in diesem Frühjahr kennen. Sie erzählt: „Eines Morgens – ich hatte mich schon angezogen – stand ich in meinem Mädchenzimmer (Hühnerstraße 20) und schaute durchs Fenster nach draußen.[1] Von dort aus blickte man ja in gerader Linie aufs Krankenhaus. Und dann sehe ich plötzlich Flugzeuge – und Bomben fallen, die sahen aus wie so kleine Zeppeline. Es waren die ersten Bomben, die ich sah. Ich bin sofort unters Bett gekrochen (lacht), hab meine Steppdecke genommen und mich noch zugedeckt. Ich war so erschrocken. Auch das Krankenhaus ist bombardiert worden. Als der Angriff vorbei war, bin ich schnell mit dem Rad zum Lazarett gefahren. Da lagen die Patienten voller Glassplitter. Es muss kurz nach dem Überfall auf Holland gewesen sein. Da sind ja hier in Emmerich die ersten Bomben gefallen. Es waren vier Stück, von einem englischen Flugzeug abgeworfen. Das Lazarett war aber nicht direkt getroffen worden, allerdings waren alle Fenster kaputt und alles lag voller Scherben. Einige Patienten hatten Schnittwunden, aber das nahmen die Landser (Soldaten) damals nicht mehr so tragisch, wenn sie von der Front kamen."

Nach Interviews mit Mia Blazy am 10. Januar 2008
und am 2. August 2010.

Anmerkungen:

1) In Ihrem Interview vom 10. Januar 2008 sprach Mia Blazy davon, dass sie morgens aus dem Fenster geschaut hätte und mehrere Flug-

zeuge sah. Hans Reimann berichtet allerdings, dass in der Nacht zum 11. Mai ein feindliches Flugzeug gegen 1.30 Uhr fünf Bomben abgeworfen hätte. Dieser Widerspruch bleibt aufzuklären.

(Vgl. Reimann, Hans: Über die Angriffe vom 10./11. Mai 1940 und vom 4. Juni 1940. In: Emmerich im Zweiten Weltkrieg – Augenzeugen berichten. Emmericher Geschichtsverein, 1989, S. 13.)

Mia Blazy, geb. Huying, in Emmerich, ca. 1937.

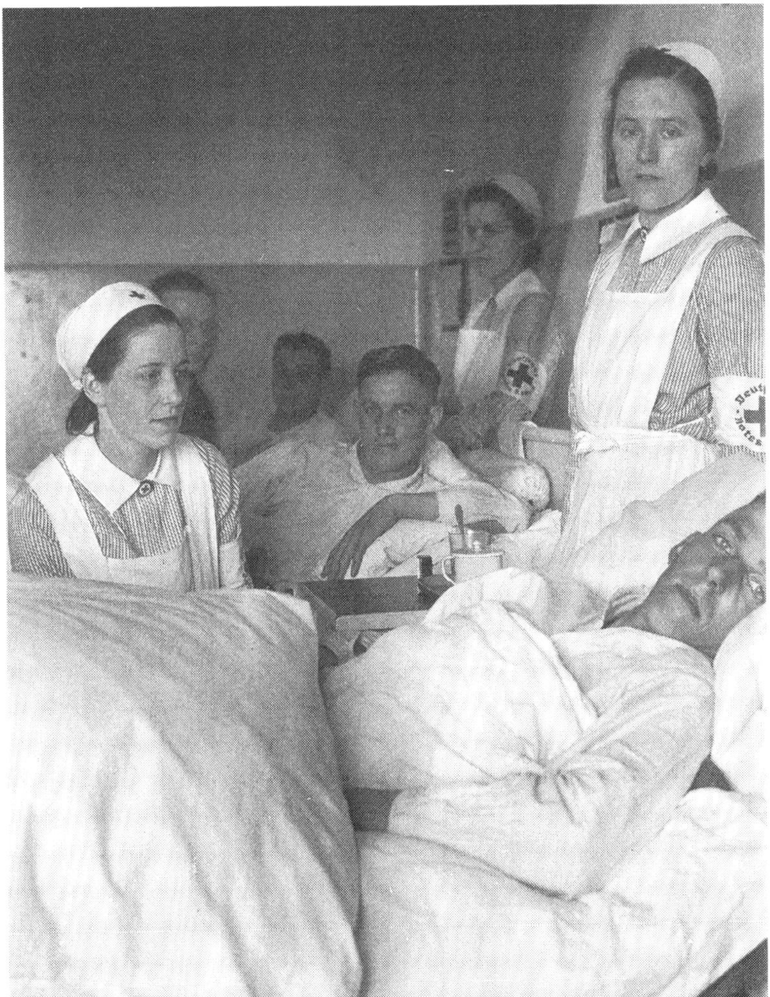

Emmerich 1940. Rote-Kreuz-Schwestern pflegen verwundete Soldaten im Feldlazarett, das im städtischen Krankenhaus eingerichtet worden ist. Links: Mine Thomé, eine der anderen Schwestern muss Hanna Wemmer (später Dormann, geboren 1914) sein.

Mia Huying (später Wolthaus u. danach Blazy) als Rote-Kreuz-Schwester im Kriegsjahr 1941.

2 | Schwester Mia macht Bekanntschaft mit der Gestapo

Mia Blazy (geb. Huying) aus Emmerich erzählt . . .

Emmerich im Kriegsjahr 1943. Es muss irgendwann im Herbst gewesen sein, genauer kann sich Mia Blazy an das Datum nicht erinnern. Wohl nach dem 12. September, an dem sich die damals 25-jährige Rote-Kreuz-Schwester mit dem Medizinstudenten Heinz Wolthaus aus Vehlen verlobt hatte.

„Ja, das schlimmste Erlebnis, das ich während meiner Lazarett-Zeit in Emmerich hatte, war …“, beginnt Mia Blazy und hält kurz inne, um noch einmal neu anzufangen. „Also, ich kannte meinen Mann ja schon, als er noch in die Oberprima des Emmericher Gymnasiums ging. Wir waren eine Primaner-Liebe. Am 2. Februar 1937, das vergess‘ ich nie, machte er zusammen mit 16 Leuten hier das Abitur. Und dann haben wir uns aber erst am 12. September 1943 verlobt. Zu dieser Zeit arbeitete ich aber schon wieder jahrelang im Labor des Emmericher Lazaretts. Wir hatten ja nun nicht mehr so viele Schwerverwundete zu betreuen wie nach dem Angriff auf Holland.“

„An einem Tag rief mich die Nonne vom Labor, Schwester Anna-Ria, zu sich und sagte: ‚Fräulein Huying, gehen Sie doch bitte mal zur Apotheke und besorgen Sie folgende Dinge für’s Labor.‘ Die Militär-Apotheke war damals im Untergeschoss des Amtsgerichtes in der Seufzer-Allee untergebracht. Als ich dorthin kam, war da ein Stabs-Apotheker, der mir die Sachen aushändigte. Schließlich war er mit mir allein im Raum und wollte mich dann so jovial in den Arm nehmen. Und wissen Sie – früher war es doch so – wenn da ein verheirateter Mann einen anrührte, das war doch schon bald eine Sünde für uns. Ich hab‘ mich dann wohl so etwas gewehrt. Und dann sagte er – die duzten einen ja damals alle: ‚Na, warst Du gestern auch in der Aldegundis-Kirche, als die Briefe vom Kardinal von Galen verlesen wurden?' Da sag ich so, ohne viele zu überlegen: ‚Ja, hätten wir nur mehr davon', oder ‚hätten wir nur mehr von diesen Leuten.' Das war so ungefähr der Wortlaut. Da schimpft dieser Oberapotheker plötzlich über den Grafen von Galen und kriegt sich gar nicht mehr ein."

„Ja, und nach ein paar Tagen, ich weiß noch, ich mikroskopierte gerade im Labor, da kam der Oberstabsarzt (Dr. Hoffmann aus Düsseldorf) zu mir und sagte: ‚Schwester Mia, Sie müssen ganz schnell zur Geheimen Staatspolizei.' Die Gestapo hatte hier ein Extra-Haus, das war die weiße Villa der Firma Lohmann an der Ecke van Gülpen-Straße/Großer Wall.[1] Die war damals von den Nazis einfach beschlagnahmt worden. Ich bin dann sofort dorthin gegangen. Und dann haben die mich ausgefragt … Ich wusste überhaupt nicht, wie mir geschah. Was für eine Schulbildung und Ausbildung ich hätte, aber die wussten längst alles über mich. Ich sagte noch: ‚Sie wissen ja mehr als ich.' Stundenlang hat man mich da verhört und die haben mich wohl ziemlich fertiggemacht, aber ich weiß wohl, dass ich das damals gar nicht so tragisch nahm. Ich dachte mir, was hab' ich denn schon gesagt? Ich weiß auch noch, dass die Nachricht von meiner Verhaftung in der Stadt schon rundging. Auf jeden Fall hatte meine Mutter schon erzählt bekommen, ich sei verhaftet worden. Meine Mutter, die muss schon auf den Knien gelegen und weinend zur Mutter Gottes gebetet haben."

„Aber bei diesem Verhör war auch ein SS-Mann dabei, der alles etwas beschwichtigte und herunterspielte. Der kannte mich aus dem Lazarett. Er kam immer in SS-Uniform und besuchte die Patienten. Dabei hatte er mich öfter mal gesehen und wir hatten uns unterhalten. Ich kam ja gelegentlich in die Krankenzimmer, um Patienten Blut abzunehmen oder sonst etwas zu tun. Aber ich hatte mir nie etwas dabei gedacht oder bemerkt, dass er mich gut leiden mochte. Ja, der war auch von der Gestapo. Ich wurde dann wohl nachmittags schon wieder entlassen und hab‘ mir auch über den Vorfall gar keine Gedanken mehr gemacht. Einen Tag oder Tage später kam dieser Mann von der Geheimen Staatspolizei zu mir und sagte: ‚Hören Sie mal, Sie können mir das verdanken, dass Sie nicht nach Dachau gekommen sind.‘ Ich sag: ‚Wieso?‘ ‚Ja,‘, sagt er, ‚wenn ich mich nicht für Sie eingesetzt hätte … Ich mochte Sie immer sehr, aber Sie haben ja nie darauf reagiert.‘ Dann hab‘ ich ihn wohl blöd angeguckt, aber ich glaub‘ noch nicht einmal, dass ich mich bei ihm bedankt habe.“

„Und noch einige Tage später, da wurd‘ ich auf einmal zum Spieß bestellt. Da wurde das gesamte Lazarett zusammengetrommelt. Alles Personal musste zum Hauptlazarett (ins Krankenhaus) kommen und sich da auf dem Hof versammeln. Das waren die Ärzte und alle, die zum Sanitätspersonal gehörten. Es waren ja auch viele Soldaten, die Sanitäter waren. Und dann dieser Spieß … Der hatte damals das Kommando übers gesamte Lazarett. Und der wetterte los: ‚Ja, Schwester Mia, also das ist …‘ Ich weiß gar nicht, was er alles gesagt hat. ‚Sowas haben wir hier im Lazarett, aber wir sorgen dafür, dass Sie keine deutsche Arztfrau werden, also ich wäre nicht …‘ Der hat mich richtig fertiggemacht. Der hat ‘ne lange Rede gehalten, dieser Feldwebel vom Lazarett, das war ein Oberlehrer aus Moers. Dann hieß es, ich müsse ja eine Strafe bekommen, denn die Gestapo hatte mich nicht verurteilt, sondern der Wehrmacht (dem Lazarett) übergeben. Weil ich als Rot-Kreuz-Schwester zur Wehrmacht gehörte, wurde ich von ihr bestraft und sollte darum vier Wochen lang Straf-Nachtwache machen. Ich musste dann nachts die Laborarbeiten erledigen, sodass morgens die Ergebnisse da waren für die Visite. Nachher – nach den vier Wochen – wog ich mit meinem Rot-Kreuz-Mantel nur noch 110 Pfund.“

„Aber da hab‘ ich die Landser (Soldaten) kennengelernt. Die haben für mich nachts – also diejenigen, die noch laufen konnten – alles Mögliche gemacht. Wir mussten ja während des Krieges noch Objektträger putzen und sowas. Dinge, die heute alle mechanisch oder elektronisch gehen. Die haben sogar geholfen, wenn ich vor‘m Mikroskop saß und Blutbilder ausgezählt habe. Wir mussten ja noch den Urin kochen für die Diagnose und den Blutzuckergehalt bestimmen und dann haben die Soldaten nachts für mich geschrieben.“

„Ja, und später nach dem Kriege, als ich zum ersten Mal wieder nach Emmerich kam, da hab‘ ich mich wohl bei meiner Cousine danach erkundigt, was aus denen geworden war, die mit mir im Lazarett gearbeitet hatten. Das war 1956. Ich bin damals mit dem Fahrrad mit den Kindern von Gronau aus hierhin gefahren. Da hab‘ ich dann auch Käthe Märzbach besucht, weil die ja im OP tätig gewesen war und ich im Labor. Und dann sagte sie: ‚Weißt Du, wer hier war? – der Spieß.‘ Ich fragte: ‚Wieso – wieso kommt der?‘ ‚Ja‘, sagte sie, ‚der hat sich nach Dir erkundigt und hatte Angst, dass Du ihm irgendwelche Schwierigkeiten machen wolltest, weil er ja nun Oberlehrer war.‘ Aber Käthe Märzbach hat dann gesagt: ‚Och, so wie ich Mia Huying kenne, die macht da nix von.‘ Ich wäre aber auch gar nicht darauf gekommen, ihn noch mal irgendwie zu belangen. Da hatte ich gar nicht dran gedacht“.

Nach Interviews mit Mia Blazy (geb. Huying) in Emmerich am 10. Januar 2008 und am 2. August 2010.

Anmerkungen:

1) Nach Angabe des Adressbuches von 1929 hatte die „Lohmann-Villa“ die Adresse ‚van Gülpen-Straße 1‘, Eigentümer waren ‚Neugebauer u. Lohmann‘.

Schwester Mia (Mia Huying) im Labor des Emmericher Hauptlazaretts, ca. 1943.

Das ‚Teil-Lazarett Hüttenweg' in der Berufsschule an der Ecke Stormstraße, Heerenberger-Straße (früher: Hüttenweg), ca. 1940. Personen, von links: zwei Patienten / Soldaten, Else Martini; oben: Stabsarzt Dr. Bergmann aus Gelsenkirchen, Mia Huying; oben rechts: unbek.; ganz rechts: Dr. Hölzl. Mia Huying berichtet: „Ja und ich musste im Teillazarett Hüttenweg schon mal bei den Landsern (Soldaten) Blut abnehmen, um es dann nachher im Labor zu untersuchen. So kam ich gelegentlich dorthin, obwohl ich eigentlich im Hauptlazarett (Krankenhaus) tätig war.

3 | Emmerich – Die Nacht vom 16. auf den 17. Mai 1943

Dienst bei der Heimatflak – Hans Doerwald berichtet …

Der 16. Mai ist sonnig und mild, ein Sonntag und dazu Muttertag. 18.30 Uhr – Hans Doerwald schwingt sich auf sein Rad, um zu seiner Flakstellung am Rhein zu fahren. Sie liegt an der Schleuse, zwischen dem hinteren Teil des Industriehafens und dem Rheinufer. Schon seit gut einem halben Jahr verrichtet der gerade 16-jährige Dienst bei der Heimatflak. Ihn und andere werktätige Jugendliche aus Emmerich hat die HJ-Führung zum ‚Kriegshilfsdienst' beordert. Offiziell heißen sie jetzt ‚Flak-Wehrmänner', tragen flieger-blaugraue Uniformen und ersetzen aktive Soldaten der Wehrmacht. Sie sollen ihre Heimatstadt vor den zunehmenden britischen Luftangriffen schützen. Tagsüber ist Hans Doerwald Schlosser-Lehrling bei den Germania-Ölwerken. Ab abends 19 Uhr liegen er und seine Kameraden nun jeden zweiten Tag in Bereitschaft neben ihrer Flugabwehrkanone.

An jenen Abend des 16. Mai kann sich Hans Doerwald gut erinnern: „Es war ein Abend wie jeder andere. Wir schliefen wie immer in unseren 3er-Betten, drei Mann übereinander, mit fünf oder sechs Leuten in einer Holzbaracke, direkt neben unserer Flak-Stellung. Dann kam Alarm, so um elf muss das gewesen sein, da rief uns der Unteroffizier aus den Betten. Wir mussten sofort ans Geschütz, eine 2cm Flak, und warteten auf das, was sich da tat. Ich war ja zu der Zeit schon ein paar Monate dabei, war ausgebildet als Richtschütze, saß auf dem Kanoniersitz neben dem Rohr. Wir guckten in den Nachthimmel, es war taghell, so schien es uns jedenfalls. Vollmond. Und dann kam, so kurz vor 12, eine Maschine über den Rhein. Die flog so niedrig über dem Boden, ein Ding, so groß wie ein Scheunentor. Wir hatten damit gar nicht gerechnet. Wir war‘n so überrascht. Und dann schrie der Unteroffizier: ‚Das ist ein Engländer! Wir haben keine Viermotorigen! Schieß!‘ – Feuer frei!‘ Obwohl wir doch Schießverbot hatten, denn es waren ja auch unsere Nachtjäger unterwegs. Ich trete mit dem Fuß auf den Abzug, nichts tut sich. In der Aufregung hatte ich nicht entsichert. Aber ich hatte ihn voll im Visier gehabt. Da hätt‘ ich gar nicht vorbeischießen können, der war so nah, ein Riesen-Ding über‘m Rhein. Die Maschine flog weiter Richtung Süd-Ost, Richtung Haldern. Ich bin mir heute fast sicher, dass es dieser Lancaster-Bomber war, der dann Minuten später in Heeren-Herken bei Haldern abgestürzt ist. Es kann eigentlich gar nicht anders sein, denn wir sahen ihn auf jeden Fall noch vor Mitternacht, und der flog so ungewöhnlich niedrig.“

„Na ja, die Nacht ging dann weiter, und man hörte jetzt in der Ferne Flak-Schießen. Von unserer Stellung aus haben wir aber zunächst keine weiteren Flugzeuge gesehen. Nur an Schlaf war jetzt nicht mehr zu denken. In den Morgenstunden, so gegen 2, 3 Uhr tauchte dann plötzlich wieder eine Maschine am Himmel auf, auch sehr tieffliegend. Das war ein englischer Bomber, er kam zurück, aus der Richtung Rees/Haldern, flog parallel zum Rhein, und zog seitlich an uns vorbei. Und der Unteroffizier brüllte: ‚Schieß!‘ Da hab‘ ich draufgehalten. Das dauerte nur zwei Magazine, dann brannte es. Ich hab‘ ihn direkt vorne am Cockpit erwischt. Die Flammen schlugen heraus. Ich muss wohl direkt auch den Benzintank getroffen haben, denn der ging sofort in Flammen auf. Jedenfalls fiel er dann wie ein Stein zu Boden. In Klein-Netterden ist die Maschine abgestürzt, auf freiem Feld, diesseits der Autobahn.“

„Können Sie beschreiben, was für ein Gefühl es war, den Bomber getroffen zu haben?“

Doerwald: „Nein, kann ich eigentlich nicht, das ist zu lange her …

Da war man ein bisschen stolz natürlich. Und am Geschütz wurd' gejubelt." „Die Kameraden haben gejubelt?" „Ja sicher, das ist doch klar. Wir waren alle ziemlich euphorisch." „Haben Sie die Absturzstelle aufgesucht?" Doerwald: „Ja, am nächsten Vormittag, als es hell war, bin ich mit einem Kameraden dorthin gegangen. Ich meine, dass mich Heinz Boss, der auch zu meiner Geschütz-Mannschaft gehörte, begleitet hat. Er ist später als 17-Jähriger noch gefallen. Als wir dorthin kamen, herrschte da draußen schon Hochbetrieb, aber die Leute durften nicht näher an das Flugzeugwrack heran. Die Stelle war weiträumig abgesperrt. Ich hab' mich dann ausgewiesen und mich erklärt. Erst dann hat man mich zögernd durchgelassen, aber auch nur bis auf eine gewisse Entfernung. Was ich sah, war ein Trümmerfeld. Die Maschine war ziemlich auseinandergerissen, einige Motoren lagen dort." „Sie haben dann irgendwann auch einen Orden erhalten?" „Ja, Monate später. Das Kriegsverdienstkreuz mit Schwertern, und der Batteriechef (also der militärische Führer der Flak-Einheit in Emmerich), der bekam sogar das ‚Eiserne Kreuz zweiter Klasse', obwohl der praktisch gar nicht beteiligt war (lacht). Aber ich nehme an, man wollte nicht nach außen dokumentieren, dass da so junge Burschen hinter dem Geschütz saßen. Ich war ja im März erst gerade 16 geworden, und im Mai ist das passiert."

„Die Ordensverleihung wurde im Saal des Bürgervereins vorgenommen. Der Bürgerverein besaß damals ein Haus in der Nähe des Krankenhauses. Ja, da war'n so viele Leute, ich weiß gar nicht mehr, wer alles dort war. Der Saal war jedenfalls gerammelt voll, mit Emmericher Bürgern, mit Soldaten. Die gesamte Flak-Batterie war da. Natürlich war ich da stolz als Junge, ist ja logisch. Aber im Großen und Ganzen hat mir das Verdienstkreuz später kein Glück gebracht. Als ich nämlich kurz darauf zum Arbeitsdienst und dann zum Militärdienst musste, wurde ich regelmäßig für riskante Aufgaben ausgewählt, weil die Vorgesetzten meinten, dass ich wegen dieses Verdienstkreuzes Gott weiß was wär‘. Aber, es ist ja etwas völlig anderes, ob ich aus weiter Entfernung mit einer Kanone schieße, oder ob ich einem Kampf Mann gegen Mann ausgesetzt bin. Ich will damit nicht sagen, dass ich ein Feigling war, aber die falsche Annahme, ich hätte Kampferfahrung, hat mir doch sehr geschadet.“

Und letzten Endes trägt das Kriegsverdienstkreuz wohl dazu bei, dass aus dem vermeintlichen Helden nach 1945 ein geläuterter junger Mann wird.

„Ich bin erst Anfang 1945 Soldat geworden“, erzählt Hans Doerwald zum Schluss. „Da hieß es dann wieder: ‚Au, das ist ja schon so‘n halber Held.‘ Also wurd‘ ich immer in den größten Dreck geschickt. Zum Schluss hat so ein armer Irrer (ein Einheitsführer), da oben am Edewegter-Damm (bei Oldenburg) noch einen Brückenkopf bilden wollen, obwohl der Krieg längst verloren war. Was für ein Irrsinn. Er hat uns junge Burschen zu einem Spähtrupp losgeschickt. Und dabei bin ich am 17. April 1945 schwer verwundet worden. Hatte ‘ne Kopfverletzung, Granatsplitter im Kopf, bin auch heute noch zu 80 Prozent kriegsbeschädigt. Ich hab‘s Kriegsende gar nicht bei Bewusstsein erlebt. Ich bin erst im Juli wieder zu mir gekommen. Ich lag während der ganzen Zeit im Koma. Aber als ich das Schlimmste überstanden hatte, da hab‘ ich so einen Hass entwickelt, auf all das, was gewesen ist, darauf, wie man uns unsere Jugend genommen hat, sodass ich dann auch direkt politisch geworden bin. Anfangs sehr links, aber das hat sich natürlich mit der Zeit auch verändert. Aber ich war immer … Ich hab‘ in mir so einen Hass gegen das (Nazi-)System aufgebaut, dass ich dadurch mein Leben lang politisch gewesen bin. Ob das immer gut war, weiß ich nicht. Für die Familie sicherlich nicht (lacht).“

Später ist Hans Doerwald während seines gesamten Berufslebens gewerkschaftlich aktiv. Wird IG-Metall-Vorsitzender, Vorsitzender des Emmericher SPD-Ortsvereins und engagiert sich in der Arbeiterwohlfahrt. 17 Jahre lang bekleidet er das Amt des Betriebsratsvorsitzenden bei den Probat-Werken und 40 Jahre lang vertritt er Emmericher Bürger als SPD-Mitglied und zeitweise als stellvertretender Fraktionschef im Stadtrat. In den Kreistagen der Kreise Rees und Wesel arbeitet er 20 Jahre als Abgeordneter, ist in den 90ern Vize-Bürgermeister der Stadt Emmerich und erhält schließlich für sein vielfältiges Engagement das Bundesverdienstkreuz.

Nach Interviews mit Hans Doerwald am 18. August 2016
und am 25. Juli 2017 in Emmerich.
Fassung vom 16. August 2017.

Anmerkung:

Was Hans Doerwald über die Ereignisse in der besagten Nacht nicht wusste und erst am Tage danach erfuhr, ist die Tatsache, dass jenes Flugzeug, das er am 17. Mai 1943 vom Himmel holte, zu den 19 Lancaster-Bombern gehörte, die in dieser Nacht Talsperren im Sauerland bombardiert hatten. Die bei Emmerich getroffene Maschine hatte ihre vier Tonnen schwere Rollbombe bereits entladen und befand sich auf dem Rückflug zum Royal Air Force-Stützpunkt Scampton in Mittel-England. Für die sieben Besatzungsmitglieder gab es damals keine Rettung.

Verwendete Literatur:

Hillmann, Jörg und John Zimmermann (Hrsg.): Kriegsende 1945 in Deutschland. De Gruyter, München 2002, S. 85 – 88.

WDR. (17.05.2008). 17. Mai 1943 – Möhne- und Edertalsperre werden bombardiert.

Maxwill, Peter. (15.05.2013). Weltkriegsmission. Die Nacht der Sintflutbomber. Spiegel-Online.

Johannes Doerwald, 17 Jahre alt.

Junge Soldaten am 2 cm-Flak-Geschütz, Ort unbekannt.

Hans Doerwald beim Arbeitsdienst in Neustadt an der Weinstraße, Herbst 1944.

Denkmaleinweihung für die Opfer des Dambuster-Abschusses in Klein-Netterden; Emmerich am 17. Mai 2019.
Personen von rechts nach links: Fl. Lt. Pete Clark (RAF), Bürgermeister Peter Hinze, Wg. Cdr. Paul Withers (RAF), beide vom Standort der NATO CAOC Uedem, folgend Mark Welch (UK) Mitinitiator für das Denkmal, der Zeitzeuge Johannes Doerwald und Marcel Hahn, Initiator des Denkmals.

4 | Verwundet bei Jassy (Rumänien) am 3. Mai 1944

Hans Liebeton aus Griethausen erzählt . . .

Als der 20-jährige Soldat Hans Liebeton mit seinen Kameraden auf die Fähre von Taman nach Kertsch einrückt, befindet sich die deutsche Wehrmacht im Kaukasus schon seit Monaten auf dem Rückzug. Es ist Ende September 1943. Daran kann Hans Liebeton sich gut erinnern, denn in der Hafenstadt Kertsch erhält er am 28. September endlich Post von zu Hause. Zu seinem Schrecken allerdings damit auch die Nachricht, dass sein Vetter Felix in Charkow gefallen ist.

Das Artillerieregiment 179 marschiert nun zurück nach Westen, zurück auf die Halbinsel Krim. Doch zunächst muss die Straße von Kertsch, eine Passage zwischen dem Schwarzen- und dem Asowschen-Meer überwunden werden. „20 oder 21 Kilometer breit war die Meerenge da", erzählt Hans Liebeton, „aber übersetzen konnte man nur bei Nacht, tagsüber war's gar nicht möglich, und auch nachts war's gefährlich, weil dann die russischen Kanonenboote hindurch fuhren. Viele Fähren sind damals gar nicht angekommen. – Da haben wir Kertsch liegen!" Hans Liebeton fährt mit dem Finger über die Karte des aufgeschlagenen Atlas, der vor uns auf dem Küchentisch liegt. „Hier ist die Meerenge, sehen Sie das. Und beim Rückzug, als wir heruntergingen von der Fähre, da standen in Kertsch nur zwei Züge bereit, mit je 50 oder 60 Waggons. Da kamen die Pferde drauf, die Geschütze, der gesamte Tross, die Schmiedewagen und, und, und … Jetzt blieben aber mindestens 20 Fahrzeuge über, die konnten nicht mehr geladen werden. Da hörte ich, wie unser Futtermeister den Nachrichtenoffizier fragte: ‚Kann der Funker Liebeton hierbleiben?' – Mit dem Futtermeister konnte ich sehr gut, und ich war es ja auch gewohnt, mit Pferden umzugehen. Er sagte dann: ‚Der Hans geht mit mir.‘ So bin ich dann mitgefahren, denn ich hatte ja außerdem noch eine Verwundung am rechten Fuß. Ich humpelte immer noch, die Wunde war offen, hab‘ natürlich auch ein bisschen markiert, damit ich nicht sofort wieder eingesetzt wurde.“

„Die Züge fuhren weg und wir mussten mit den restlichen Trosswagen über die Krim der Truppe nachfolgen. Vor jedem Wagen gingen zwei Pferde. Meistens saß ich neben dem Fahrer auf dem Bock. Und so humpelten wir weiter in Richtung Westen. Kommen wir heute nicht, dann kommen wir morgen, so haben wir gedacht. Natürlich hatten wir keine Lebensmittel und auch kein Pferdefutter bei uns, das mussten wir uns alles unterwegs besorgen. Aber in den Städten, in denen wir ankamen, da lag ja zum Teil deutsche Besatzung, Marine, und da konnten wir uns mit Essbarem eindecken. Da gab's zwar keine warme Mahlzeit – nur zufällig mal, wenn die Truppe gerade gekocht hatte – aber zumindest Kommissbrot, Wurst und Butter. Von Kertsch aus sind wir über Feodosia bis nach Jalta gefahren und dann nach Norden abgedreht. Denn wir mussten ja oben durch die Landenge zum Südabschnitt. Den direkten Weg zum ukrainischen Festland konnten wir nicht nehmen, weil das Innere der Krim ja von den Deutschen nicht besetzt war. Der direkte Weg wäre viel zu gefährlich gewesen. Und das hier (Hans Liebeton zeigt auf die Landenge von Perekop), das nannte man den Tatarengraben, da mussten wir hindurch. Der Russe drängte schon von Osten her, der wollte die Verbindung zum Festland abschneiden. Vier Tage nachdem wir hindurch waren, da war die gesamte Krim abgeschlossen. Alle, die noch auf der Halbinsel waren, mussten über den Seeweg fliehen. Aber wir sind ohne jede Feindberührung durchgekommen, noch bei gutem Wetter, sogar mit Sonnenschein. Sechs Wochen ungefähr haben wir gebraucht bis Kherson. Da haben wir Halt gemacht und sind wieder zu unserer Einheit gestoßen. Dort trafen wir also den Tross vom Regiment – das muss Mitte November 1943 gewesen sein. Unsere Batterien (die Geschütze) waren zu der Zeit aber schon im Einsatz, wo genau, das weiß ich nicht mehr, hier irgendwo bei Melitopol. Aber die waren ja alle schon auf dem Rückzug. Und die hatten – ja ich darf es gar nicht sagen – die haben Verluste gehabt … Ja hier am Dnjepr, da ist er (der Russe) durchgebrochen und dann fiel auch schon alles zusammen. Wir selbst (der Tross in Kherson) haben das ja nicht mitgemacht, aber wir haben davon gehört.“

„Von Kherson aus marschierten wir mit Pferden und Wagen weiter herauf nach Norden auf Kriwoi-Rog zu. Und weil ich mit meiner Fußverletzung noch humpelte, war ich auch jetzt immer noch beim Tross. Aber am ‘Brückenkopf Nikopol‘ sind wir dann zum Einsatz gekommen. Ja, und das war der Untergang!“

„Es war ja jetzt Ende November (1943) und der Russe hatte schon begonnen anzugreifen. Wir haben unsere Artillerie irgendwo am Ostufer des Dnjepr wiedergefunden. Da gab es gerade noch eine feste Stellung, aber das war nur ein ganz schwacher Widerstand. Auf einmal brach der Russe so mit seinen Panzern durch und da war nichts mehr zu halten. Ich darf da gar nicht dran denken. Wir hatten plötzlich Regen, Schnee und Frost, die Pferde versoffen im Morast, die Geschütze blieben steh‘n, nichts ging mehr weg. Erst als wir mit dem restlichen Material über den Dnjepr herüber waren, da kriegte die Truppe etwas Ruhe, denn der Russe rückte nicht nach übers Wasser. Da kam die Front zum Stehen.“

„Können Sie über Nikopol genauer erzählen?“, frage ich. „Ne! Ne! Da kam alles zusammen“, erzählt Hans Liebeton aufgeregt, „hier die Front, das war ein Durcheinander mhrrr!“ Hans Liebeton gibt mit der geballten Faust einen dumpfen Schlag auf den Tisch. „Grauenhaft! – Der Russe drückte doch, und wir kamen von hier (aus Kherson), unsere Artillerie stand schon da, die war schon im Einsatz, und dann sind auch wir zum Einsatz gekommen. Das war … Naja, so um Weihnachten herum. Weihnachten 1943. Und das dauerte bis Ende Januar, ja, da war dann aber nichts mehr von uns da. Nur ich war noch übriggeblieben. (schweigt) Dann bin ich in Urlaub gefahren, denn diejenigen, die eigentlich noch vor mir an der Reihe waren, die waren nicht mehr da …"

„Anfang Februar bekam ich meinen Urlaubsschein. Der Unteroffizier sagte noch zu mir: ‚Hans, sieh zu, dass du hier wegkommst!' ‚Jo', sage ich, ‚wird nicht lange dauern.' Es stießen dann noch zwei oder drei Mann von einer anderen Batterie zu mir, und dann haben wir uns gemeinsam von Kriwoi-Rog aus zu Fuß auf den Weg gemacht. Abends haben wir nur geguckt, wo die Sonne unterging, denn die geht ja im Westen unter, und dann haben wir uns gesagt, da müssen wir hin. (lacht) Ja, jeden Abend, wenn die Sonne unterging, dann dachten wir, da hinten wohnen wir. Manchmal sind wir auf ein Fahrzeug getroffen, das uns ein Stück mitnahm. Und wenn man ein wenig russisch konnte, half das auch weiter. Die Leute waren wirklich sehr freundlich. Über weite Strecken war ja kein deutscher Soldat zu sehen. Natürlich gab es hier und da Städte, wo Nachschubstellen eingerichtet waren, aber ansonsten sah man von deutscher Besatzung nichts. Es hat lange gedauert, bis wir endlich an irgendeine Bahnlinie kamen. Wir haben uns dann auf den Zug gesetzt, denn wir mussten ja von Kriwoi-Rog nach ganz oben zur polnisch-russischen Grenze, nach Przemyśl. Da fuhren die Urlaubszüge. Drei Wochen lang waren wir unterwegs, bis wir dort ankamen, aber das wurde ja von der Wehrmacht nicht notiert. Erst in Przemyśl bekamen wir den Stempel, erst als wir in den Zug einstiegen."

„Ich weiß noch, am Bahnhof saßen wir auf langen Bänken in Doppelreihen – Hunderte von Landsern – und warteten. Und dann die Durchsage aus dem Lautsprecher: ‚Der Urlauber-Zug Przemyśl –

Krakau – Breslau – Cottbus – Düsseldorf hat 350 Minuten Verspätung!‘ Direkt hinter mir sitzt einer, der sagt darauf: ‚Da hätt‘ ich auch laufen können‘. Spricht das in niederrheinischem Dialekt, da dreh‘ ich mich zu ihm um und sag: ‚Mensch, das is‘ en Ereignis!‘ Da guckt der mich an und meint: ‚Du Schnösel, wo kommst du denn her?‘ Ich war ja gerade erst 20. Ich hab‘ ihm dann geantwortet: ‚Von Griethausen!‘ Dann stellte sich heraus, dass er aus Kellen kam. Er hatte vor dem Krieg das Postauto gefahren und jeden Morgen bei uns zu Hause – wir hatten ja damals die Postagentur – Briefe und Pakete abgeholt. ‚Du bist schon Soldat?‘, sagte er, ‚Du warst doch eben noch so ein Jüngsken, als ich zuletzt bei euch war.‘ Aber was aus ihm geworden ist? Ich habe nichts mehr von ihm gesehen und gehört. Wenn da tausend Urlauber sitzen – da stürmt alles in den Zug. Wir haben uns dann aus den Augen verloren.“

„Von Anfang März bis Mitte April (1944) war ich zu Hause bei den Eltern in Griethausen, mal hier, mal da zu Besuch, und hab‘ abends immer den Engländer gehört. So bekam ich dann auch mit, dass die Front im Süd-Abschnitt in der Ukraine zusammengebrochen war. Gott sei Dank, Gott sei Dank, dachte ich, dass ich jetzt nicht dort bin. Wir haben die Meldungen auch noch in Englisch angehört, weil meine Schwester Lieselotte schon ein bisschen Englisch konnte. Die machten auch genaue Angaben von Orten. Ich hatte eine alte Landkarte und konnte dann die neuen Ereignisse – die Verschiebung der Front – mitverfolgen. Mein Gott, da sind die schon, hab‘ ich gedacht und zwei, drei Tage später waren sie noch weiter mit ihren Panzerverbänden, denn wir hatten ja dort nichts mehr, keine Gegenwehr. Ich habe meine Rückfahrt zur Front einfach hinausgezögert, denn die Nachrichten hatten die Angst bei mir wieder hochkommen lassen. Doch irgendwann sagte meine Mutter zu Vater: ‚Der Junge muss aber jetzt fahren.‘ Sie wusste ja auch, was ein Fernbleiben von der Truppe für Folgen haben konnte. Mein Vater antwortete nur:

‚Lass ihn in Ruhe, er muss es selbst wissen.' Das weiß ich noch. Er war selbst im Ersten Weltkrieg Soldat gewesen und mir war klar, wenn ich jetzt dahin komme, dann ist es aus. Aber was ich da vom Untergang der Süd-Front gehört hatte, das hab' ich für mich behalten. Ich hab' nichts zu den Eltern gesagt. Ich hab' nur gedacht, dass es das Ende ist, das Chaos."

„Um vier Wochen hab' ich meinen Urlaub überzogen. Also, wenn die es gemerkt hätten, hätten sie mich sofort erschossen. Dann bin ich aber doch losgefahren und genau zu Hitlers Geburtstag am 20. April in Jassy in Rumänien eingetroffen. Nach meinem Urlaubsschein, vier Wochen drüber (lacht), hat niemand geguckt. Als ich da in Jassy ankam, da stand der Russe aber bereits am Pruth. Das ist der Fluss, der an der Grenze zu Moldawien liegt und ins Schwarze Meer fließt. Die deutschen Einheiten waren in der Zwischenzeit immer weiter zurückgewichen."

„Als der Zug mit den zurückkehrenden Urlaubern in den Bahnhof einfuhr, da war das Gelände dann schon von der Feldgendarmerie umstellt. Sie müssen sich vorstellen, jetzt kommen da tausend Urlauber an und plötzlich stehen da hundert Militärpolizisten – Kettenhunde, wie wir sagten. Alles war abgesperrt. ‚Keiner kommt weg', hieß es, ‚sonst knallt es!', fertig. Die Männer wussten gar nicht, wie ihnen geschah. Die wurden abgefangen und absortiert wie Tiere. Zusammengetrieben, die sollten all' zur Infanterie. Aber die da aus dem Urlaub zurückkamen, das waren Matrosen, die zum Schwarzen Meer wollten, wo die Schiffe lagen. Das waren Flieger, Leute vom Bodenpersonal, die nach Odessa mussten zum Flugplatz. Die haben sie alle weggeschnappt und zur Infanterie gesteckt, nur um die Front zu halten. Der Zug fuhr weg, und alle standen da und guckten. Die Luftwaffe- und Marine-Soldaten fluchten. Alle wollten unbedingt zu ihrer Einheit, aber niemand wusste wohin. Wir hörten es auch schon knallen. Die Front konnte nicht mehr weit sein. Das war so ein Chaos, furchtbar. Da wurden dann einfach – über Nacht – neue Trupps zusammengestellt. Hundertschaften oder Zweihundertschaften. Die Leute kriegten Panzerfäuste, Gewehre, Handgranaten, Munition, und dann wurden sie auch schon abtransportiert nach vorne, als Kanonenfutter."

„Ich bin herausgeschlüpft aus der Menge wie ein Wieselchen. Ich war immer ziemlich flink, bin weitergelaufen, wollte meine Einheit suchen. Nach vier Tagen hab' ich die erst gefunden. Einen Rest, ein paar Soldaten, die sich in Jassy aufhielten. Und die sagten mir: ‚Vom Regiment (AR 179) ist nichts mehr da, die sind mit Ross und Wagen in Gefangenschaft oder tot.' Dann hatten mich die Kettenhunde doch noch, ich wusste ja nicht wohin, da war ja nichts mehr. Ich wurde dem zweiten Haufen von Urlaubern zugeteilt, der noch übrig war. Es dauerte ja ein paar Tage, bis die neuen Kampfgruppen zusammengestellt waren. Wir kamen doch alle aus dem Urlaub und hatten keine Ausrüstung mehr. Ich hatte kein Gewehr, keine Patronentasche, es musste alles erst besorgt werden. Wir haben uns danach noch einige Tage in der Stadt aufgehalten."

„Aber dann kam ein Panzergangriff und ab da ging alles durcheinander, das weiß ich noch. Ja, die kamen schon, denn die Panzer stoßen ja immer 50 Kilometer vorher durch, ehe die Infanterie nachrückt. Zum Einsatzgebiet ging's dann zu Fuß, Fahrzeuge gab es nicht mehr. Wir haben – vermute ich – irgendwo südlich von Jassy gelegen, am Westufer des Pruth. An verschiedene Punkte im Gelände wurden überall Trupps von hundert oder zweihundert Mann hingesteckt, man wollte da eine neue Front bilden. Aber zu der Zeit wussten wir gar nicht, wo wir waren. Wir wussten überhaupt nichts. Unsere Einheiten hatten auch keine Unterstützung durch Panzer oder Geschütze, das war alles beim Rückzug liegengeblieben. Ich selbst hatte nichts außer meiner Uniform am Leib, ein Gewehr hatten die nicht mehr. Wie sollten die auch tausend Männer so schnell alle mit Gewehren ausrüsten? Ich hatte nicht mal 'ne Kaffeeflasche oder ein Kochgeschirr."

„Ein bis zwei Tage höchstens haben wir da in unserem Loch gestanden. Das war aber nur knietief, weiter hatten wir nicht gebuddelt, irgendwo an einer Böschung. Wir wussten auch nur, dass der Pruth der Wasserlauf vor uns war. Das war ein Haufen von vielleicht 20 bis 50 Mann, eine wilde Horde, bunt durcheinandergewürfelt. Da waren sämtliche Einheiten vertreten. Wir wurden ja einfach beschlagnahmt von irgendeinem Leutnant oder Unteroffizier oder Feldwebel oder was er war. Keiner wusste so richtig, zu welcher Gruppe er eigentlich gehörte. Wir haben gewartet auf das, was da kommt. Die Panzer hatten wir schon die ganze Nacht über gehört, bis zum Morgen. Wir haben dann gesagt: ‚Die sind bald hier, wir müssen zusehen, dass wir wegkommen. Wenn der Russe kommt, hauen wir ab.' Denn die Kettenhunde, die waren zuerst verschwunden, die Verbrecher. Aber dann meinte einer von uns: ‚Weit kommen wir nicht, wir sitzen direkt vor den Karpaten.' Es ist ja so, wenn man flieht, ohne einen Weg zu haben, dann ist es aus. Das machten die Russen ja, die Bergwege sofort angreifen und zusetzen, damit die Rückzugswege versperrt waren. Aber wir hatten nur den einen Gedanken: ‚Weg von hier! Weg!' Mehr weiß ich nicht."

„Dann bekamen wir Granatbeschuss. Das war morgens, gegen vier, fünf Uhr. Es wurde schon langsam hell. Und man muss sich vorstellen – wir hatten ja Flieger und Matrosen unter uns – wenn die auf einmal bei der Infanterie Beschuss kriegen, ja, denen rutschte doch das Herz in die Hose. Da war natürlich was los. Es sind auch welche weggelaufen, aber die kamen ja nicht weit. Es knallte dann schon hier und da und einer neben mir drückt auf den Abzug seiner Panzerfaust, aber der Schuss löst sich nicht. Dann wurde an dem Ding herumgefummelt, darauf gehauen, die Panzerfaust weggeworfen und wieder eine neue genommen. Jemand muss das Rohr in meine Richtung gehalten haben. Die russischen Panzer hörte man, die sahen wir schon."

Plötzlich trifft der nach hinten austretende Feuerstrahl der Panzerfaust den Soldaten Hans Liebeton an Gesicht und Schulter. Es ist der Morgen des 3. Mai 1944. „Da war's für mich aus", erzählt Hans Liebeton, „da war's dann ganz dunkel." (lacht) „Ich weiß nur noch, wie mir Kameraden die Klamotten herunterzogen, aber dann war ich weg, ab da weiß ich nichts mehr."

„Dann bin ich wohl mit einem Fieseler Storch aus dem Frontgebiet herausgeflogen worden. Unsere Stellungen waren ja zum Teil schon von den Russen eingekesselt, das wussten wir damals auch. Irgendwo in Rumänien muss ich aber noch einmal zwischengelandet sein, denn ich kam mit einer JU-52-Maschine nach Bukarest. Ich weiß noch, dass man mich auf einer Trage aus dem Flugzeug geschoben hat. Da zog dann einer die Decke über mir weg und ich hör' noch die Stimme: ‚Der kratzt doch ab, der Nächste!' Ja, da werden aus fünf Minuten Tage, in solch' einem Moment. Und vor allem, man kann ja nichts sehen. Man hört nur das Klippern und Klappern... Die sind ja roh, also rau, diese Sanitäter. Aber die müssen das ja auch sein, wenn da täglich diese Krüppel ankommen. Am Flughafen bin ich dann behandelt worden. Naja, was heißt behandelt? Ich war ja weg, bewusstlos, lag mit dem nackten Arsch auf der Trage und hatte 'nen Verband vom Kopf bis zum Bauchnabel, den linken Arm mit eingewickelt. Über meinem Mund war der Verband etwas aufgeschnitten, damit ich durch einen kleinen Schlauch Nahrung aufnehmen konnte. In meinem Gesicht war ja alles zusammengebrannt, die Mundöffnung war nur noch fingergroß. Ich hatte keine Haare mehr, es war alles verbrannt. Hier sind ja noch die...", Frau Liebeton deutet auf die schwarzen Punkte im Gesicht ihres Mannes. „Da sind noch die dunklen Punkte.“ Wir schauen auf die eingebrannten Pulverschmauchreste auf seinen Wangen. „Ich war pechschwarz nachher“, ergänzt Hans Liebeton.

„Als ich dann wieder richtig zu Bewusstsein kam, lag ich in einem Lazarettzug, der mich von Bukarest nach Budapest brachte. Und dann ging’s mit einem anderen Zug weiter nach Wien. In Wien bin ich dann in ein Nonnenkloster gekommen, in ein Augen-Lazarett. Als ich im Krankenzimmer wach wurde, da hörte ich nur, ich konnte ja nichts sehen, wie jemand flüsterte: ‚Der hat nicht mehr lang‘. Die anderen guckten auf mich drauf, konnten aber nichts von mir sehen – ich war ja vollständig eingewickelt – aber die Nonnen haben mich am Leben gehalten. Da bekam ich dann immer morgens, wenn die Schwester kam, aus einem kleinen Töpfchen, das sie mir über den Mund hielt, Milchsuppe. Die musste ich mit einem Schlauch aus der Schüssel saugen.“ Hans Liebeton macht Schmatzgeräusche, die andeuten sollen, wie er Nahrung gesaugt oder geschlürft hat. „Ich vergess‘ nie, was der Kamerad von drüben aus dem Nachbarbett einmal sagte: ‚Schwester Johanna, geben Sie ihm doch die Brust.‘ ‚Ja‘, sagte die dann, ‚die ist trocken, da ist nix drin.‘ (lacht über die traurige Ironie) Ich bin mit meiner Frau vor einigen Jahren mal dort gewesen, in diesem Kloster. Also wirklich, alle Achtung, was die Schwestern damals für uns getan haben.“

„In der ersten Zeit in Wien war ich ein Nichts, ein Niemand. Mein Soldbuch war ja verbrannt und auch meine Erkennungsmarke war weg. Nur wo ich herkam (Jassy, Bukarest usw.), das hatte man beim Krankentransport auf den Begleitzettel, der da unten am Bauch festgemacht war, drauf geschrieben. Nach Wochen, als ich wieder sprechen konnte, musste ich dann Angaben über meine Personalien machen, über Vater und Mutter, Großvater und Großmutter. wo diese wohnten und so weiter. Das wurde alles zum Amt Griethausen geschickt und tatsächlich, nach 8 oder 14 Tagen kam ein Schreiben zurück: ‚Die Angaben stimmen.' Da kam dann die Schwester herein und sagte freudestrahlend zu mir: ‚Wir haben wieder 'nen deutschen Soldaten.'"

„In Wien sagte mir mal der Stabsarzt oder der Oberstabsarzt, da konnte ich aber immer noch nicht sehen: ‚Die Rettung für Sie, das waren die Maden.' Denn meine Wunde saß zuerst wohl voller Maden, und die hatten die Wunde sauber gehalten. Ich weiß wohl noch, dass ich auf der Zugfahrt nach Budapest ständig mit der Hand an meiner Wunde kratzen wollte, denn das juckte sehr. Aber ich wusste ja gar nicht weshalb. Die Sanitäter in Bukarest hatten die Wunde nur mit Eisenklammern zugezogen. Ich weiß noch, wie die an mir herumoperierten. Das ging ja auch ganz anders zu als in einem Krankenhaus heute. Da wurde viel mit Zangen gearbeitet – hrrr. Aber wenn man da in so einem Feldlazarett gelegen hat, das ist der reinste Schlachthof."

Viereinhalb Monate etwa verbringt Hans Liebeton in dem Wiener Lazarett für Augenkranke im Kloster der Heimsuchung Mariens. Ende September 1944 wird er zur weiteren Behandlung in ein Lazarett nach Kevelaer verlegt. „Eine Rot-Kreuz-Schwester begleitete mich auf der Zugfahrt", erinnert sich der heute 86-jährige, „weil ich noch nicht wieder richtig sehen konnte. Als wir in Dortmund ankamen, fragte sie mich: ‚Kann ich hier aussteigen?' Denn sie kam gebürtig aus Dortmund. Ich sagte dann: ‚Geh'n Sie mal Schwester, ich krieg das alleine hin, ich weiß, wo Kevelaer liegt.'" Anfang Dezember kann Hans Liebeton dann – nahezu wiederhergestellt – auch das Augenlazarett in Kevelaer verlassen. Doch der Krieg ist für ihn auch jetzt noch nicht aus. „Nein, die Wehrmacht wollte mich nicht mehr entlassen, weil ja unsere Gegend nach der Luftlandung in Arnheim Frontgebiet geworden war", fährt Hans Liebeton fort. „Ich bin dann im Winter 1944/45 noch im Ruhrgebiet, in Bottrop, als Wachmann für russische Kriegsgefangene eingesetzt worden. Da konnte ich schon wieder laufen und sehen. Wachdienst hab' ich aber dort gar nicht gemacht, sondern stand vorne am Tor der Zeche Prosper Zwo. Da arbeiteten wohl 1500 oder noch mehr Russen. Ich musste immer die Schichten abholen. Ich wartete dann am Förderschacht zusammen mit ehemaligen Kumpeln, alten Rentnern, und musste die zurückkommenden Arbeiter abzählen. Aus einer Schicht kamen jetzt beispielsweise 300 Mann heraus. Dann zählte ich 250, 260, 270 und sagte zu dem Rentner: ‚Wie weit bist du?' ‚Ich hab' nicht gezählt', sagte der. Und ich sagte dann zu ihm: ‚Ich auch nicht.' (lacht) Also schrieben wir auf unseren Zettel: ‚Es sind alle wieder heraus.' Ja, da haben wir manchmal gelacht. Die Rentner mussten dann mit Gewehren bewaffnet – sie trugen aber Zivil – die Russen zurück ins Lager begleiten. Das lag nur zwei Kilometer entfernt."

„Als die Front Anfang Februar 45 näher kam, sind die Zechen durch die Bombardierungen zum Erliegen gekommen. Unsere Pumpstation hatte einen Treffer erhalten und es konnte unten nicht mehr gepumpt werden. Die Gruben liefen mit Wasser voll. Kurze Zeit später kam der Befehl, die Russen ins Sauerland zu verlegen. Und so begleitete ich circa 400 Kriegsgefangene auf ihrem Marsch nach Osten. Es waren vier bis sechs Wachleute dabei. Die Männer wurden wie eine Viehherde in Richtung Sauerland getrieben. Kurz vor Brilon habe ich mich dann zusammen mit einem Kameraden von der Kolonne abgesetzt. Das muss gegen Ende März gewesen sein. In Brilon versuchte ich, Aufnahme im Lazarett zu finden.

Die Amerikaner konnten ja jeden Augenblick da sein und wo sollte ich denn hin? Ich gehörte doch zu keiner Einheit mehr. Aber als Patienten wollte man mich nicht aufnehmen, weil ich keine offene Wunde hatte. Man sagte mir, dass keine Bedürftigkeit vorläge. Zwei oder drei Tage hab' ich mich dann doch im Lazarett aufhalten dürfen. Das war brechend voll.

Ich bekam ein einfaches Nachtlager unten im Keller und etwas Verpflegung. Aber dann hat man mir einfach ein Papier ausgestellt: ‚…entlassen von der Wehrmacht …‘, fertig. Damit war ich eigentlich schon Zivilist und ich Dussel hätte anschließend sofort untertauchen sollen, bis die Amerikaner fort sind. Aber ich bin gleich: ‚Oh, jetzt bin ich frei!‘ Ich hab‘ mich dann in den ersten Märztagen zu Fuß auf den Weg in Richtung Heimat gemacht. Doch am zweiten oder dritten Tag kam plötzlich ein amerikanischer Jeep auf mich zugefahren. ‚Mak snell, mak snell‘, rief der Ami. Ich gab dem Beifahrer meinen Entlassungsschein, aber der riss ihn einfach durch und meinte: ‚Ab! Ich wurde sofort zu einem LKW mit anderen deutschen Gefangenen gebracht. Dann ging‘s direkt in Gefangenschaft. – Da geh‘ ich dahin als Krüppel? – nach Remagen.“ Hans Liebeton schüttelt mit dem Kopf.

Der Bericht verarbeitet vier Gesprächsprotokolle zu Tonband-Interviews mit Hans Liebeton, die am 4. Januar, am 8. Februar, am 22. Februar und am 10. Mai 2010 in Griethausen geführt wurden.

Nachtrag:

Einige Tage nach unserem letzten Gespräch erinnerte sich Hans Liebeton noch an eine kleine Begebenheit. Frau Liebeton sandte mir die folgenden Zeilen als E-Mail: „Er hat mir noch Folgendes erzählt: Die Landser kamen auf Lastwagen. Es waren drei offene Fahrzeuge. Die Fahrer fuhren extra schnell durch die Kurven und so wurden die Gefangenen mal nach links und mal nach rechts geschaukelt. Dann wurde wieder kräftig gebremst. Einmal hatten sie sich verfahren und kamen in einen kleinen Ort. Dort hielten die LKWs in der Nähe einer Bäckerei. Frauen kamen mit zwei Körben Brot heraus und warfen die Brote in die Höhe zu den Gefangenen. Aber von den Broten kamen nur einige an. Als der Ami-Bewacher das sah, nahm er den Frauen die Körbe ab, warf das Brot vor die Vorderräder und fuhr mehrere Male vor und zurück, schrecklich. Die Erinnerungen kommen immer nur langsam. Herzliche Grüße Hans und Hedwig Liebeton."

Zur Person:

Hans Liebeton wurde am 26. September 1924 in Griethausen bei Kleve am Niederrhein geboren. Er wurde im Dezember 1942 zur Wehrmacht eingezogen und in der Sagan-Kaserne in Wuppertal zum Funker einer Artillerie-Einheit ausgebildet. Im Februar 1943 wurde sein Truppenteil nach Süd-Russland befohlen und Hans Liebeton im Frühjahr zum Artillerieregiment 179, einer bespannten Einheit, die zum Kaukasus ging, abgestellt. Als Funker, der im Morsen ausgebildet war, gehörte er der Stabs-Batterie des Regiments an. Von Mai 1943 bis Ende September 1943 war das Artillerieregiment am Kuban-Brückekopf eingesetzt. Danach wurde das Regiment über die Krim zum ‚Brückenkopf Nikopol' in die Ukraine verlegt.

Hans Liebeton aus Griethausen in den Rheinwiesen, um 1950.

Hans Liebeton wurde im Dezember 1942 zur Wehrmacht eingezogen und in der Sagan-Kaserne in Wuppertal zum Funker einer Artillerie-Einheit ausgebildet.

Ausschnitt – Osteuropa-Karte, 1960er.

Wehrmachtseinheit auf dem Rückzug, Winter 1943/44.

Der Fieseler (Fi 156) ‚Storch' ist ein propellergetriebenes Flugzeug, das erstmals 1936 flog. Der ‚Storch', wie er wegen seines hochbeinigen, starren Fahrgestells genannt wurde, wurde im gesamten Zweiten Weltkrieg als Verbindungs-, Beobachtungs- und Sanitätsflugzeug an allen Fronten eingesetzt.

Hans Liebeton (rechts) bei der Feldarbeit, Anfang der 1950er. Nach dem Krieg leidet er unter den Erinnerungen seiner Front-Erlebnisse.

5 | Emmerich, 1943 – Mit 10 ins Jungvolk der Hitlerjugend

Dr. Wilhelm Pfirrmann erinnert sich . . .

Schon als kleiner Junge wird Wilhelm Pfirrmann von seinem Vater zu einem linientreuen ‚Volksgenossen' des NS-Staates erzogen. So tritt der 10-jährige Emmericher 1942 mit Begeisterung dem Deutschen Jungvolk der Hitlerjugend bei. Erst viel später kommen dem Erwachsenen Zweifel an den Erziehungszielen und den Propagandabotschaften des ‚Dritten Reiches'.

„Ich wurde 1932 geboren und bin 1942 zum Jungvolk der HJ gekommen", erzählt der heute 84-jährige Wilhelm Pfirrmann aus Emmerich. „Es war ja üblich, dass man mit 10 Jahren in die NS-Jugendorganisation eingegliedert wurde. Eigentlich war ich für die Hitlerjugend prädestiniert, denn unsere Familie bestand nicht nur aus Kritikern des NS-Regimes. Im Gegenteil, mein Vater hatte eine sehr enge Beziehung zum Dritten Reich. Er war im Ersten Weltkrieg schwer verwundet worden und wurde seitdem nie wieder richtig gesund. Er hatte Granatsplitter im Körper, die wanderten. Schließlich konnte er nicht mehr arbeiten und ist 1937 – da war ich fünf Jahre alt – an Tuberkulose gestorben. Aber seine Hoffnung auf eine bessere Zukunft, die war in seinen letzten Lebensjahren eng mit dem Dritten Reich verbunden. Der Führer war für ihn der, der Deutschland wieder aus den Niederungen herausholte und dem Land wieder zur alten Bedeutung verhalf. Da wollte er mitwirken. Er ist schon früh in die NSDAP eingetreten, hatte die Mitgliedsnummer 128.000. Sein großer Gram war allerdings, dass er das goldene Parteiabzeichen nicht bekommen hatte. Das erhielten nämlich nur die ersten 100.000. Er hat mich kleinen Knirps damals auch immer mitgenommen, wenn er zu Partei-Veranstaltungen ging. Wenn wir durch die Stadt liefen, dann musste ich alle Leute vernehmlich mit ‚Heil Hitler' grüßen. Ich weiß noch, dass ich das in der Sparkasse mal so laut geschrien habe, dass sich alle Leute nach uns umdrehten. Also, ich war eigentlich schon vorgeprägt, die Richtung war durch meinen Vater schon irgendwie vorbestimmt. Und so bin ich gerne zum Deutschen Jungvolk gegangen, wie die meisten von uns."

„Damals waren ja das ‚Jungvolk' und die ‚Hitlerjugend', bzw. der ‚BDM' für Mädchen, die einzige Jugendorganisation, die es noch gab. Die anderen Organisationen waren fast alle verboten oder angeschlossen worden. Man übte auch Druck aus, um die Jugendlichen zum Beitritt zu bewegen. So gingen also die meisten mehr oder weniger ‚freiwillig'. Nicht alle. Eine Familie Evers, in der mein bester Freund aufwuchs, die war sehr kirchlich orientiert. Die Eltern haben gesagt: ‚Herbert, du gehst da nicht hin.' Also ist er ist nicht hingegangen. Ihm ist aber nichts Schlimmes passiert".

„Wir anderen waren jedenfalls jetzt voll in das NS-System integriert. Es gab ja damals verschiedene Stufen der Mitwirkung in der HJ. Die 10- bis 13-jährigen Jungen waren beim Deutschen Jungvolk, die 14- bis 17-Jährigen bildeten die eigentliche Hitlerjugend. Danach folgten andere NS-Organisationen wie der Reichsarbeitsdienst usw. Aber diese Phase bis zum 18. Lebensjahr, das war ja eigentlich diejenige Zeit, in der die Jugend ganz wesentlich beeinflusst werden konnte. Das wurde, jedenfalls im Hinblick auf den verfolgten Zweck, perfekt organisiert."

„Ein bis zwei Mal in der Woche hatte man Dienst. Da ging man gerne hin, denn man hatte ja eine Uniform an. Es gab eine Sommeruniform mit einem braunen Hemd und eine Winteruniform: schwarze Jacke, schwarze Hose und ein Schiffchen als Kopfbedeckung dazu. War also todschick. Man kam sich nun auch wie etwas vor. Außerdem entsprach man der allgemeinen Propaganda. Nach der waren wir ja die ‚Garanten der Zukunft'. Die deutsche Jugend sollte doch so sein: ‚Flink wie die Windhunde, zäh wie Leder und hart wie Kruppstahl'. Das waren die Worte des Führers. Wir fühlten uns auch so, dass wir all das werden mussten."

„Zu Anfang wurde uns erst einmal beigebracht, wie man richtig grüßt, denn sie müssen ja nicht denken, dass sie einfach als normaler Mensch grüßen dürfen. Um Gottes willen, nein. Sie marschieren also erst mal auf den Vorgesetzten, der dort steht, zu. 20 Schritte vor ihm gehen sie in den Stechschritt über und zehn Schritte vor ihm, da machen sie Halt und grüßen. Sie grüßen nicht irgendwie, sondern sie grüßen so oder so." Wilhelm Pfirrmann führt die flache Hand an seine Stirn, um den Gruß zu demonstrieren. „Außerdem wurde viel marschiert – in militärischer Marschordnung natürlich – und dazu sangen wir. Lieder, die anspornten, die anfeuerten: ‚Vorwärts, vorwärts, schmettern die hellen Fanfaren. Vorwärts, vorwärts, Jugend kennt keine Gefahren' oder ‚Unsre Fahne flattert uns voran, unsre Fahne ist die neue Zeit.' Ja, wer will da nicht mitmachen? Das war mitreißend, und zwar nicht nur für mich."

„Wir sind also begeistert mitmarschiert und waren ja auch immer einbezogen bei festlichen Anlässen. Das Jungvolk marschierte neben allen anderen Verbänden mit, wie gleichberechtigt. Oder wir standen Spalier und jubelten, als U-Boot Kommandant Wolf mit seiner Besatzung durch Emmerich zog. Wir nahmen an großen Veranstaltungen teil. Ich erinnere mich an ein Fest des ‚Gau' Essen in Oberhausen.[1]. Dort sind wir in 36er Reihen über einen großen Platz marschiert. 36 Mann nebeneinander, ganz genau aufgereiht. Wenn befohlen wurde ‚Halt!', dann machte es nur einmal ‚klack', und wehe es klackerte einer hinterher. Diese Faszination der Massen, auch des Gemeinschaftsgefühls, das da erzeugt wurde, dem konnten sich nur die wenigsten entziehen. Ich auch nicht, ich bestimmt nicht.“

„Der Dienst im Jungvolk war für mich durchaus … hoffnungsvoll. Ich war dabei, die Leiter emporzusteigen. Im Alter von elf Jahren war ich schon Hordenführer. Das heißt mit anderen Worten, ich hatte schon fünf, sechs Knirpse zu befehligen. Im Alter von zwölf Jahren war ich schon Jungenschaftsführer. Da war mein Befehlsbereich bereits auf zwölf Pimpfe angewachsen. Das Jungvolk war ja damals ein ganz straffes System. Manchmal wurde auch ausprobiert, ob die Befehlsstrukturen funktionierten. Es gab auf oberster Ebene den Jungstamm 6, das waren alle Emmericher Pimpfe. Jungstammführer war Hans Huneke. Einmal, da sagte der Jungstammführer zu mir: ‚Wilhelm, du übernimmst jetzt das Kommando‘. Da war ich zwölf und der Jungstamm, das waren an die 500 bis 600 Jungens. Ich schrie also so laut ich konnte: ‚Alles hört auf mein Kommando!‘ Dann drehten sich alle zu mir um, legten die Hände an die Hosennaht und warteten auf Kommandos. – Also diese Organisation war unglaublich straff aufgebaut. Dass man einem Befehl zu gehorchen hatte, erschien uns als eine Selbstverständlichkeit, selbst wenn dieser Befehl ziemlich unsinnig erschien.“

„Unser HJ-Quartier war das Hermann-Göring-Heim, das stand am Grollschen Weg. Ungefähr dort, wo heute das Stadttheater ist, ein Stückchen weiter. Das war ein großer rechteckiger Bau mit Sälen und Gruppenräumen, ähnlich wie ein heutiges Jugendheim aufgebaut. Im Obergeschoss befand sich auch ein Schießstand. Dort hab‘ ich als Elfjähriger mein Schießabzeichen gemacht, mit dem Luftgewehr. 100 Schuss, sitzend, liegend, aufgelegt. Das war eben auch etwas, das man gerne machte. Das war doch was – Schießen – für uns Jungs. Es gab also lauter Beschäftigungen, die man nicht ungern vollführte. Das Marschieren, ja, das gehörte eben dazu. Dann gab es Lagerfeuer, Nachtmärsche, alles so ein bisschen auf Abenteuer ausgelegt. Sie müssen bedenken, welcher Jugendliche konnte sich denn leisten, mit einem Boot zu fahren? Aber auch das war beim Jungvolk möglich, denn im Sicherheitshafen hatte die Marine-HJ ihre Ruderboote liegen. Dann war für die Jugend auch sehr verlockend, dass es die Flieger-HJ gab. Die Flieger hatten ihre Werkstatt an der Stormstraße. Dort baute man selbst Fluggeräte, sogenannte Schulgleiter. Die Krönung des Ganzen war schließlich, dass man selbst fliegen durfte. Fliegen hieß:

Start an einem Abhang, meist am Eltener Berg. Der Schulgleiter stand dann oben am Berghang. Der Pilot saß vorn auf dem Flieger auf einem improvisierten Sitz in der frischen Luft. Hinten hielten einige Jungs den Schwanz des Seglers fest. Etwas unterhalb wartete eine Gruppe, die packte ein Gummiseil, das vorn beim Flieger eingehakt war. Dann hieß es: ‚Ausziehen!' Die Gruppe zog an, bis das Seil gespannt war. Nun kam das Kommando: ‚Laufen!' Jetzt setzten sich alle in Bewegung. Dann wurde gerufen: ‚Los!' Da ließ die hintere Gruppe den Schwanz des Fliegers los und dann ging das Ding in die Luft und flog Richtung Tal. Man erreichte eine Höhe von ungefähr zehn bis 20 Metern."

„Eine wichtige Aktivität waren die Geländespiele, denn mehr oder weniger wurde ja schon für den Kriegseinsatz geübt, was wir aber damals nicht kapiert haben. Meist fanden die am Eltener Berg statt. Was da gemacht wurde? – gekämpft, geprügelt. Kampf hieß doch die Parole. Wir waren ja in Fähnlein eingeteilt. Das Fähnlein, zu dem ich gehörte, hatte die Nummer 28. Wir standen immer gegen ‚Fähnlein 26'. Das passte insofern nicht, weil das ‚Fähnlein 26' über 90 Mitglieder verfügte und wir nur gut über 40 Jungs. Das heißt mit anderen Worten, wir kriegten fast jedes Mal Prügel." In seiner Autobiografie erinnert sich Wilhelm Pfirrmann an eine Schlüsselszene:

„Unser Jungzug stand an einer Lichtung, als aus dem Wald plötzlich das ganze Fähnlein 26 mit gewaltiger Übermacht auf uns zu rannte. Alle unsere Pimpfe taten jetzt das einzig Vernünftige, sie rannten weg, so schnell sie konnten. Aber da ich ja zu dieser Zeit schon Jungenschaftsführer war, blieb ich stehen. ‚Ein Jugendführer flieht nicht', hieß es. Also kämpften wir zu viert auf verlorenem Posten, bis die Flut über uns zusammenschlug."[2]

Mit den Straßenbanden rund um sein Elternhaus und im Jungvolk scheint Wilhelm Pfirrmann gelernt zu haben, sich durchzusetzen. Dabei ist er als Kind alles andere als ein Raufbold. In seinen Memoiren beschreibt er sich als ehemals zartfühlendes Muttersöhnchen. Seine geringe Körpergröße trägt dazu bei, dass er sich oft unterlegen fühlt und er nicht recht weiß, sich gegen Größere zur Wehr zu setzen. Stets habe er regelrechte Angst vor körperlichen Auseinandersetzungen gehabt, notiert er. Damals sei er allerdings noch zu klein gewesen, um zu wissen, dass dies auch dem Geist der Zeit gründlich widersprach: „Ein deutscher Junge hat keine Angst."[3]

Für Angst ist jetzt beim ‚Deutschen Jungvolk' kein Platz mehr. „Kampfspiele, Sport und auch Boxen spielten eine große Rolle", erzählt Wilhelm Pfirrmann weiter. „Das Boxen wurd' im Hermann-Göring-Heim veranstaltet. Alle saßen um den Boxring herum. Dann wurden zwei bestimmt, die in den Ring zu klettern hatten. Sie bekamen Handschuhe und gingen aufeinander los. Ich weiß noch, dass ich mich einmal nicht genügend eingesetzt hatte bei einem solchen Kampf. Das endete schließlich damit, dass der Jungzugführer selber in den Ring stieg, die Boxhandschuhe anzog (lacht) und mir 'ne Lektion erteilte; was auch sein musste. Ich hatte ja versagt, und das war 'ne schlimme Sache, wenn man nicht genügend Tapferkeit zeigte."

Zweifel an den Propagandaparolen des NS-Staates kommen dem

Zwölfjährigen Wilhelm Pfirrmann damals kaum: „Wir haben gejubelt, wenn ein englisches Flugzeug abgeschossen wurde oder wenn wir in der Wochenschau sahen, dass ein feindliches Schiff versenkt wurde", sagt er. „Wir haben nicht daran gedacht, dass da Matrosen verbrannten, dass Menschen sinnlos geopfert wurden. Ist ja eigentlich komisch. Wir waren doch normale Menschen und auch mitempfindend. Und wenn wir damals eine kranke Katze gefunden hätten, dann hätten wir uns um die gekümmert, oder um jemanden, der sich verletzt hatte. Aber mal an das Schicksal der armen Kerle, die da starben, zu denken, ist uns nicht eingefallen."

Dennoch: Eine erste Spur von Bedenken taucht für den damals Sechsjährigen am 10. November 1938 auf. „Wir hatten einen sehr guten Bekannten der Familie", erinnert sich Wilhelm Pfirrmann, „ein Herr Krause. Die Familie Krause wohnte ein paar Häuser weiter. Mein Vater war damals schon tot. Und der kam abends zu uns und saß in der Küche und war tränenüberströmt, als er uns erzählte, wie SA-Leute Fenster und Türen jüdischer Wohnungen eingeschlagen hätten. Ein wütender Mob war in das Textilgeschäft Leffmann eingedrungen und hatte alle Kleider und Stoffe auf die Straße geworfen. Das Warenlager des Geschäftshauses wurde in Brand gesetzt."

Ein winziger Schock durchzuckt den Neunjährigen noch einmal im Juni 1941. „Wir waren zu dieser Zeit bei meinem Onkel, einem RAD-Leiter, in Österreich", berichtet Wilhelm Pfirrmann. „Onkel Mätthes hatte es beim Reichsarbeitsdienst weit gebracht und war wirklich ein glühender Anhänger des Führers. Ich weiß noch, er kam morgens um fünf Uhr in unser Zimmer gestürmt, wo meine Mutter und ich schliefen. Er war kreidebleich und schrie voller Entsetzen: ‚Krieg mit Russland!' Da hab' ich als kleiner Junge schon gestutzt und hab' gedacht, wie soll das nur gutgehen?" In seinen Erinnerungen schreibt Pfirrmann:

„Ich fühlte, dass etwas aus dem Gleis geraten war und dass etwas Schlimmes auf uns zuzukommen drohte. Aber als dann wieder eine Siegesmeldung nach der anderen kam, habe ich nicht mehr daran gedacht.“[4]

So glaubt Wilhelm Pfirrmann noch im Frühjahr 1945 an den Endsieg. Da lebt die Familie bereits in Dessau bei Verwandten – in Emmerich ausgebombt – als Flüchtlinge. „Der Endsieg war für mich völlig klar und indiskutabel“, erinnert sich Pfirrmann, „selbst als die russischen Panzer schon vor Berlin standen. So sehr waren wir indoktriniert (von der Propaganda beeinflusst).“

„Ja, im Rückblick auf diese Zeit beim Jungvolk würde ich trennen“, sagt Wilhelm Pfirrmann am Ende unseres Gesprächs, „gut war zum Teil das, was mit uns unmittelbar passierte: Das Erlernen von Disziplin, das Gemeinschaftsgefühl, die Kameradschaft. Aber im Hinblick auf den Zweck, der da verfolgt wurde, war es genau genommen verbrecherisch, wie man die Jugend so auf ihre kämpferischen Qualitäten hin dressiert hat. (…) Das nehme ich heute unserer damaligen Elite übel. Ich konnte zu der Zeit als Zwölfjähriger am politischen Kurs nichts ändern. Aber Leute wie Keitel oder von Manstein, die konnten etwas ändern. (Generalfeldmarschall Wilhelm Keitel war während des Zweiten Weltkrieges bis 1945 Chef des Oberkommandos der Wehrmacht, Generalfeldmarschall Erich von Manstein bekleidete die Position des Armee- und Heeresgruppenoberbefehlshabers.) Die hätten ihn (Hitler) ausschalten können. Aber sie haben‘s alle nicht getan, haben alle nur die Hacken zusammengeschlagen, obwohl die wussten, was los war, und trotzdem haben sie täglich Zehntausende geopfert.“

„Ich hab‘ später viele Akten von der Ludwigsburger Zentralstelle (zur Aufklärung nationalsozialistischer Verbrechen) gelesen“, sagt der promovierte Rechtsanwalt Pfirrmann zum Schluss. „Das war

Anfang der 1960er Jahre, als ich beim ‚Landesamt für Besoldung' gearbeitet habe. Wir bekamen damals die Akten von deutschen Kriegsverbrechern. Es war unter anderem nachzuprüfen, ob diese Leute immer noch im öffentlichen Dienst tätig waren. Das waren erschütternde Erfahrungen, die man da machte. Ich hab' viele Vernehmungsprotokolle studiert, auch von denen, die unmittelbar Kriegsverbrechen begangen hatten, von Männern, die reihenweise Frauen und Kinder erschossen hatten. Viele von ihnen waren so fanatisiert, dass sie ihre eigenen Eltern erschossen hätten. Unglaublich, was? Was man mit Menschen so alles anfangen kann, wenn man sie manipuliert."[5]

Nach einem Interview mit Dr. Wilhelm Pfirrmann vom 2. August 2016 sowie nach Textauszügen aus seinem Buch: „Wenn alles in Scherben fällt", Emmerich 2007.[6]
Fassung vom 16. August 2016. Die Korrektur bezüglich der Textstelle zum 9. November 1938 erfolgte am 21. Mai 2024.

Anmerkungen:

1) Das Gaufest des ‚Gaus' Essen fand, wie Wilhelm Pfirrmann sich erinnert, 1943 oder 1944 in Oberhausen oder Duisburg statt. Die Gebietsdreiecke der HJ-Mitglieder in Emmerich zeigten die Aufschrift: West – Ruhr-Niederrhein.

2) Pfirrmann, Wilhelm: Wenn alles in Scherben fällt. Emmerich 2007, S. 41. (Das Zitat wurde geringfügig angepasst/ bearbeitet.)

3) Vgl. Pfirrmann, Wilhelm: Wenn alles in Scherben fällt. Emmerich 2007, S. 39 – 45.

4) Vgl. Pfirrmann, Wilhelm: Wenn alles in Scherben fällt. Emmerich 2007, S. 100 – 101.

5) Vgl. Interview Nr. 2, 18. August 2016, Pfirrmann: „... und zwar war ich, bevor ich zum Ministerium kam, erst noch für eine Übergangszeit beim Statistischen Landesamt (in Düsseldorf) und davor bei dem heutigen Landesamt für Besoldung und Versorgung. Das hieß damals noch anders und ich war in der Abteilung Versorgung, hatte da ein Dezernat und da kriegten wir die Akten von dieser Zentralstelle, um zu prüfen, ob vielleicht bei denen, die Versorgung kriegten, Leute waren, die damals Kriegsverbrechen begangen hatten und die dann verurteilt worden waren und dann wurden die überprüft. (…) Manche waren sogar noch wieder im öffentlichen Dienst, nicht, das wurde überprüft. Dann kriegten die ein Disziplinarverfahren oder wenn sie Versorgung kriegten, war die Frage, ob die Versorgung nicht gekürzt wurde oder entzogen würde, das war dann unsere Aufgabe.“

6) In einem Telefongespräch Anfang Mai 2018 teilte mir Wilhelm Pfirrmann noch Folgendes mit: Die Schulgleiter-Übungen der HJ hätten an einem Hang am Eltenberg, der zur Stadtseite hin lag, stattgefunden. Die Flieger-HJ hätte dort eine Flugbahn gehabt. Dies könne er aber nur aus Erzählungen von anderen berichten, er selbst sei nie dort gewesen, da er ja mit elf, zwölf Jahren noch zu klein gewesen sei. Von der Flugbahn am Eltenberg hätte man ihm jedoch mehrfach erzählt. Seiner Erinnerung nach sei Hans Sonholz der Leiter der Flieger-Gruppe gewesen. Die Familie Sonholz sei – seines Wissens – noch während des Krieges aus Emmerich fortgezogen, wohl wegen der aktiven Rolle, die sie in Partei-Organisationen (nur HJ?) gespielt habe. „Auch meine Schwester hatte als Mädelführerin eine grüne Kordel, eigentlich hätte ich die grüßen müssen“, sagte Wilhelm Pfirrmann zum Schluss.

NS-Propaganda-Plakat: Hitlerjugend.

HJ-Pimpfe beim Übungsmarsch im Hüthumer Wald, 1943.

Gleitflugübungen an der Sanddüne, 1940er.

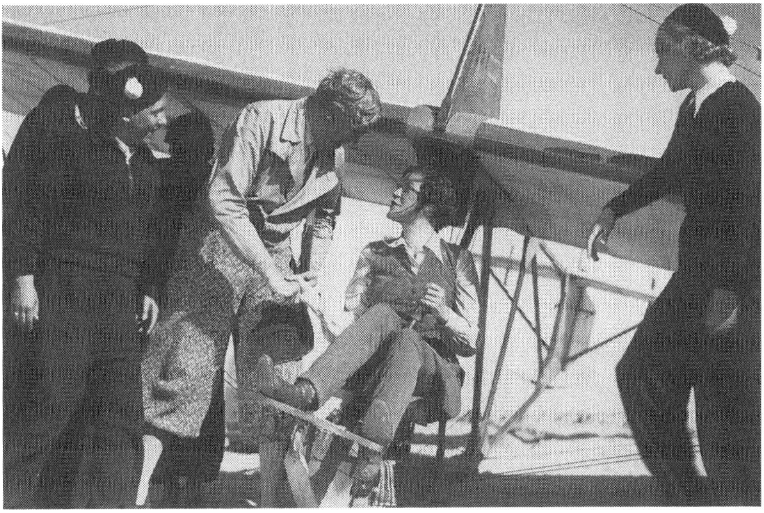

Propagandafilme wie „Rivalen der Luft", 1934, sollten die Jugend für die Segelfliegerei und den Beruf des Piloten begeistern.

Emmericher HJ-Pimpfe beim Raufen im Hüthumer Wald, 1944.

Die Abiturklasse des Willibrord-Gymnasiums in Emmerich, 1953.
Wilhelm Pfirrmann = dritte Reihe von unten, Dritter von rechts.

6 | 8. und 9. April 1944 – Einsatz nordwestlich von Tarnopol (Ukraine)

Der Emmericher Alex Bettray erzählt . . .

„Das bin ich mit 17 ½ Jahren“, beginnt Alex Bettray seine Schilderung und zeigt mir ein kleines Soldaten-Fotoporträt von sich selbst. „Hier sieht man das, was ich Ihnen gesagt hatte“, Bettray lenkt meinen Blick auf die Schulterklappen. „Die Buchstaben UST und hier auf dem Ärmelband noch mal wieder ganz ausgeschrieben. Da war ich 17 ½ Jahre und Schüler der Unteroffiziersschule Treptow. Das ist in Pommern, das liegt zwischen Stettin und Kolberg. Ja, UST, das steht für ‚Unser selbstverschuldeter Tod‘.“ Ich frage ihn: „Von wem stammt diese Scherzbezeichnung? Wurde die von Soldaten geprägt?“ Bettray übergeht zunächst meine Zwischenfrage und fährt fort: „Und zwar, als wir nach Beendigung der Schulung zum Einsatz kommen sollten, da wollten wir diese Buchstaben gerne auf den Schultern behalten. Wir waren stolz darauf, Schüler der Unteroffiziersschule Treptow zu sein. Das war aber nicht erlaubt. Aus den Schulterklappen durfte die Einheit eines Soldaten nicht ersichtlich sein. Der Gegner sollte bei Gefangennahme oder wenn einer gefallen wäre, an der Uniform nicht erkennen können, welcher Einheit dieser Mann angehörte. Also war das Tragen von Einheitskennzeichen grundsätzlich verboten. Man sagte uns noch: ‚Ihr werdet sowieso‘, und das war durchaus ironisch gemeint, ‚bald aus eurem stolzen UST – Unteroffiziersschule Treptow – schnell machen: Unser selbstverschuldeter Tod.‘ Ja, diese Bezeichnung kam also nicht von uns Unteroffiziersschülern, sondern von einem der Ausbilder.“

„Es war nun so, dass wir schon Anfang März 1944 offiziell aus der Unteroffiziersschule verabschiedet wurden. Dann hatten wir noch

Urlaub, 14 Tage, und danach ging es sofort zu unserem ersten Einsatz, zur Frontbewährung.“

„An die einzelnen Orte und Dörfchen im Einsatzgebiet kann ich mich nicht mehr erinnern. Ich weiß nur, dass wir Anfang April 1944 nach Tarnopol geschickt wurden, um die Stadt freizuschlagen.[1] Denn Tarnopol lag zu diesem Zeitpunkt in einem Kessel aus russischen Truppen. Wir wurden von Radom (Polen) aus in diese Ecke entsandt, um Tarnopol zu entlasten. Als wir bei unserer Einheit ankamen – die lag etwa 50 km nordöstlich oder nordwestlich von Tarnopol – meldeten wir uns zunächst beim Bataillonsgefechtsstand. Ich traf dort zusammen mit anderen Soldaten ein, die nach Verwundung und Genesung wieder zu ihrer Einheit, der ersten Kompanie des Feldersatzbataillon 367, zurückkehrten.[2] Dann wurde uns erklärt, wo der Frontverlauf war. Dieser sei ganz einfach zu finden, sagte man uns. Man marschiere etwa zwei Kilometer längs der Bahnlinie. Dann sei dort ein kleiner Bahnhof und direkt hinter dem Bahnhof eine Brücke über einen kleinen Fluss. Kurz hinter der Brücke wäre der Gegner. ‚Ihr müsst also vorsichtig sein, dass ihr nicht zu weit geht.‘“

„Wir sind dann mit einer kleinen Gruppe losgezogen. Gegenseitig kannten wir uns gar nicht, nur ein Unteroffiziersschüler, der mit mir aus Treptow kam, war mir vertraut. Neben dem Schienenstrang lag eine umgekippte Draisine. Die Mechanik war hinüber, trotzdem haben wir sie mit vereinten Kräften wieder auf die Schiene gewuchtet. Dann haben sich vier oder fünf Mann daraufgesetzt und zwei oder drei Mann haben nun jeweils 100 Meter geschoben. Wir hatten einen Riesenspaß dabei. Aber es hatte ja geheißen, ihr müsst vorsichtig sein, der Bahnhof, das ist die Grenze zum Feind. Nur von einem Bahnhof sahen wir nichts, sondern lediglich ein zerfallenes Gebäude. Das war allerdings bis vor kurzem der Bahnhof gewesen. Direkt dahinter lag auch die Brücke, wo ja die Front war. Im allerletzten Moment sahen wir das und sprangen von der Draisine herunter in den Graben. Die Russen hatten uns schon kommen sehen. Im gleichen Moment ging von deren Seite das Geballere los. Das war meine Feuertaufe. Wenig später setzten auch von deutscher Seite aus Granatwerfer ein, um uns noch einen gewissen Schutz zu geben. Es war nur ein ganz kleines Flüsschen, das da vor uns lag, aber es hätte gereicht, um uns den Weg abzuschneiden. Doch wir sind da ganz gut herausgekommen, haben uns durchgeschlagen zum (deutschen) Kompaniegefechtsstand und mussten uns dort erst mal eine Schelte einstecken."

„Jetzt bei der Einheit angekommen, wurden wir Unteroffiziersschüler dann gleich als Gruppenführer eingesetzt. Ich war inzwischen 18 Jahre alt."

„Anfang April setzte plötzlich ein sehr strenger Spätwinter ein. Wir wussten zu dieser Zeit weder, wo der Russe war, noch wo wir selbst genau waren. Wir wechselten mehrmals die Stellung und kamen des Öfteren unter Beschuss. Wurden einmal, als wir uns zurückzogen, unwahrscheinlich unter Feuer genommen, unter Gewehrfeuer. Erstaunlicherweise hat mir das gar nichts ausgemacht, ja ich war regelrecht gleichgültig. Ich sagte mir, ach die treffen einen hier ja doch nicht, selbst als mir die Kugeln um die Ohren flogen. Das weiß ich noch."

„In den darauffolgenden Tagen wurde das Schneegestöber immer wuchtiger und entgegen der strikten Anweisung, sich keinesfalls einschneien zu lassen, haben sich die meisten unserer Soldaten in den Einmann-Löchern doch einschneien lassen. Es wurden einige Äste übers Loch gelegt, sodass sich über der Öffnung eine feste Schneedecke bildete. Aber das war schärfstens verboten, weil man ja – im Schneeloch kauernd – nicht mehr feststellen konnte, wann der Russe angriff. Das gleiche geschah auch beim Gegner, obwohl auch der den strikten Befehl hatte, sich nicht einschneien zu lassen. Außerdem trugen wir Schneetarnbekleidung. Nun wusste keiner mehr, wo der Feind war."

„So hieß es denn: Wir müssen feststellen, wo die russischen Stellungen sind. Ein Spähtrupp sollte zusammengestellt werden. Im Fußmarsch nach Kompass sollte ausgelotet werden, wo der Russe lag. Und nun wandte man sich mit deutlich ironischem Unterton auch an uns Unteroffiziersschüler: ‚Ihr seid ja freiwillig hier', hieß es, und ‚ihr wollt euch erst noch bewähren. Nun könnt ihr euch bewähren.' ‚Geht aber nur soweit vor, bis ihr etwas gesehen habt', lautete die Anweisung, ‚und marschiert dann sofort zurück. Lasst euch auf gar keinen Fall auf irgendetwas ein.'"

„Wir waren dann zu fünft, zwei Unteroffiziersschüler, drei weitere Soldaten. Der Spähtruppführer war ein Unteroffizier. Dann sind wir losmarschiert – dabei auch an nichts Anderes gedacht, als heil zurückzukommen. Wir haben aber andererseits in unserem Unternehmen auch gar keine so große Gefahr gesehen. Wir waren 'ne gute halbe Stunde unterwegs, da sahen wir – das war ein etwas hügeliges Land – dass sich zirka 50 Meter vor uns ein dunkler Fleck im Schnee befand."

„Ich seh' heute noch meinen Kameraden, wie er auf diese Stelle zu stapft. Wir riefen noch: ‚Arno komm zurück! Bleib hier!' Der Unteroffizier sagte scharf: ‚Du hast den Befehl bekommen: Keinen Feind-Kontakt!' ‚Ja, ich guck ja nur eben', rief er zurück. Der Kamerad ist dann auch gut dort angekommen und hat festgestellt, dass der Fleck im Schnee ein russisches SMG (Schweres Maschinengewehr) war. Der Junge kam also dort an, schaute nach rechts und links und winkte und winkte. Dann bin auch ich aufgestanden und dorthin gelaufen, auch gegen den Befehl ‚Bleib hier!' Da angekommen war dann nichts Anderes zu sehen, als in 50 Metern Entfernung eine Batterie russischer Feldgeschütze, ein Geschütz neben dem anderen – bestimmt 15 Stück. Ein russischer Soldat lief zwischen den Kanonen umher. Der sah uns zwar, nahm aber wohl an, dass wir zwei von seinen Leuten wären, weil wir direkt bei diesem russischen SMG standen. Alle anderen russischen Soldaten hatten sich in ihren Stellungslöchern einschneien lassen und konnten uns daher nicht bemerken."

„Wir bemühten uns dann, das schwere Maschinengewehr aus der Vereisung loszureißen und als Beweis mitzunehmen. (Er lacht leise über den Irrsinn.) Nun war ja bei diesem SMG kein russischer Soldat – bis zu dem Moment, als wir das Schutzschild beinahe vom MG herunter montiert hatten. Da kam mein Kamerad ins Stolpern und rutschte in den Eingang eines selbstgebauten Erdbunkers herein. Die russische Besatzung des Bunkers wurde wach. Es waren ja wenigstens zwei Mann drin. Wir hörten die Russen im Bunker fluchen. Sie versuchten den Arno an seinem Koppel herunter ins Loch zu ziehen. Ich stand wortlos daneben. Die anderen von uns, die in einiger Entfernung warteten, sahen das und gingen stiften."

„Ich hab‘ noch überlegt, was machst du jetzt? Also, es ist genauso, als wenn es mir jetzt gerade passierte. Hab‘ dann eine Handgranate genommen und dem Russen damit eine über den Schädel geschlagen. Hab‘ sogar noch dabei gedacht, du tust mir leid. Ich glaube nicht, dass ich ihn totgeschlagen habe, aber der sackte dann zusammen. In dem Moment war der Arno auch raus aus dem Bunker. Dann machte ich meine größte Dummheit, die mir passieren konnte. Es hätte zumindest der größte Fehler sein können. Ich hab‘ also die Handgranate abgezogen – wieder gedacht, Junge du tust mir leid, aber es geht nicht anders – und sie dann in den Bunker hereingeworfen. Wir waren jetzt wieder frei und aus der MG-Stellung heraus, liefen ein Stück weit, und warteten mit Schrecken auf die Detonation. Denn inzwischen war mir klar geworden, dass wenn die Granate detoniert, dann ist die gesamte russische Front wach und dann sind wir dabei die Dummen. Nun kam ganz plötzlich ein Gewehrschuss hinter uns her, und zwar wohl von einem der zwei Russen im Bunker, aber die Granate krepierte nicht." (Reinders: Oder der Schnee hemmte die Explosion.)

„Wir beide kamen dann gut wieder bei unserer Truppe an und wurden nun gesondert vernommen. Was wir gesehen hätten, wollte man wissen, was dort an Truppen und Material wäre. Wir haben darauf beide das gleiche ausgesagt: Da sei eine Ansammlung von Feldgeschützen und so weiter. Dann sagte der Bataillonskommandeur: ‚Sie haben Glück gehabt, dass die Granate nicht krepiert ist, aber das war bei Ihnen auch Feigheit vor dem Feinde.' Ich sag: ‚Feigheit vor dem Feinde?' ‚Ja', sagte er, 'Sie waren doch Unteroffiziersschüler?' Ich sag: ‚Ja.' ‚Sie wissen doch genau, wenn Sie die Handgranate abgezogen haben, dass sie krepiert. Sie ist aber nicht krepiert. Also haben Sie die Granate in ihrer Aufregung eben nicht abgezogen, sondern einfach nur hereingeworfen. Ja, etwas Feigheit vor dem Feinde war doch dabei.'"

„Nun kam das zur Sprache, was wir auf der Unteroffiziersschule immer und immer wieder gelernt hatten: Handgranate abziehen – mit der linken Hand – die Schnur in die Tasche stecken, ja, aus Geistesgegenwart – also nicht fallen lassen, sondern geistesgegenwärtig die Schnur in die Tasche stecken, und die Wirkung der Granate abwarten.

Nun fasste ich in meine Hosentasche und zog die Schnur heraus. Ich sagte: ‚Herr Hauptmann, hier ist der Beweis.' Da schaute er sich die an und meinte: ‚Gut, dann ist alles klar.' Dann mussten wir nochmal aussagen, was wir gesehen hätten."

„Darauf donnerte der Hauptmann los: ‚Denen ist es genauso gegangen wie uns. Geht doch nur mal hier unsere Stellung ab. Unsere Kameraden haben sich alle einschneien lassen. Genauso ist es beim Russen. Ich gehe davon aus, dass diese Jungs die Granate wieder herausgeworfen und den Zwischenfall nicht gemeldet haben, aus Angst vor Strafe.'" Ich fragte Bettray: „Vor Strafe?" Bettray: „Die beiden russischen Soldaten wären doch von ihrer Führung sofort bestraft worden, weil sie sich haben einschneien lassen – entgegen dem Befehl – sodass wir Deutschen ungehindert in die russische Stellung gekommen sind. ‚Und morgen wird es vermutlich genauso sein wie heute', sagte der Hauptmann weiter, ‚die Russen werden sich wieder einschneien lassen. Darum werden wir morgen um die gleiche Zeit einen Angriff starten. Mit einem kurzen Trommelfeuer von nur einer Minute werden wir die gesamte russische Stellung aufräumen. Sie beide übernehmen die Spitze der Truppe und führen uns an die gleiche Stelle an der sie heute waren. Die Russen müssen vollkommen überrascht sein.' Genauso ist es dann geschehen."

„Mit zwei oder drei Kompanien sind wir dorthin marschiert – in Schützenreihe – haben uns vorgearbeitet und sind vollkommen ungehindert da angekommen. Vielleicht 30, 40 Meter vor den russischen Batterien gingen wir in Stellung. Dann haben wir beide unsere Leuchtpatronen abgeschossen. Wenig später begann ein wahnsinniges Trommelfeuer aus unseren deutschen Feldgeschützen und Granatwerfern von einer Minute. Man kann sich vorstellen, was da los war auf russischer Seite. Die wussten gar nicht, wie sie rauskommen sollten aus ihren Löchern. Die waren alle eingeschneit, versuchten wegzukommen. Die Russen hatten unwahrscheinlich hohe Verluste. Als das Trommelfeuer aufhörte, da hieß es sofort: ‚Sprung auf, Marsch! Marsch!', ja, hinter den fliehenden Russen hinterher, soweit wie man es konnte. Es hat keine Viertelstunde gedauert, da war die gesamte Stellung aufgerieben."

„Die Russen waren so überrascht, die liefen in wilder Panik davon.“ Ich fragte Bettray: „Was haben Sie denn gemacht bei diesem Angriff? Haben Sie geschossen mit ihrem Karabiner?“ Bettray: „Ja, aus dem Karabiner geschossen, und ich habe diese Gewehrgranaten geworfen. Ich war ja auf Nahkampf eingestellt, weil ich damit rechnen musste, dass ich angegriffen werde – zum Beispiel aus einem Bunkerloch heraus. So hab‘ ich die Gewehrgranaten genommen, hab‘ die Kappe abgeschraubt, gezogen und dann geworfen. Ja, so hat sich die gesamte Einheit schnellstens durch die russische Stellung durchgearbeitet.“

„Am anderen Tag war dann auf dem Gefechtsfeld auch noch eine kurze Gefechtsbesprechung. Da hieß es aber gleich: ‚Wir ziehen uns sofort wieder zurück, denn wir können uns hier sowieso nicht halten. Wir haben jetzt fürs erste etwas Ruhe – durch die Sprengung der russischen Geschütze und durch das Aufreiben der Stellung, aber auch nicht allzu viel, da der überwiegende Teil der Einheit ja fliehen konnte.‘“

„Dann, ich kann‘s genau sagen, das war einen Tag später, bekam ich am Divisionsgefechtsstand am 10. April 1944 das Eiserne Kreuz zweiter Klasse.“ Auf meine Nachfrage erklärte Bettray: „Für diesen vorbildlichen Einsatz und die Vorbereitung des Angriffs. Das Kreuz selbst hab‘ ich dann aber auf einem Karton eingedrückt und mit der Post nach Hause geschickt, denn das Eiserne Kreuz zweiter Klasse wurde ja nur am Band getragen.“

Nach einem Interview mit Alex Bettray am 18. Januar 2009.

Anmerkungen:

1) Dass Bettray Anfang April 1944 nach Tarnopol in Marsch gesetzt wurde, ist eine Vermutung von mir. Sicher ist aufgrund des Inter-

views nur, dass der spektakuläre Einsatz, aufgrund dessen Bettray das EK2 erhielt, am 8. und 9. April 1944 stattfand. – Bettray betont in einem zweiten Interview über Tarnopol, dass seine Einheit gar nicht mehr in der Stadt Tarnopol selbst gewesen sei.

2) Im Interview wird nicht ganz klar, mit welcher Einheit Bettray den Einsatz am 8. und 9. April absolvierte. Einmal nennt er die ‚1. Komp. Feldersatzbataillon 367', ein anderes Mal das ‚Divisions-Füsilier-Bataillon 357'. Laut Lexikon der Wehrmacht wurde das ‚Divisions-Füsilier-Bataillon 357' am 1. Dezember 1943 auf dem Truppenübungsplatz Radom aus der Aufklärungsabteilung 106 aufgestellt. Diese Tatsache spricht dafür, dass Bettray den Einsatz am 8. und 9. April 1944 im Divisions-Füsilier-Bataillon 357 absolvierte, denn Bettray gibt auf Seite 9 des Interviews Nr. 2 vom 18. Januar 2009 an, dass sie von Radom aus in diese Ecke hereingeschickt worden seien, um Tarnopol zu entlasten. An einer noch weiter unten im Interviewprotokoll befindlichen Stelle gibt Bettray an, er sei zum Zeitpunkt seines Einsatzes vom 8. und 9. April 50 km nordwestlich oder nordöstlich von Tarnopol bei der 2. Kompanie des Feldersatz-Bataillon 357 gewesen und er sagt: „Am 20. Juni (1944) drittes Füsilier-Bataillon, da wurde ich dann verwundet, beim dritten Füsilier-Bataillon 357."

Alex Bettray, Unteroffiziersschule Treptow, Juni 1943.

Soldat der Deutschen Wehrmacht in Schneetarnbekleidung, 1944.

7 | „Du hättest doch sagen können: Ruki werch! – Hände hoch!“

Der Emmericher Alex Bettray erinnert sich an einen Nahkampf bei Tarnopol im April 1944 . . .

Im Mai 2009 schildert mir Alex Bettray eine Begebenheit, die er bei unserem ersten Gespräch nur angedeutet hatte. Sie geschah während des zuvor beschriebenen deutschen Angriffs auf eine russische Geschütz-Stellung bei Tarnopol am 9. April 1944. Bettray ist als 18-Jähriger Absolvent der Unteroffiziersschule Treptow und nun Soldat im Feldersatz-Bataillon 367. Soeben sind die russischen Soldaten nach dem deutschen Überraschungsangriff in wilder Panik geflohen.

„Das hatte ich Ihnen noch nicht erzählt“, sagt Alex Bettray kurz nach dem Beginn unseres Gespräches, „dass ich im Nahkampf mit einem Russen war. Wir standen uns in sehr kurzer Entfernung gegenüber, nur so weit wie von hier bis zum Fenster. Ich weiß nicht, ob ich Ihnen das gesagt hab‘. Das war in dem Moment, als wir das Kampffeld überquerten oder durchkämmten. Ob wir da noch im regulären Kampf waren oder ob wir nach dem Stürmen der Stellung wieder auf das Gelände zurückkehrten, weiß ich nicht mehr. Auf jeden Fall war da plötzlich ein Russe. Das war der einzige Russe, den ich da gesehen hab‘. Die anderen waren alle nach unserem Überfall auf und davon. Der steht auf einmal in einem Splitterloch, kommt hoch und schießt auf mich. Ja, und ich muss sagen, ich hab‘ überhaupt gar keine Angst gehabt, dass der mich treffen würde, sondern hab‘ ganz kaltblütig zurückgeschossen. Der ging wieder rein in sein Loch, kam dann wieder hoch und schoss. Ich kniete mich und schoss auch, aber ein sehr gezieltes Schießen war das nicht. Nun wäre es ja für mich ein Leichtes gewesen, zu rufen: ‚Ruki werch!‘ – Hände hoch! – Da bin ich aber gar nicht draufgekommen, sondern ich hab‘ nur die Bedrohung gesehen und gedacht, bevor du mich kriegst, krieg‘ ich dich zuerst. – Zwischen dem Koppel und in der Tasche hatte ich Gewehrgranaten. Hatte ich Ihnen das gesagt?“ Ich nickte und Bettray fuhr fort: „Ja, und hab‘ dann eine Gewehrgranate genommen – die war ja ganz leicht – so auf der flachen Hand und hab‘ sie zum Russen herübergeworfen. Dann stand ich auf – ich wusste ja, der ist für mich nicht mehr gefährlich – und sah ihn dort in dem Loch zusammengekrümmt liegen. Dann bin ich weiter. Ich konnte nicht feststellen, ob er noch lebte oder nicht. Ich musste weiter.“

„Zum späten Nachmittag oder zum frühen Abend hieß es dann: Treffen im Kompaniegefechtsstand. Da wurde uns ein Sammelpunkt angegeben, wo noch einige russische Geschütze standen. Ich bin wieder zurück über das Gefechtsfeld … und stolpere über einen im Schnee liegenden Russen. Erst Jahre später ist mir eingefallen, dass das doch wahrscheinlich der war, dem ich die Gewehrgranate zugeworfen hatte, und der sich dann wohl schwerverwundet aus dem Loch entfernt hatte, um noch stiften zu gehen. Das ist zwar nur eine Vermutung von mir, die aber wohl ganz berechtigt ist. Wahrscheinlich war dieser Russe, nachdem er aus dem Loch gekrochen war, wiederum zusammengesackt und besinnungslos geworden. Dann bin ich über ihn gestolpert, nicht absichtlich, sondern ich stolperte (aus Versehen) über ihn. Im gleichen Moment hob der seinen Kopf und sagte zu mir: ‚Oh Pan Kamerad, Machorka Zigarett!‘[1] Ja, der war also noch bei Bewusstsein und er war auch insofern noch lebendig, als dass man ihn als Verwundeten hätte abtransportieren können. Aus anderen Erlebnissen weiß ich allerdings, dass Schwerverwundete dann umgelegt wurden. Zwar nicht systematisch, aber es kam vor, ja, ohne Befehl – bum weg! Ich hab‘ ihm dann gesagt: ‚Jannikurrit‘[2], das weiß ich noch genau – ‚Ich nicht rauche!‘ ‚Tschitschass Kamerad!‘ – ‚Moment Kamerad!‘ Danach bin ich zu einem Unteroffizier oder Feldwebel hin und hab‘ ihm gesagt, dass dort ein russischer Soldat läge.“

„Jetzt kommt das Entscheidende, nämlich, dass der zu mir sagt: ‚Hast du den nicht umgelegt?' Ich sag: ‚Herr Unteroffizier oder Herr Feldwebel … ds ds das ist doch Mord.' ‚Mord, Mord', erwidert der, ‚wenn du drei Wochen lang hier bist, dann hast du das auch gelernt.' Da hab' ich gesagt: ‚Das auf gar keinen Fall.' ‚Doch, doch, das hast du dann auch gelernt.' Mittlerweile waren wir bei dem verwundeten Russen angekommen und der Feldwebel hatte eine Maschinenpistole, ich hatte meinen Karabiner K98-Automatik. Der Verletzte war schon wieder weg – besinnungslos. Jetzt kommt das Brutale: Da gibt ihm der Feldwebel mit seinem Stiefel einen Tritt unters Kinn, da wurde der Russe wieder wach. Dann ging's gleich los: ‚Oh Pan Kamerad, Machorka Zigarett!'. Der Feldwebel antwortete genau wie ich kurz zuvor mit ‚Tschitschass!' – einen Moment! Dann nahm er mir mein Gewehr weg und warf mir seine Maschinenpistole herüber. In dem Moment bekam ich die größte Sorge, dass er mir nun den Befehl geben würde, den Mann mit der Maschinenpistole umzulegen. Das geschah aber nicht. Mittlerweile war der Russe wieder bewusstlos. Darauf gab er dem Verletzten noch mal einen Tritt unters Kinn und lud das Gewehr durch."

„Dann merkte der Russe sofort was los war und bäumte sich noch mal auf, umfasste den Stiefel des Feldwebels und küsste ihn. Er kam bis zur Höhe des Schaftes und küsste den Stiefel. Es war furchtbar. Das vergisst man nicht. ‚Oh Pan, oh Matka, Matka, Bochumat!' – ‚Oh Mutter Gottes, Bochumat!'[3] Ja, und das war … Das war ein Schuss. Er warf mir mein Gewehr wieder zu: ‚So, das lernst du auch', sagte er. Ich gab dem Feldwebel seine Maschinenpistole zurück. Anschließend hatten wir Kompaniebesprechung, zu der alle Gruppen- und Zug-Führer bestellt waren. Der Vorfall wurde nicht erwähnt. Der Mann blieb liegen, wo er war."

Schlussbemerkung:
Die Tatsache, dass er den russischen Soldaten im Splitterloch nicht aufforderte, sich zu ergeben, muss den Zeitzeugen Alex Bettray in

der Zeit seines Lebens und bis ins hohe Alter beschäftigt haben. Schon im Januar 2009, als er die Begebenheit zum ersten Mal anspricht, sagt er: „Das seh‘ ich als ein großes Versäumnis an, dass ich nicht gerufen hab‘: ‚Ruki werch!‘ – Hände hoch! Dass ich nicht so geistesgegenwärtig war wie der russische Soldat, der dann einige Zeit später vor mir lag. Ich hab‘ nur anschließend sofort gedacht, dass das der größte Fehler ist, den ich gemacht hab‘, ja, mein Gott nochmal.“ Er schlägt mit der Faust einen dumpfen Schlag auf den Tisch. „Ich hätte doch rufen können: ‚Ruki werch!‘ Als ich dann zu Hause war (1949), hab‘ ich mich mit dem Pfarrer Brünning darüber unterhalten. Der sagte mir: ‚Alex, mach dir nicht das Leben schwer, damit darfst du dich nicht belasten.‘ Denn ich hätte dreimal davor schon draufgehen können, aber wie leichtsinnig man doch ist. Ich weiß nicht … Ich glaube, das konnte einem nur passieren – als Leichtsi … also ohne Überlegung, als unerfahrener Soldat.“[4]

Nach Interviews mit Alex Bettray in Haldern vom 2. Mai 2009 (Interview mit Alex Bettray Nr. 5 über die Erschießung eines russischen Soldaten) und vom 18. Januar 2009 (Interview mit Alex Bettray Nr. 2 über den Einsatz am 8. und 9. April 1944 bei Tarnopol).
Fassung vom 8. Januar 2022.

Anmerkungen:

1) Pan ist die polnische Anrede für Herr: „Oh Pan Kamerad“ könnte also mit „Oh Herr Kamerad“ übersetzt werden. „Machorka“ hießen die Zigaretten.

2) „Oh Matka“ ist russisch und bedeutet „Oh Mutter“. „Jannikurrit“ hat der Zeitzeuge damals als Soldat vermutlich vom Hörensagen aufgeschnappt. Er meint aber wohl „Ja nje kurju“ = „Ich rau-

che nicht." „Tschitschass" meint das russische Wort „sejtschas". Es heißt tatsächlich „jetzt" oder „gleich" oder „Moment mal".

3) „Bochumat" meint das russische Wort „Bogumat", das „Mutter Gottes" bedeutet.

4) Die Schlussbemerkung basiert auf Interview-Passagen aus dem Interview mit Alex Bettray Nr. 2 vom 18. Januar 2009, Seite 10. In diesem Interview wird der gesamte Einsatz vom 8. und 9. April 1944 bei Tarnopol umrissen.

Unteroffizier Alex Bettray aus Emmerich, 18 Jahre, in Wildbad im Schwarzwald, August 1944.

Deutscher Wehrmachts-Soldat mit Maschinenpistole, Ostfront 1944.

8 | Sommer 1944 – Selige Wochen auf dem Eltenberg

Dr. Karl van der Ven berichtet über seine Zeit als Flakhelfer in Emmerich . . .

Die Sommerferien des Kriegsjahres 1943 sind zu Ende. Für den 15-jährigen Karl van der Ven aus Rees bricht eine neue Lebensphase an. Seit dem 1. August fährt der wohlerzogene, eher zarte Junge täglich mit der Straßenbahn nach Emmerich, immer zusammen mit seinen Schulfreunden Josef und Altfried. Die drei sind jetzt Untersekundaner des Emmericher Gymnasiums, das im Dritten Reich nur noch ‚Oberschule für Jungen' heißt. Doch das Pennäler-Dasein in der Untersekunda (10. Klasse) dauert für die Jungs aus Rees nicht lange. Noch vor Ende August liegen für die meisten Schüler ihrer Klasse Stellungsbefehle in den Postkästen. Schon in wenigen Tagen soll die Einberufung zum Flakhelfer erfolgen.[1]

„Die Eltern wurden alle eingeladen, in die Aula des Gymnasiums", erinnert sich der heute 91-jährige Karl van der Ven. „Ihnen wurde dann klargemacht, dass wir an die Kanonen müssten. Das hat meinen Eltern überhaupt nicht gefallen, aber sie konnten nichts dagegen sagen."

Schon am 1. September finden sich Karl und Josef in einer Baracke am Emmericher Hafenkopf wieder, des Morgens neu eingekleidet in graublaue Luftwaffenhelfer-Uniformen. Ihr Freund Altfried wird erst vier Monate später zu ihnen stoßen. „Wir waren dort praktisch kaserniert", erzählt Karl van der Ven, „und schliefen in der Baracke, drei Feldbetten übereinander, Strohsäcke als Matratzen. Unteroffiziere von der Wehrmacht haben uns ausgebildet an der 2cm-Flak (Fliegerabwehrkanone), an der Solo-Waffe. Ich wurde Richtkanonier.

Nach vier Wochen, also zum 1. Oktober, hat man uns aufgeteilt auf verschiedene Flak-Stellungen. Eine Gruppe, zu der auch ich gehörte, kam zum Wardmannshof, der liegt dort, wo jetzt auf dem rechten Rheinufer der Brückenpfeiler steht, hinter den Germania-Werken. Wasser zum Waschen gab es dort übrigens nicht, das mussten wir in Eimern und Kanistern vom Wardmannshof herbeischleppen. Einmal wöchentlich durften wir in die Werksdusche der Germina-Oelwerke. Eine andere Gruppe bezog die Stellung nördlich des Bahnhofs, und eine weitere die an der Schleuse."

„Insgesamt hatten wir natürlich ganz großes Glück, dass unsere Klasse in Emmerich bleiben konnte. Denn ursprünglich sollten wir nach Oberhausen-Holten zur ‚Ruhrchemie' geschickt werden, aber der Studienrat Düffel, mein sehr hochverehrter Lehrer, bei dem ich auch noch Unterricht gehabt hatte, der hat dafür gesorgt – der kannte nämlich den Hauptmann Krukenberg von der Flak ganz gut – dass wir Luftwaffenhelfer in Emmerich bleiben konnten."

„An der Stellung bei den Germania-Werken hatten wir eine Schulbaracke, zu der morgens auch die anderen Flakhelfer kamen. Ein Lehrer gab uns dort vormittags etwas Unterricht, auch Jakob Düffel unterrichtete uns. Der war übrigens Nazi-Gegner, und das wusste jeder, aber den hat nie jemand angezeigt. Das war ein doller Mann. Morgens war also Schule und nachmittags dann Geschützreinigen, Putz- und Flickstunde und was man als Soldat so macht. Schulaufgaben gab's nicht mehr. Wir hatten fast jeden Tag Alarm. Immer, wenn die Bomber zum Ruhrgebiet flogen und den Rhein kreuzten, dann gab's ja bei uns in Emmerich Alarm, für die Stadtbewohner über die Sirene und für uns in der Stellung über Funktelefon. Wir trugen deshalb auch Holzschuhe, Klompen, damit wir jederzeit schnell in die Schuhe kamen und an die Kanone konnten, aber zu der Zeit fühlten wir uns noch so sicher. Bis dahin war ja kaum eine

Bombe auf Emmerich abgeworfen worden. Erst nachdem wir im Herbst 1944 schon einen Monat als Flak-Helfer entlassen waren, kam ja der große Angriff auf Emmerich."

„Mit unserem Geschütz haben wir auch nie einen einzigen Schuss abgegeben. Die Bomber flogen so hoch, die waren für unsere leichte Flak außer Reichweite. Tiefflieger gab's zu der Zeit noch nicht. Wir waren wohl einmal acht Tage zu einem Schießlehrgang in Altenahr, da schossen wir mit den 2cm Kanonen auf kleine Heißluftballons. Das hat dann sogar richtig Spaß gemacht. (lacht) Aber – wie gesagt – auf ein feindliches Ziel haben wir nie geschossen."

„Unser direkter Vorgesetzter war Wachtmeister Arnold.[2] Er kam aus Dortmund und war bei uns Jungs sehr beliebt. Oberleutnant Wiepen, der kommandierte die gesamte Flakbatterie, also die vier Flakstellungen in Emmerich mit je drei Kanonen. Der hatte eine Extra-Baracke für sich. Im Winter 1944 wurde Wiepen durch Hauptmann Krukenberg abgelöst. Krukenberg war Reserveoffizier und im Zivilberuf evangelischer Theologe, Professor in Königsberg. Er hat mit uns Flakhelfern sogar ‚Wallensteins Lager' von Schiller einstudiert. Anschließend wurde das Stück aufgeführt, im Emmericher Bürgerverein. Ja, in der Flak-Stellung wurd' das einstudiert. Komisch, nicht! Also der Krukenberg, der war kein (wirklicher) Nazi, aber der war ‚völkisch' – ‚deutsch national' und ein überzeugter Soldat. Bei dem musste alles hundertprozentig sein im Sinne des Kommisses (Militärs). Der verlangte von uns sogar, dass wir vor dem Ausgang ein sauberes Taschentuch vorzeigen konnten, so akkurat war der. Aber eigentlich, und erst recht, wenn man ihn ein bisschen näher kannte, sah er aus wie ein Professor in Uniform.[3] Er war sehr gebildet natürlich. Auch Krukenberg wohnte in der Offiziers-Baracke bei uns am Wardmannshof. Er hatte selbstverständlich einen Burschen, wie das so üblich war. Ein Soldat war dafür abgestellt, der erledigte alles für ihn, hielt seine Sachen und seine Bude in Ordnung. Hauptmann Krukenberg ist Ende März 1945 bei den Kämpfen um Wesel noch gefallen. Er ist auf dem Soldatenfriedhof in Haldern beigesetzt worden. Später hab‘ ich mal erfahren, dass Krukenberg in Wesel noch gegen Soldaten vorgegangen ist, die nicht mehr so richtig kämpfen wollten. Also, er war unheimlich davon überzeugt, dass man die Heimat bis zum Letzten verteidigen muss.“[4]

„Also im Nachhinein geurteilt, muss ich doch sagen: Es wurde schon ein Unterschied gemacht zwischen uns Luftwaffenhelfern und regulären Wehrmachtssoldaten. Man konnte uns Schülern nicht alles zumuten. – Verstehen Sie! Der Hauptmann Krukenberg, der wusste auch, dass seine Flakhelfer alle Oberschüler oder Gymnasiasten waren, und dementsprechend wurden wir behandelt. Während unter den einfachen Soldaten ja doch auch allerhand (raue) Typen waren. Da könnte ich Ihnen noch alles Mögliche erzählen.“

Wir schauen in ein Fotoalbum und betrachten die Gruppenaufnahme mit fröhlichen jungen Luftwaffenhelfern, die jubelnd ihre Arme emporstrecken. „Das ist am Emmericher Germania-Werk“, erklärt Dr. Karl Van der Ven, „da rechts sehen Sie den Schlot. Wir hatten uns auf die Vierlings-Flak gestellt, an der sind wir auch ausgebildet worden. Die wurde aber nach einiger Zeit wieder abgeholt, weil sie anderswo dringender gebraucht wurde.“

„Anfang Mai 1944 sind wir mit einer Gruppe auf den Eltenberg verlegt worden. Dieser Sommer auf dem Eltenberg, der ist mir in so seliger Erinnerung geblieben.“ Auf die Nachfrage, was er mit ‚selig‘ meint, erklärt van der Ven: „Es war ja Krieg, aber bei uns ist nichts passiert. Wir haben kein einziges Mal schießen müssen. Wir hatten eine gute Kameradschaft miteinander, wurden gut verpflegt, und in der Freizeit haben wir oft Fußball gespielt. Wir hatten‘s ganz gut da oben im Verhältnis zu den anderen, die in Köln oder im Ruhrgebiet Flakhelfer waren, die haben bei der schweren Flak teilweise unheimliche Verluste gehabt. Es sind ja viele Flakhelfer in den letzten Kriegsjahren noch gefallen."

„Oben auf dem Eltenberg stand so eine Art – Radarstation – würde man heute vielleicht sagen. Die war auf einem hölzernen Turm installiert. Das Objekt war streng geheim und das sollten wir schützen. Uns war nur der Name ‚Windmessstelle' bekannt. ‚WIM-Stelle' war die offizielle Bezeichnung, aber was die genau machte, das wussten wir nicht.[5] Es standen aber überall Warnschilder: ‚Wer ohne Marschbefehl angetroffen wird, wird sofort erschossen!' Es waren auch allerhand Luftwaffenhelferinnen dort tätig, die arbeiteten an Messgeräten, um irgendwelche Funkdaten aufzunehmen. In der Nähe stand dieses riesengroße Haus der Firma Breitenstein und davor lag eine große, weite Fläche. Dort lag unser Stützpunkt, unsere Flakstellung. Davor waren sogar die Bäume und Büsche gerodet worden, damit wir freies Schussfeld hatten. Wir konnten damals von da oben bis Arnheim gucken."

„Auch auf dem Eltenberg standen drei Geschütze (2cm-Flak) und mehrere Baracken. Zu jeder Bedienmannschaft gehörten etwa fünf Luftwaffenhelfer. Insgesamt waren wir da oben wohl 15 bis 20 Mann und von dort haben wir im Mai oder Juni den ersten kleineren Luftangriff auf Emmerich beobachtet. Wir sahen die englischen Lightnings deutlich herankommen, die flogen etwas tiefer als die großen Bomber-Flotten, aber doch noch höher, als dass wir sie hätten erreichen können. Wir sind natürlich zum Geschütz gerannt, aber es wär' völlig sinnlos gewesen, das Feuer zu eröffnen. Dann wurde das Firmengelände der Ölwerke ‚Noury & Van der Lande' bombardiert."

Ich fragte, wie es denn um die Moral der Flakhelfer stand und ob sie Zweifel hatten am herrschenden Regime.

Van der Ven: „Es ist so … das Regime spielte für uns keine so große Rolle, aber wir waren doch noch davon überzeugt, dass wir den Krieg gewinnen müssen. Ich hatte zufällig gerade Wache an unserem Geschütz, als die Nachricht vom Attentat auf Hitler am 20. Juli 1944 zu uns durchdrang. dann hieß es, ja, der Führer ist unverletzt. Ja, da waren wir noch begeistert, dass dem Führer nichts passiert war, so war die Einstellung bei uns Jungs noch. Es gab vielleicht Einzelne, die von Hause aus anders erzogen oder eingestellt waren, aber die wagten das nicht zu sagen, denn das war ja kriminell (lacht), wenn man sich gegen Hitler aussprach. Da wurd‘ man erschossen.“

„Zweifel am Krieg sind zu dieser Zeit noch nicht aufgekommen?“, fragte ich van der Ven, der daraufhin erklärte: „Die kamen erst, als ich Soldat wurde und die Front immer näherkam. Selbst als die Invasion der Alliierten in der Normandie im Juni 1944 begann – wir lagen da noch auf dem Eltenberg – dachten wir immer noch, dass das von der Deutschen Wehrmacht abgewehrt werden würde. Ja, und dann wurden wir am 1. September 1944 nach genau einem Jahr Flakhelferdienst entlassen. Nur zweieinhalb Wochen später musste ich zum Arbeitsdienst nach Boltenhagen an der Ostseeküste, da standen dann Erdarbeiten und vormilitärische Ausbildung auf dem Programm, zwei Monate lang. Als ich dort entlassen wurde, da wusste ich schon Bescheid, dass ich wenig später zur Truppe kam, also zur Wehrmacht. Der Einberufungsbescheid war auf den 19. Dezember 1944 ausgestellt. Ich musste mich an diesem Tag in Wesel zum Militärdienst stellen. Das war zehn Tage bevor ich 17 wurde und ich weiß noch, wir Jungs aus unserer Klasse wurden alle Reserveoffiziersbewerber, weil wir nicht zur Waffen-SS eingezogen werden wollten. Das wollte damals so leicht keiner. (lacht)“

„Ich bin übrigens damals gar nicht so gerne Luftwaffenhelfer geworden und ich hab‘ die anderen glühend beneidet, die weiter zur Schule gehen durften. Mit 15 Jahren – das ist mir so schwergefallen, dass ich da kaserniert wurde. Ich war so ein wenig Muttersöhnchen, wuchs mit zwei älteren Schwestern auf, und im Haushalt meiner Eltern lebten auch noch zwei ledige Tanten, Schwestern meines Vaters. Also, ich war ein so richtig verwöhntes Jüngsken. Als ich ein Jahr später Soldat werden musste, da ist mir das nicht mehr so schwergefallen.“

Nach einem Interview mit Dr. Karl van der Ven
am 1. Dezember 2017 in Rees-Millingen.
Erste Fassung vom 13. Februar 2018.

Anmerkungen:

1) Lediglich die HJ-Führer („Pimpfen-Führer“) der Untersekunda werden ab September 1943 weiter im Emmericher Gymnasium unterrichtet. Sie bilden eine Extra-Klasse. In diese geht auch Altfried Brey, der erst im März 1944 16 Jahre alt wird. Erst dann wird auch er Luftwaffenhelfer und stößt zu seinen Schulfreunden Karl Van der Ven und Josef van Look in der Flakstellung. Info durch Telefongespräch mit Karl van der Ven am 12. Februar 2018.

2) Wachtmeister Arnold füllte die Funktion eines Zugführers aus. Er leitete eine Flak-Stellung mit drei Geschützen am Wardmannshof. Die anderen Flakstellungen wurden zum Teil von Unteroffizieren der Luftwaffe/Flak geleitet.

3) Die Information, dass Hauptmann Krukenberg beim Endkampf in Wesel im März 1945 gegen Soldaten vorging, die nicht mehr kampfbereit waren, teilte mir Dr. Karl van der Ven telefonisch am 17. Februar 2018 nach dem ersten Korrekturlesen mit.

4) „Bei seinen ganzen Attitüden konnte man den Professor schon erahnen." Dies erzählte mir Karl van der Ven über den Hauptmann Krukenberg im Telefonat am 12. Februar 2018.

5) WIM-Trupp war die Tarnbezeichnung (der deutschen Wehrmacht) für eine Stellung der Funkmessbeobachtung (FuMB). Das Funkmessgerät diente unter anderem der Ortung feindlicher Flugzeuge, aber auch zum Beispiel zur Feuerleitung der Flak. Der Zeitzeuge Eugen Roelofsen aus Kamp-Lintfort, der 1944 ebenfalls auf dem Eltenberg an der Flakstellung eingesetzt war, berichtete mir telefonisch am 10. Februar 2018 folgendes: „Bei dem Turm auf dem Eltenberg handelte es sich um eine Nachtjägerleitstelle. Sie war ein sehr geheimes Schutzobjekt. Überall standen Schilder mit der Warnung: ‚Wer ohne Marschbefehl angetroffen wird, wird sofort erschossen.'"

Dr. Karl van der Ven als Flakhelfer im Herbst 1943.

Die beiden Schulkameraden Karl van der Ven und Jupp van Look sind gerade Oberschüler am Emmericher Gymnasium geworden, Sommer 1943.

Emmericher Flakhelfer posieren an ihrem Geschütz, einer Vierlings-Flak, unweit der Germania-Ölwerke, 1944. Personen: untere Reihe v.l.: Hans Werner Gottsmann, Altfried Brey, (mit Helm) Eugen Roelofsen, Karl Wefers, (in weißem Anzug) Wolgang Bettzieche, Heinz Elbers, ganz rechts: Josef van Look; mittlere Reihe v. l.: Hans Adalbert Hinz, Josef Bossmann, Josef Klinkhammer, Karl van der Ven, Egon Brandenburger, Ernst Freisberg, Gregor Hoppe; obere Reihe v. l.: Heinz Ehses, Horst Fleischhauer; ganz oben: Albert Awater.

In diesem Schützenloch nahe der Flak-Stellung auf dem Eltenberg beobachten zwei Flakhelfer den Luftraum. Links: Karl van der Ven, rechts Joachim Schulz (aus Emmerich).

Luftwaffenhelfer und Luftwaffenhelferinnen am Holzgerüst einer der ‚Radar-Türme' auf dem Eltenberg, Sommer 1944.

Karl van der Ven am 2cm-Flak-Geschütz auf dem Eltenberg, Sommer 1944.

9 | Der Bombenangriff auf Emmerich am 28. September 1944

Der Emmericher Alex Bettray erinnert sich . . .

Wir sitzen bei uns in Haldern in der Küche, um über seine Erinnerungen zu sprechen. Es ist der 1. Juli 2008. Der Zeitzeuge Alex Bettray ist zu diesem Zeitpunkt 82 Jahre alt. Das Ereignis, über das wir reden werden, liegt jetzt schon 64 Jahre zurück. Bettray, damals 18 Jahre alt und Soldat in der deutschen Wehrmacht, beginnt seine Schilderungen recht routiniert, so als wenn er sie schon des Öfteren erzählt hätte.

„Ich kam also am Donnerstag, den 28. September 1944, in den Genesungsurlaub. Der Zug lief morgens ca. sieben Uhr in den Emmericher Bahnhof ein, und im gleichen Moment kamen aber auch Flieger von vorn. Jagdbomber griffen den Zug an. Wir konnten uns gerade noch heraus retten. Soweit, wie ich feststellen konnte, kamen nur zwei Jagdbomber aus Osten angerauscht und nahmen den Zug unter Feuer, waren dann aber auch sofort wieder verschwunden. Na ja, das war die Begrüßung am 28. September morgens um 7 Uhr.“ [1]

„Ich bin dann zu Fuß weitergegangen, nach Hause, nach Hüthum. Wir wohnten in Hüthum auf dem Hohen Weg. Damals war das die Adolf-Hitler-Straße. Ich kam auch gut zu Hause an und dort war es gar keine Überraschung, als ich erzählte, dass der Zug angegriffen worden war. Am Nachmittag, etwa gegen 15 Uhr, fuhr ich mit dem noch ziemlich neuen Fahrrad meines Vaters in die Stadt. Vater bat mich noch, ich möchte doch das gute Rad zu Hause lassen. Damit nach Emmerich zu fahren, sei zu riskant, aber ich hab‘ trotzdem meinen Kopf durchgesetzt und bin schließlich von Hüthum aus nach

Speelberg gefahren – zu meinem Ausbildungsbetrieb, in dem ich die Lehre machte.“

„Dabei passierte ich den Nollenburger Weg und das Areal, wo jetzt die Stadien sind. Auf der rechten Seite des Weges, also gegenüber dem Stadion und gegenüber dem Schwimmbad, ist ja ein großes Neubaugebiet und dort stand damals eine Nissenhütte, direkt an der Heerenberger-Straße. Das war die Unterkunft des Bauern Driewer. Driewer lebte nur mit seiner Tochter auf diesem kleinen Gehöft und mit seinen beiden Gäulen bearbeitete er das Grundstück, wo jetzt die Neubauten alle stehen. In dem Moment, als ich dort vorbeiradelte, kamen von Elten her wiederum zwei Jabos und nahmen den Bauern mit seinen Pferden unter Feuer. Er war ungefähr 200, 300 Meter von mir entfernt. Ja, sie nahmen auch mich unter Feuer. Ich weiß nicht, ob man mich ganz bewusst beschoss. Auf jeden Fall spritzten die Einschläge der Maschinengewehrgarben 30, 40 Meter vor mir in den Straßenrand. Ich konnte mich nur noch in den Straßengraben werfen. Die zwei Gäule keilten aus und rasten davon, rissen – ich weiß nicht, war es ‘ne Egge oder ‘ne Walze – mit sich. Der alte Bauer wusste gar nicht, wie ihm geschah. Als es vorbei war, hab‘ ich mit ihm die Pferde wieder eingesammelt. Wir haben ausgespannt, was noch auszuspannen war und dann ist er weinend nach Hause gegangen. Ja, er kannte mich, weil ich oft beim Hufbeschlag seiner Pferde dabei gewesen war. Von dort aus bin ich dann zu Jan Moss gefahren.[2]

„Die Firma ‚Moss‘ war eine Bau- und Schmiedewerkstatt, in der auch Hufbeschlag durchgeführt wurde. Johann Moss, der Inhaber dieses weit und breit bekannten Kleinbetriebes, war gebürtiger Holländer und außerdem ein großer Gegner des Nationalsozialismus. Kaum war ich dort angekommen, ging das Geschimpfe über die Nazis los. Seine Frau erschien kurz darauf und rief besorgt: ‘Um

Gottes Willen, Johann, vergoaht ou doch niet an den Herrgott‘, und er fluchte aber weiter.“

„Dann bin ich von dort aus nach Emmerich gefahren – über den Bahnübergang – zum Großen Löwen. Dort lag unter anderem auch die Metzgerei Landers. Mitten auf dem kleinen Marktplatz war ein sogenannter Röhrenbunker aufgebaut, dort wo jetzt der neue Löwenbrunnen steht. In der Metzgerei wollte ich eine gute Bekannte besuchen, Hanni Titt, im gleichen Alter wie ich, mit der ich in engem Briefkontakt stand. Hanni war dort als Verkäuferin beschäftigt. Wir standen draußen vor dem Eingang des Geschäftes und unterhielten uns. Ich fragte sie: ‚Geht ihr auch dort in den Splitterbunker?‘ ‚Nein, um Gottes Willen‘, sagte Hanni, ‚wenn hier in der Nachbarschaft Bomben fallen, bricht das Ding doch gleich zusammen.‘ ‘Die Bomber, die jetzt schon drüber herziehen – stören die euch gar nicht?‘, hab‘ ich schließlich gefragt. ‚Nein‘, meinte Hanni, ‚das geht ja schon den ganzen Tag so. Akute Luftwarnung wird nur gegeben, wenn die Stadt bedroht ist, oder wenn man annehmen muss, dass die Stadt bedroht wird. Aber auch da kümmern sich nicht viele drum.‘ Im gleichen Moment vernahm ich dann die ersten Geräusche und ich dachte zuerst es wäre die Flak-Abwehr gewesen. Das waren aber schon die ersten Bombenabwürfe auf die Stadt. Es war – wie ich später erfuhr – ein mittlerer Angriff. Ich konnte nur noch Hals über Kopf über die Straße eilen zu diesem Splitterbunker. Ich seh‘ Hanni heute noch, wie sie die Hand vor den Mund hält und mir nachstarrt vor lauter Schrecken.“

„Im gleichen Moment fielen dann die Bomben im Bereich des Pesthofes. Es gab dort ungefähr 40 Tote. Der Angriff dauerte vielleicht fünf Minuten. Die ersten Bomben, die fielen, ließen diesen Bunker fast zusammenbrechen, so wie es Hanni kurz zuvor gesagt hatte. Wir saßen nun darin mit einigen Rote-Kreuz-Schwestern. Nach dem Angriff bemerkten wir, dass der Bunkereingang abgekippt war. Wir kamen aber, nachdem das Bombardement vorbei war, schnell heraus. Mein erster Blick ging seitwärts zurück zu dem Laden, vor dem wir eben noch gestanden hatten. Er war nicht mehr da. Ein Volltreffer war direkt im Geschäft gelandet. Ein riesen Bombentrichter an der Stelle, wo wir uns Minuten zuvor unterhalten hatten. Das Fahrrad, mit dem ich gekommen war, lag 30, 40 Meter entfernt – verbogen – auf der anderen Straßenseite."

„Dann kam ein junger Mann in Metzgerschürze herbei. Ich erkannte ihn zunächst gar nicht. Er sprach mich aber sofort mit Alex an und fragte, ob ich Hanni suchen würde. Es stellte sich dann heraus, dass es sich um meinen Cousin Herbert Bettray handelte, der dort als Lehrling in der Metzgerei beschäftigt war. Ich bin um den Rest des Gebäudes herumgegangen – nach hinten – zur Wurstküche. Dort traf ich dann die Bewohner des Hauses, unter anderem natürlich auch Hanni. Total zerfetzte Bekleidung und so weiter. Sie hatten mächtig Glück gehabt. Die erste Bombe war in das Geschäft eingeschlagen und hatte die Bewohner dort verschüttet. Die zweite Bombe war direkt an der Stelle eingeschlagen, wo wir Minuten vor dem gestanden hatten und hatte die Trümmer (des Hauses) wieder abgedeckt."

„Gegenüber an der Ecke Bahnhofstraße – die große Gastwirtschaft brannte und brannte. Wir hörten dort Hilferufe. Ich ging sofort herüber. Im Gebäude waren zwei ältere Leute, die riefen um Hilfe. Wir konnten aber nicht zu ihnen. In dem Moment kam ein Feuerlöschzug dort an. Ich nehme an, dass er von der Maschinenfabrik war. Ich bat den Löschzugführer doch hier zu helfen. ‚Nein, es geht nicht, wir müssen zur Taufabrik', bekam ich zur Antwort. Ich sag: ‚Ja, hier sind doch noch Leute in den Trümmern.' ‚Wir müssen zur Taufabrik!' Das Geweine wurde immer weniger, die Leute waren erstickt oder verbrannt. Zehn Minuten später kam der Löschzug wieder zurück. Nun wollte man helfen. Ich sag: ‚Jetzt ist es zu spät, die Leute sind tot.'"

„Nebenbei bemerkt: Nachdem ich 1949 aus der Gefangenschaft nach Hause kam, hab' ich den Sohn dieser verbrannten Bürger aufgesucht. Es war das erste Mal, dass dieser so genaue Einzelheiten über den Tod seiner Eltern erfuhr."

„Nach diesem Bombenangriff habe ich Hanni nach Hause gebracht, zum Müssenberg, wo sie wohnte. Dann bin ich zu Fuß nach Hause gegangen, ohne Fahrrad. Mein Vater hat das auch gar nicht mehr beachtet. Er war froh, dass ich wieder zu Hause war. Gleichzeitig hieß es dann aber schon in Hüthum, es seien Flugblätter abgeworfen worden. Ich habe übrigens keines davon gesehen und am Abend verkündeten die ‚Feindnachrichten' (im Radio) noch einmal den gleichen Aufruf. Nämlich die Aufforderung, dass die Bevölkerung Emmerich räumen solle, denn am Samstag, den 30. September, würde die Stadt angegriffen und zerstört werden. Also stürzten die Leute an diesem Samstagmittag – ein herrlicher Spätsommertag – heraus aus der Stadt, in die Speelberger und Borgheeser Waldungen. Die Speelberger Kirche war voll belegt mit Geflohenen und Pfarrer Breuer, damals noch Rektor Breuer, saß dann mit diesen aus der Stadt Geflüchteten im Glockenturm und betete den Rosenkranz. Der Nachmittag ging vorbei, es passierte nichts. Die Bevölkerung kehrte nach Emmerich zurück. Das war also der Bombenangriff am 28. September."

„Dann kam der 7. Oktober, der Samstag. Bis zu diesem Samstag gab es immer wieder kleinere Angriffe mit Bombenabwürfen, aber keiner kümmerte sich mehr darum. Man war es so gewohnt. Schließlich der bewusste Samstagmittag. Es muss gegen halb eins gewesen sein. Ein riesen Anflug von Maschinen, ein riesen Pulk von Flugzeugen kam von den Niederlanden auf Elten – Emmerich zugeflogen. Wir hatten einen großen Keller, der zudem noch besonders geschützt war. Die ganze Nachbarschaft hielt sich bei uns auf. Ein Tag zuvor war mein Bruder Jakob von der Westfront aus in Urlaub gekommen. Er kam wie ich selbst aus dem Lazarett, war als Fallschirmjäger verwundet worden. Dann kam die akute Luftwarnung. Mein Bruder und ich standen draußen und dann sahen wir, wie dieser Riesenpulk abdrehte und in Richtung Kleve schwenkte. Wir riefen noch in den Keller herein: ‚Sie greifen Emmerich nicht an, sie fliegen nach Kleve.' Von uns aus, also vom Hohen Weg, konnten wir dann das Getöse über Kleve vernehmen."

„Aber schon kurze Zeit danach erschien der nächste Anflug. Ein weiterer Pulk kam aus der Richtung Kleve-Elten und flog direkt auf Emmerich zu. Wir konnten nur noch in den Keller stürzen. Die Flugabwehrbatterien 8,8 und 10,5 cm, eine davon stand im Polderbusch, eine andere stand in Speelberg an der jetzigen Pastor Breuer-Straße, feuerten unentwegt. Die Geschütze im Polderbusch konnten dann, wie sich später herausstellte, ein britisches Flugzeug abschießen. Die Batterie wurde aber wenig später durch Bomben oder Jabo-Angriffe zum Schweigen gebracht. Der größte Teil der Geschützmannschaft dort ist dabei ums Leben gekommen. Der Angriff dauerte vielleicht eine halbe Stunde. Ich sag das jetzt so spontan aus der Erinnerung heraus, aber die Zeit hab' ich mir genau aufgeschrieben. – Und dann war Feierabend. Man konnte nicht mehr sehen als eine riesen Rauchwolke und sonst weiter nichts."

Nach einem Interview mit Alex Bettray in Haldern am 1. Juli 2008.
Fassung vom 29. Dezember 2021.

Anmerkungen:

1) Diese und alle weiteren O-Ton-Passagen zum Bombenangriff des 28. September 1944 stammen aus dem Interview mit Alex Bettray aus Haldern über den Luftangriff auf Emmerich, 1. Juli 2008, Time-Code 00:00 – 22:05.

2) Die Schilderung zum Jabo-Angriff auf den Bauern Driewer entstammt einer weiter hinten liegenden O-Ton-Passage aus demselben Tonband vom 1. Juli 2008, etwa bei Minute 57:50 ff.

Emmerich nach einem Bombenangriff vor dem 7. Oktober 1944.

Emmerich nach einem Bombenangriff vor dem 7. Oktober 1944.

Emmerich nach dem Bombenangriff vom 7. Oktober 1944.

10 | 25. Okt. 1944 – In englische Kriegsgefangenschaft bei Nimwegen

Friedhelm Küpper aus Friedrichsfeld erzählt . . .

„Zum Militär eingezogen worden, bin ich Mitte Juli 1944“, erzählt Friedhelm Küpper. „In Wesel am Bahnhof wurden wir in einen Sonderzug gesetzt und dann ging es nach München. Dort haben wir in einer Turnhalle übernachtet. Am anderen Morgen mussten wir gleich wieder auf die Bahn und es ging zurück – nun zur Mosel. Die waren sich wohl nicht einig, was sie mit uns vorhatten. Wir hießen jetzt ‚Flieger-Ausbildungs-Bataillon 51‘ und landeten zunächst in einem kleinen Ort, Wengerohr, zwischen Koblenz und Trier.[1] Dort sollten wir eingekleidet werden, trugen also immer noch unsere Zivilklamotten. Da kamen dann heute die Stiefel, am nächsten Tag mal ‘ne Jacke, dann kam mal ‘ne Mütze, dann kam der Stahlhelm und wieder etwas später kamen Socken. Nach und nach trafen alle Bekleidungs- und Ausrüstungsteile ein. Aber bis alles komplett war, da gingen fast drei Wochen ins Land.“

„Dienst hatten wir noch keinen“, schreibt Friedhelm Küpper über diese Zeit später in seinen Erinnerungen, „nur kleine Aufmärsche. Unser Zug marschierte durch eine Allee an der Mosel entlang, als wir plötzlich von drei englischen Jagdfliegern angegriffen wurden. Es war die erste Feindberührung. Die Front war ja gar nicht mehr so weit weg. Englische und amerikanische Truppen hatten Frankreich wieder befreit und standen vor der Schelde.“[2]

„Anschließend, also im August 44, waren wir dann in der Nähe von Bergen op Zoom, in einem kleinen Dorf in Holland an der Oosterschelde stationiert“, erzählt er weiter.[3] „Dort hatten wir immer im Wechsel eine Woche militärische Ausbildung mit Schießen üben und Waffenkunde und in der folgenden Woche Wachdienst auf einem nahe gelegenen Fluggelände.“

„Aber nach der dreimonatigen Grundausbildung würden wir ja wieder zurück nach Deutschland fahren und dort auf eine Flugzeugführerschule kommen. Daran glaubten wir damals noch fest, obwohl man die schweren Geschütze an der Front schon hören konnte.“, schildert Küpper in seinem Buch. „Die Schelde war ja nicht weit entfernt. Die holländische Bevölkerung war (übrigens) nicht gut auf uns zu sprechen. Partisanen legten uns einige Steine in den Weg. Die Nachtwachen wurden verstärkt und scharfe Munition wurde an uns ausgegeben. Die Spannung wuchs.“

„Dann kamen die Engländer über die Schelde“, erinnert sich Küpper. „Wir konnten damals die Granateinschläge beim Übergang deutlich hören, aber da waren wir noch zu jung, bzw. zu unerfahren, zum Kämpfen. Also wurden wir (Anfang September 44) noch mal zurückgeschickt.“ „Es kam der Befehl, dass alle Züge unseres Bataillons mit Marschgepäck antreten müssen“, notiert Küpper. „Wir packten unsere Rucksäcke und im Schutze der Nacht marschierten wir nach Roosendaal. Dort wurden wir gruppenweise in geschlossenen Güterwaggons untergebracht. Hinter der Lok und am Ende des Zuges war jeweils ein offener Wagen mit einem Zwillings-MG zum Schutz gegen Tiefflieger. Stundenlang fuhren wir wieder einem unbekannten Ziel entgegen, bis der Zug plötzlich mitten auf freier Strecke hielt. Wir wurden von drei Jagdbombern angegriffen. Der Angriff kam so plötzlich, dass wir gar nicht schnell genug aus den Waggons herauskonnten. Ich sprang noch während der Fahrt ab und suchte Schutz in einem Obstbongert. Als der Angriff vorbei war und wir zurückkamen, sahen wir die ersten Toten. Es gab mehrere Verwundete zu versorgen. In unserem Waggon saß in der Ecke ein Soldat auf seinem Rucksack – ohne Kopf. Ihn hatte ein explosives Geschoss voll getroffen. Die Toten wurden an Ort und Stelle begraben und die Schwerverletzten wurden vom herbeigeeilten Roten Kreuz ins Lazarett gebracht. Das war für uns (junge Rekruten) ein schwerer Schock, und ich hatte noch lange daran zu knacken.“

„Die Fahrt ging dann weiter bist nach Zuidlaren, südlich von Groningen", fährt Küpper fort.[4] „Wir wurden in einem Kloster untergebracht. Da haben wir wieder Ausbildung erhalten, aber nicht mehr sehr lange, denn es waren ja in Holland die Fallschirmjäger heruntergekommen." (Im Rahmen der Operation ‚Market Garden' wurden ab dem 17. September 1944 fast 40.000 alliierte Fallschirmjäger bei Eindhoven, Nimwegen und Arnheim abgesetzt.) „So Mitte Oktober 1944 wurden wir deshalb von Zuidlaren in den Raum Nimwegen verlegt. Und plötzlich, (wir waren gerade eingetroffen), da sind wir an diesem Frontabschnitt von alliierten Truppen eingekesselt. Es kam dann ein hoher Offizier der Wehrmacht zu unserer Einheit. Wir mussten alle auf einer großen Obstwiese – im Schutz der Bäume – antreten. Der deutsche Offizier hat uns erklärt, dass wir eingeschlossen sind, dass wir jetzt nicht mehr herauskönnten, dass wir aber alles daransetzen müssten, um aus dem Kessel auszubrechen. ‚Das wird nicht einfach sein', sagte er noch und: Unsere Ausbildung sei hiermit abgeschlossen. Wir würden jetzt der Front zugeführt und anderen (Infanterie-)Einheiten als Unterstützung angegliedert. Wir waren nur zwei Mann, die einen Marschbefehl und eine genaue Wegbeschreibung ausgehändigt bekamen. Zuerst fuhren wir auf einem LKW, den Rest gingen wir zu Fuß durch den Straßengraben, denn die Straßen selbst wurden vom Tommy genau beobachtet. Das Ziel, zu dem wir hinmussten, war ein Waldgebiet. Dort trafen wir auf einen Unteroffizier, der nur noch zwei Mann bei sich hatte. Das war der Rest einer Gruppe, die sonst ungefähr 18 Mann stark war. Bei dem mussten wir uns melden. Ich hab' dann mal ganz förmlich Meldung gemacht: ‚Flieger Küpper meldet sich zum Kriegseinsatz.' Da sagt der: ‚Du Arsch, ich bin der Hermann. Sowas gibt's hier nicht. Hier biste an der Front.' Und dann haben wir uns sofort mit den drei älteren Soldaten gut verstanden und haben 'ne gute Woche oder zehn Tage in diesem Waldstück gelegen."

Über die Stellung im Wald bei Nimwegen schreibt Küpper: „Die ersten Tage waren wir voll ausgelastet. Jeder von uns hatte seinen Job. Am Waldrand hatten wir ein Schützenloch, in dem wir abwechselnd Wache standen. Alle zwei Stunden wurde abgelöst. Das Loch war so tief ausgehoben, dass nur der Kopf des Mannes herausschaute. Es war vom Wald aus durch einen ca. zehn Meter langen Laufgraben zu erreichen. Einer von uns musste täglich die zwei Kilometer lange Strecke zum Tross gehen, um Verpflegung für die Gruppe abzuholen. Außerdem mussten regelmäßig die Telefonleitungen repariert werden, die durch die ständigen Artillerieeinschläge zerstört wurden."

„Nach einigen Tagen suchte ein junger Leutnant (in einer benachbarten Stellung) einige Freiwillige für einen Spähtrupp. Ein ca. einen Kilometer breiter Streifen Niemandsland, auf dem ein verlassenes Bauernhaus stand, sollte erkundet werden. Man wollte feststellen, ob es möglich wäre, dort einen vorgeschobenen Posten einzurichten, und wie stark der Gegner war. In der mondhellen Nacht zogen wir zu viert los. Ich hatte mich zum Spähtrupp gemeldet, nicht, weil ich mutig war, sondern einfach aus Neugier und weil ich die Gefahr gar nicht kannte, die mit einem solchen Vorhaben verbunden war. Das erste Stück war noch einfach, denn wir hatten den Bauernhof als Schutz vor uns liegen. Dann ging es durch den Straßengraben weiter bis zu einer Straßenkreuzung. Gegenüber befand sich ein Hotel. Es war vermutlich mit englischen Soldaten belegt, denn davor patrouillierten zwei Posten. In einem großen Bogen umgingen wir das Hotel. Auf der Rückseite sahen wir mindestens 30 schwere Panzer stehen. Nun schlichen wir vorsichtig auf demselben Weg, den wir gekommen waren, zurück. Aber der Tommy muss uns doch bemerkt haben, denn unser Straßengraben wurde plötzlich mit Granatwerfern beschossen. Die Einschläge waren aber so weit weg, dass wir wieder unversehrt unsere Stellung im Wald erreichten."

„Irgendwann unternahmen die Engländer einen Angriff auf unser Waldstück“, ergänzt Küpper in unserem Gespräch: „Da kamen etwa 200 Soldaten mit Maschinenpistolen heran, wohl 20 Panzer standen um den Wald drum herum. Und wir waren zu fünft. So groß war die Übermacht. Also, was für ein Quatsch. Allerdings hatten wir in unserer Stellung selbstgemachte Erdbunker. Wir hatten Löcher in die Erde gegraben, in denen zwei Mann liegen konnten. Da kamen ein paar Balken darüber, ‘ne Zeltplane darauf, ein bisschen Sand und danach Gestrüpp. Denn die Granaten, die die Engländer zu uns in den Wald schossen, waren alle mit Aufschlagzündern bestückt und die reagierten bei der leichtesten Berührung, wären also schon über der Bunkerdecke detoniert.“

In seinen Aufzeichnungen heißt es: „Am 25. Oktober morgens um vier Uhr setzte ein Trommelfeuer auf unseren Abschnitt ein. Es dauerte zwei Stunden und wir hockten in unseren (Bunker-)Löchern und hielten uns die Ohren zu. So plötzlich wie es angefangen hatte, hörte es dann auch wieder auf. Hermann, unser Unteroffizier, rief: ‚Raus, sie kommen!‘ Draußen sah es verheerend aus. Zerschossene und umgekippte Bäume und auf den Wegen war kein Durchkommen mehr. Der Waldrand, der 300 Meter lang war, sollte nun von einer Handvoll Landser mit Karabinern, Panzerfäusten und ein paar Handgranaten und einem MG verteidigt werden … Wir zogen uns etwas zurück. Drei Mann von uns versuchten, über eine Lichtung zurück zum Tross zu laufen. Ich sah, wie zwei von ihnen durch englische Maschinenpistolen getroffen wurden und umfielen. Willi zog mich an der Jacke in den Bunker zurück. Hier hockten wir still und warteten, in der Hoffnung, dass die Tommys an uns vorbeiziehen würden. Aber diesen Gefallen taten sie uns natürlich nicht.“

„Wären wir da nicht hereingegangen, dann hätten sie uns garantiert in 50 Meter Entfernung abgeknallt“ erzählt Küpper zum Schluss.

„Aber so kamen sie ganz nah an unseren Bunker heran. Die wussten ja ganz genau, dass die Deutschen alle in solchen Löchern hausten. Sie haben dann mit ihrer M-Pi hereingeschossen, aber sie konnten eben nicht um die Ecke schießen. Wir machten in den Eingang dieser Bunker immer so einen Winkel, damit es keinen direkten Weg ins Innere gab. Sie schossen also in den Einstieg und riefen: ‚Come on! Come on!' Und da hat der ältere Kamerad zu mir gesagt: ‚Komm Friedhelm, mach keinen Scheiß, nimm dein Taschentuch und wink mal!' Wir machen so. (Wir nehmen die Hände hoch.) Ja, und da war für uns der Krieg vorbei. Dann sind wir beide aus dem Loch heraus. Und ich erinnere mich noch, da stand eine Weinflasche, die war jetzt schon leer, die stand noch auf dem Rand vom Bunkereingang. Wir hatten nämlich am Tag vorher noch Marketenderware gekriegt. Immer zwei Mann eine Flasche Wein. Rotwein, den hatten wir uns teilen dürfen. Da nimmt einer von den Engländern diese leere Flasche und zerschlägt sie mir auf dem Stahlhelm, die Splitter spritzten zu allen Seiten. Die englischen Soldaten, die drum herumstanden, die lachten natürlich. Und unsereiner stand da wie ein begossener Pudel. Na ja, ich war gerade erst 17 geworden. Was will man da machen? Es wurden dann zwei Männer beauftragt, uns abzuführen. Das war am 25. Oktober 1944. Ob wir freundlich behandelt wurden? Freundlich? Also das kann man so nicht sagen. Ich glaube die Engländer haben schon einen Hass auf uns gehabt. Aber ich kann nicht sagen, dass sie unfair gewesen wären."

Nach einem Interview mit Friedhelm Küpper vom 8. Januar 2020.
Textfassung vom 21. April 2020.

Anmerkungen:

1) Im Interview am 8. Januar 2020 sprach Friedhelm Küpper vom Flieger-Ausbildungs-Bataillon Nr. 51, ebenso in seiner Biografie. Er meinte aber wahrscheinlich das Regiment Nr. 51.

2) Küpper, Friedhelm: Die Geschichte meines Lebens. Voerde 2003, 2. überarbeitete Auflage, von Harald Küpper (Hrsg.), Rees 2004, S. 48. Alle weiteren Zitate zu den schriftlich niedergelegten Erinnerungen stammen aus demselben Buch, S. 48 bis S. 55.

3) Friedhelm Küpper meinte in einem Telefonat am 22. April 2020, dass seine Einheit etwa zehn Kilometer weit entfernt von der Schelde gelegen habe.

4) In Zuidlaren war die Einheit ab Anfang Oktober 1944 für vierzehn Tage in einem Kloster einquartiert. In einem weiteren Telefonat am 21. Juni 2020 sagte Küpper, in Zuidlaren hätte seine Einheit drei bis vier Wochen in Quartier gelegen.

Frisch eingeschult, Friedhelm Küpper, Friedrichsfeld 1935.

Friedhelm Küpper mit seinen jüngeren Schwestern als HJ-Pimpf, ca. 1938.

11 | 1944 / 45 – Totaler Kriegseinsatz für Lieselotte Meyer in Wesel

Eine ehemalige Rot-Kreuz-Schwesternhelferin berichtet aus dem Weseler Front-Lazarett . . .

Es ist Ende Juli 1944 und für die gerade 20-jährige Studentin Lieselotte Meyer hat endlich die vorlesungsfreie Zeit begonnen. Seit gut einem Jahr studiert sie Medizin an der Maximilian-Universität in Marburg.[1] Nun sitzt sie im Zug Richtung Wesel/Niederrhein. In den Semesterferien will sie in ihrer Heimatstadt ein 14-tägiges Praktikum im Krankenhaus absolvieren. Denn das braucht sie unbedingt, damit sie zum Physikum zugelassen werden kann. Ein wenig verärgert ist sie schon, denn ihre Mutter hat ihr eine Praktikumsstelle bei den katholischen Ordensschwestern im Weseler Marienhospital vermittelt. Für die junge Protestantin ist der Gedanke, nun nach den Anweisungen von katholischen Nonnen zu arbeiten, mehr als unbehaglich. „Ich hatte doch vorher nie etwas mit Nonnen zu tun gehabt", erinnert sich Lieselotte Meyer, „ich bitte Sie, das war damals in meinen Augen das Schlimmste, was mir passieren konnte. Und dass ich nicht ins evangelische Krankenhaus gehen durfte, hab' ich meiner Mutter lange übel genommen. Aber dort waren eben ‚Braune Schwestern' tätig und meine Mutter wollte nicht, dass ich mit denen zusammenkam."[2]

Im September beginnt Lieselotte Meyer ihre Praktikantentätigkeit im Marien-Hospital. Wesel hat zu dieser Zeit nur kleinere Luftangriffe erlebt und ist eine noch weitgehend unzerstörte Stadt. Mit der britischen Luftlandung in Arnheim (am 17. September 1944) rückt der Krieg allerdings nun in unmittelbare Nähe. „Während dieser 14 Tage, die ich im Hospital arbeitete, wurde ich von der Wehrmacht eingezogen", erzählt Lieselotte Meyer weiter. ‚Totaler Kriegseinsatz‘, hieß es plötzlich und da änderte sich für mich nun alles.[3] Ich durfte nicht weiter studieren, denn ich war weder Kriegswaise noch Kriegerwitwe. Also blieb ich im Hospital und wurde sofort als Rote-Kreuz-Schwesternhelferin eingesetzt. Ich hab‘ dann im OP gearbeitet und auch im Hospital gewohnt.“

Der normale OP im Parterre-Geschoss konnte allerdings damals kaum noch benutzt werden, wegen der häufigen Bombenalarme. Wenn die Sirenen heulten, dann fuhren wir rasch mit dem Aufzug in den Keller, wo unser Ersatz-OP lag. Es gab dort sogar ein Aggregat für den Fall, dass der Strom ausfiel. Auch ein Großteil unserer Patienten war zu dieser Zeit in Kellerräumen untergebracht. Also wir haben eigentlich im Keller gelebt. Wissen Sie, hier in Wesel gab es ja diese Mordskeller, die ehemals zu alten Kaufmannshäusern gehörten. Und das Hospital war auf diesen Kellern errichtet worden. Die hatten unwahrscheinlich dicke Mauern, und wir waren dort sehr gut gesichert. Da unten gab's sogar 'ne Verbindung zum evangelischen Krankenhaus.[4] Das lag ja damals ganz in der Nähe. Man konnte da durch einen unterirdischen Gang herübergehen; nur das ging natürlich nicht – wegen der Konfession.“ (lacht)

„Ich weiß nicht mehr, ob wir damals Kriegslazarett oder Feldlazarett hießen, aber wir bekamen die Verwundeten direkt von der Front. Es gab ja inzwischen Kämpfe auf der linken Rheinseite. Und unser Chef, Dr. Henrichs, der war ursprünglich Gynäkologe, der operierte nun treu und brav am laufenden Band. Ja, und ich hab‘ im OP geholfen – komischerweise –, denn von den Fachkräften war ja kaum noch jemand da. Ja, was kam da an Fällen herein? So wie's zerschossen war. Zuerst waren's die Brandopfer. Da bekamen wir viele Holländer, die durch Brandbomben fürchterlich entstellt waren, Säuglinge ohne Augen mit entsetzlichen Verbrennungen. Die Phosphorbomben, ich weiß nicht, ob Sie davon schon mal gelesen haben.

Der Phosphor frisst sich ja immer weiter. Ich will Ihnen die Arbeit gar nicht schildern, die dann erfolgte … Mit dem Ausbürsten der Wunden, um den Phosphor zu entfernen und dergleichen mehr. Und danach bekamen wir unsere deutschen Soldaten von der Front. Im Klever Reichswald ist ja dann fürchterlich gekämpft worden. (Die Schlacht im Klever Reichswald dauerte vom 7. Februar bis zum 22. Februar 1945.) Gucken Sie sich mal die Gräber da an! Von dort her bekamen wir die Schwerverletzten. Ich erinnere mich heute noch an eine Situation, da war ich abends vorher mit den Schwestern drüben in der Himmelfahrtskirche in der Krypta gewesen, zum Gottesdienst; und wir kamen nach Hause (ins Hospital) und dann musste sofort operiert werden. Es war ein neuer Transport mit Verwundeten gekommen. Ich musste im OP ein Bein, das amputiert werden sollte, festhalten. Es war mit Gelbbrand befallen, man konnte das Knistern hören, wenn man auf die Haut drückte. Und da bin ich mit dem Bein in meinen Händen umgefallen – ohnmächtig geworden –. Also Gelbbrand, das ist ‘ne fürchterliche Infektionskrankheit, die auf jeden Fall zum Tode führt, wenn nicht rechtzeitig amputiert wird.“

„Acht oder vierzehn Tage lang durfte ich nicht im OP arbeiten, denn ich hatte Blut gespendet, und meine Wunde am Arm musste erst heilen. Das Blut war für eine Friedrichsfelderin, die einen Bauchschuss hatte, bestimmt. Sie hatte das Ein-Mann-Loch nicht schnell genug erreichen können, als Tiefflieger auf sie zu kamen. Nun mussten aber die Ärzte die Nadel in meinem Arm immer wieder herausziehen wegen der ständig wiederkehrenden Bombenalarme. Schließlich sind wir alle zusammen in den Keller-OP gefahren. Und dann ist bei mir für die Blutübertragung eine Vene freigelegt worden. Weil ich aber jetzt eine große Naht an meinem Arm hatte, sollte ich wegen der Infektionsgefahr nicht im OP tätig sein. So arbeitete ich dann auf der Station. Da erinnere ich mich an zwei verwundete Soldaten aus Ostpreußen; ein ganz junger war das und einer im mittleren Alters.

Beide hatten beide Arme und beide Augen verloren. Die lagen nun zusammen in einem Zimmer und wollten sich nicht mehr füttern lassen. Die wollten sterben ... Ich war ja nur vorübergehend auf der Station im Einsatz, aber das war fürchterlich. Denn man sah seine Patienten ja immer wieder und im OP war es so, die Leute wurden versorgt, und dann weg damit – auf Station, man hatte nichts mehr damit zu tun."

„Wie man sich die Verwundungen vorstellen muss? Das waren ja keine normalen Verletzungen. Es war ja alles zerfetzt. Zum Teil waren da Leute, die kein Gesicht mehr hatten, wo man wirklich Mühe hatte, durch den Verband noch einen Mund zu finden. Das kann man gar nicht beschreiben. Offene Bäuche, offene Köpfe, wie gesagt, keine Gesichter, Arme weg, alles bekamen wir da auf den Tisch. – Und wir hatten ja kein Penicillin. Also war bei vielen von vornherein klar, es ist nichts mehr zu machen. Aber ob die Ärzte da aussortiert haben, das hab' ich nicht mitgekriegt, da kann ich nicht drüber sprechen. – Ich habe zum Beispiel auch Narkosen gemacht, bin angelernt worden für die Narkose. Im Anreichen von Instrumenten war ich nicht eingespielt. Das übernahmen die Schwestern. Und die Nönnekes waren sehr tüchtig. Das waren ganz sagenhafte Nonnen, was ich als Protestant zugeben muss." (lacht)

„Alarm gab es zu dieser Zeit so häufig, dass ich mich an einzelne Situationen gar nicht mehr entsinnen kann. Manchmal gab es den ganzen Tag immer wieder Sirenengeheul oder wir mussten die Nacht über zwei, drei Mal in den Keller. Das war eine Selbstverständlichkeit geworden. In den Pausen durften wir im Keller nicht stricken, nur noch häkeln. Die spitzen Stricknadeln wären bei auftretender Panik zu gefährlich gewesen. – Nur an einen Zwischenfall kann ich mich genauer erinnern. An einem Tag gab es 'ne fürchterliche Aufregung im Hospital, denn da war der Aufzug stehen geblieben.

Allerdings hatten sich die Türen geöffnet. Ein junger Augenarzt von der Wehrmacht – ein ganz netter Kerl – war in den Aufzugsschacht gestürzt, war tot.[5] Aber ansonsten lief der Betrieb trotz der häufigen Alarme einfach weiter. Als es so schlimm wurde (ab Januar 1945), haben wir fast nur noch im Ersatz-OP im Keller gestanden. Wir waren ja dort gut ausgestattet, sogar mit Notlicht. Und natürlich wurde bei Alarm weiter operiert. Sie können ja im OP nicht einfach aufhören."

„Aber was wir zum Schluss an Fällen bekamen, war an sich nur noch schlimm. Die Augen weg, die Arme weg, das Gesicht weg, also ... Und vor allen Dingen, es war ja ein ständiges Abtransportieren. Ich weiß nur, dass wir nachher noch Patienten auf die linke Rheinseite über die kaputte Brücke gebracht haben." (Dabei muss es sich um die am 14. Februar stark beschädigte Rheinbabenbrücke gehandelt haben.) „Gab es denn dort noch ein Lazarett?", möchte ich wissen. „Fragen Sie mich doch bitte was Leichteres", sagt Lieselotte Meyer. „Ich weiß gar nicht, wie Sie sich die Situation da vorstellen. Es ging doch alles drunter und drüber. Es wusste keiner, wohin bringen wir den nächsten Transport; werden die Verwundeten nun über den Rhein in Sicherheit gebracht – vor den Russen – oder wohin geht es. Es war alles chaotisch. Und dann müssen Sie sich immer die Fliegerangriffe zwischendurch vorstellen. Denn es waren ja auch die Tiefflieger, die uns stark zugesetzt haben. Die flogen die Straße entlang und schossen die Straße entlang."[6]

„Ich hab' dann noch bis Mitte Februar in Wesel meinen Dienst verrichtet. Erst als das Hospital von Bomben getroffen war und eben auch viele Nonnen wegmussten, da hab' ich einen Marschbefehl nach Hamburg erhalten. Ich bin aber nie in Hamburg angekommen, weil ja in Hamburg immer schon die Angriffe waren. Gelandet bin ich im Lazarett in Stade, wo schließlich alle gefangenen und verwundeten deutschen Soldaten noch zu guter Letzt gesammelt worden waren. Dort bin ich dann geblieben, bis ich 1946 aus dem Dienst der Wehrmacht entlassen wurde. Da war Stade immer noch Kriegslazarett. Das letzte Kriegslazarett der Briten auf deutschem Boden. Ja, und weil ich damals noch meine Rote-Kreuz-Tracht besaß, konnte ich dann 1946 bei den Kaiserswerther Diakonissen als Schwesternschülerin anfangen. Denn ich hatte ein Kleid zum Anziehen, und ich hatte eine Schürze. So kam es also, dass ich glücklicherweise dann in Essen bei den Diakonissen die Krankenpflegeausbildung machen durfte. An ein Medizinstudium war nun nicht mehr zu denken."

Nach Interviews mit Lieselotte Meyer in Wesel am 2. September 2010 in Wesel und am 27. Dezember 2012 per Telefon.

Anmerkungen:

1) Lieselotte Meyer berichtete während des Interviews, dass sie ihr Medizinstudium zu Ostern 1943 in Marburg begonnen hätte.

2) Vgl. Interviewprotokoll vom 2. September 2010, S. 6.

3) „Ab Oktober 1944 wurden fast alle Studentinnen und Studenten per Erlass zum ‚totalen Kriegseinsatz' herangezogen." Vgl. Alvermann, Dr. Dirk: Universität Greifswald im Nationalsozialismus, Kapitel: Universität im Krieg.

4) Lieselotte Meyer meint hier wohl den unterirdischen Gang, der 1943 mit Hilfe von Kriegsgefangenen angelegt wurde. „Der Gang führte durch die Kellergeschosse des (evangelischen) Krankenhauses, Feldstraße, Kellergeschoss Marienhospital bis zum Rathaus." (vgl. Abresch, Pfarrer Werner: Der Tod der Krankenhäuser. Ge-

denken an Wesels Zerstörung im Februar 1945. In: Rheinische Post, Wesel 2010.)

Das evangelische Krankenhaus lag zu dieser Zeit in der Magermannstraße.

5) Möglicherweise meint Lieselotte Meyer hier den Bombenangriff vom 18. Februar 1945, bei dem der Aufzug im Marienhospital einen Volltreffer erhielt. Ein Assistenzarzt, der sich zu dem Zeitpunkt im Aufzug befand, kam dabei ums Leben.

(vgl. Abresch, Pfarrer Werner: Der Tod der Krankenhäuser. Rheinische Post, Wesel 2010.)

6) Dieser Absatz wurde aus dem zweiten Interview vom 27. Dezember 2011, das per Telefon geführt wurde, ergänzt. Frau Lieselotte Meyer ist zu diesem Zeitpunkt schon sehr schwach und bettlägerig.

Verwendete Literatur:

Abresch, Pfarrer Werner: Der Tod der Krankenhäuser. Gedenken an Wesels Zerstörung im Februar 1945. Rheinische Post, Wesel 2010.

Brüring, Margret: Eine Wohltat aus der Bürgerschaft, Marienhospital. Das Weseler Krankenhaus wird am 8. September 150 Jahre alt – ein Blick in die Geschichte. NRZ, 2008.

Blick in die Sandstraße, Ecke Brückstraße am 2. Juni 1940. Im Herbst 1944 war Wesel noch weitgehend unzerstört. Doch seit dem 22. September 1944 gab es immer wieder kleinere Luftangriffe auf die Stadt, denen auch zahlreiche Menschen zum Opfer fielen.

Der Innenhof des Marienhospitals, Winter 1940.

Wesel ist nach den verheerenden Luftangriffen vom 16., 18. und 19. Februar 1945 eine tote Stadt. Anfang März 1945 war das Kriegslazarett im Marienhospital, das am 19. Februar zerstört wurde, nach Lühlerheim (Schermbeck), später nach Obrighoven verlegt worden.

12 | Winter 1944 / 45 – Erinnerungen an das Zwangsarbeiterlager in Rees – Groin

Hanni Fink aus Rees berichtet . . .

Als Anfang Dezember 1944 die ersten niederländischen Zwangsarbeiter im Lager Groin bei Rees eintreffen, ist Hanni Fink 15 Jahre alt. Damals wohnt sie mit ihrer Mutter und zwei Brüdern in der Werkswohnung Nr. 2 am südlichen Ende der Dachziegelei Boers.[1] Erst im November sind hier – in den Trockenschuppen der Ziegelei – notdürftig Unterkünfte für Zwangsarbeiter eingerichtet worden. Bis Ende Dezember werden nun mehr als 2700 Männer nach Groin deportiert; die meisten von ihnen sind junge Niederländer.[2] Es treffen aber auch Angehörige anderer Nationen ein, Russen, Rumänen, Ungarn, Polen, Franzosen, Belgier und Italiener.[3] In den folgenden Wochen werden sie unter unmenschlichen Bedingungen Lauf- und Panzergräben ausheben, um für die deutsche Wehrmacht ein Verteidigungsbollwerk gegen die vorrückende Front der Alliierten zu schaffen. Heute, fast 70 Jahre nach den schlimmen Ereignissen im ‚Kamp Rees', wie ehemalige niederländische Zwangsarbeiter es nennen, erinnert sich Hanni Fink an ihre Beobachtungen in der unmittelbaren Nähe des Lagers.

„Woran ich mich besonders erinnere", beginnt Hanni Fink, „ist, dass die Leute zu Anfang gut und gepflegt aussahen und dass sie zwei Monate darauf kaum noch wiederzuerkennen waren. Die Augen rot gerändert, total abgemagert, die Kleider verdreckt. Viele gingen ja bei uns am Haus vorbei, direkt vor unserem Wohnzimmerfenster her. Neben unserem Haus war ein Weg von vielleicht zwei Metern Breite, und da musste alles durch. (Es handelt sich bei diesem Weg um einen inoffiziellen Hinterausgang des Lagers.) Ich erinnere mich noch an einen feinen Herrn, der hatte eine schöne vergoldete Brille und einen gestreiften Anzug, der war Uhrmachermeister oder so etwas Ähnliches. So wie er da in Holland in seinem Laden gestanden hat, haben sie ihn mitgeschleppt nach Rees, kein Mantel, keine Mütze, keine festen Schuhe. Und dann hab' ich ihn nach einigen Wochen wieder getroffen, da hab' ich drei Mal hingeguckt. Hab' dann schließlich gedacht, doch das ist er. Die Augen ganz verkrustet, mager … schlimm. Die haben da wirklich was mitgemacht, ganz bestimmt."

Heute weiß man durch vielfältige Zeitzeugenberichte von Niederländern, wie katastrophal damals die Lebensumstände im ‚Lager Groin' gewesen sind. Viele der hierher gebrachten Zwangsarbeiter nächtigen zunächst in den nach allen Seiten offenen Trockenschuppen der alten Ziegelei. Einige hundert Männer pfercht man in ein riesiges Zelt. Erst nach Ankunft der Niederländer werden mit Stroh ausgestopfte Trockenregale vor die Wände der Schuppen gestellt, um einen Windschutz zu erhalten. Doch die Dächer aus Tonziegeln sind löchrig. In den länglichen Ziegel-Depots zieht es durch unzählige Spalten und Ritzen. Pro Mann gibt es nur eine Wolldecke. Das Stroh auf dem Lehmboden ist nach kurzer Zeit von Läusenestern übersät. Tagsüber müssen die Internierten schanzen: Lauf- und Panzergräben zwischen dem Altrhein in Bienen und dem Dorf Millingen. Anfang Januar 1945 bricht der Winter ein. Es fällt Schnee, dann wieder Regen. Die Schuhe und die Bekleidung der Zwangsarbeiter werden von Tag zu Tag schlechter. Nach Wochen sind die Männer nur noch in Lumpen gekleidet. Bei Regenschauern müssen sie weitergraben, bis sie durchnässt sind. Die bald gefrorene Erdoberfläche kann nur noch mit Spitzhacken aufgebrochen werden. Nicht selten stehen die Schanzenden im Grundwasser, das sich in den Gräben sammelt. Immer mehr Männer leiden an Erfrierungen an Händen und Füßen. Dazu kommt der Hunger. In der zweiten Februarhälfte werden die Brotrationen knapp. Die wässrige Kohl- und Kartoffelsuppe, die im Lager ausgegeben wird, nährt kaum. Viele essen Rüben von den Feldern oder lesen Kartoffeln auf, um diese im Lager selbst zu kochen. Außerdem drohen Strafen für kleinste Vergehen. SA-Lagerwachen und auch Volkssturmmänner prügeln unbarmherzig mit Knüppeln auf die geschwächten Gefangenen ein, etwa, wenn jemand in der Marsch-Kolonne zurückfällt, bei Verspätungen am Sammelplatz, oder wenn ein Hungernder bei der Zivilbevölkerung um Brot gebettelt hat."[4]

„Hinter unserem Haus lag ein Platz von vielleicht 20 Metern Breite", berichtet Hanni Fink weiter. „Und daran schloss sich direkt der lange Ziegeleischuppen, in dem die Zwangsarbeiter schliefen, an. Die Giebelseite lag also direkt vor uns. Diese war auch abgesperrt worden mit Trockengerüsten. Aber wenn man von innen drückte, dann konnte man die Gerüste ein wenig auf Seite schieben, so dass ein Spalt entstand. Und durch diesen Spalt sind die Holländer immer wieder abgehauen, sind da herausgekrochen und haben sich abgesetzt, was sie natürlich nicht durften. Dann gingen sie in die Stadt, nach Rees, um da etwas Essbares zu besorgen. Viele Frauen haben damals für die Zwangsarbeiter mitgekocht. Die Holländer wussten nach einer Zeit schon, dort können wir dienstags kommen, bei der anderen Frau mittwochs und bei dieser Frau donnerstags. Da gab es dann einen Eintopf. Naja, Fleisch hatten die Leute zu der Zeit auch nicht mehr, aber es gab jedenfalls etwas Warmes."

„Wenn sie dann in der Stadt gewesen waren, dann mussten sie auf ihrem Rückweg ins Lager ja wieder bei uns am Haus vorbei. Aber die SA-Wachleute – ich hab' immer das Gefühl gehabt, da will der eine den anderen noch übertrumpfen. Da standen dann diese SA-Männer und griffen die Holländer auf. Das bisschen, was sie in der Stadt zusammengebettelt hatten, ein Stückchen Brot oder ein Stückchen Wurst, mussten sie abgeben. Auf dem freien Platz hinter unserem

Haus war eine Schubkarre aufgestellt worden. Über die mussten sich die Niederländer legen und dann erhielten sie Stock-Schläge, vielleicht 10, 20, auf ihr Gesäß oder ihren Rücken. Männer! Erwachsene Männer! Können Sie sich vorstellen, wie beschämend das ist? Also das ist so das Schlimmste, woran ich mich erinnere. – Aber ich habe nie jemanden von ihnen schreien oder jammern gehört. Die sagten gar nichts. Die gingen wortlos wieder davon. Ich denke mal, das hätt' ich auch getan, vor Wut schon. Wenn man so gedemütigt wird, dann würde ich denen nicht noch Befriedigung verschaffen, indem ich schreie. – Ja, die Wachleute trugen Uniformen, SA-Uniformen. Ich kann mich noch erinnern, da war so ein ganz Normaler. Da hatte man ja auch mal einen Guten unter den Aufsehern. Und der sagte öfter zu uns: ‚Wenn das hier zu Ende ist, uns Goldfasänchen, uns kriegen sie zuerst.' Die hatten ja diese gelbbraunen Anzüge."[5] (Den SA-Leuten ist also damals längst bewusst, dass sie nach dem Kriege für das begangene Unrecht zur Rechenschaft gezogen werden.)

„Und morgens, das erste, was passiert, war, dass die Toten aus dem Lager herausgefahren wurden. Es war ja Winter, ein kalter Winter mit Frost und Schnee. Dann kamen die Wachleute mit einem Karren am Haus vorbei. Das waren flache Karren, mit denen früher der Lehm transportiert wurde. Da lagen die Leichen drauf, vielleicht vier, fünf oder sechs, die waren steif gefroren, die Arme und Beine von sich gestreckt. Wissen Sie, das sind Bilder, die wird man nie mehr los. Da war ich dann fertig für den ganzen Tag."

„Im Lager hatten wir am 24. Dezember (1944) den ersten Toten", erinnert sich der ehemalige Zwangsarbeiter Jan Krist in seinem Buch ‚Die Hölle von Rees'.[6] Von nun an nimmt die Anzahl der Sterbefälle im Lager erschreckend zu. Anfangs sind es noch zwei bis vier Menschen, die den Umständen in Groin zum Opfer fallen, später sterben bis zu neun Männer pro Tag.[7] Die Todesursachen sind vor allem

Erschöpfung, Unterernährung, Austrocknung durch Diarrhö sowie Lungenentzündungen, Blutvergiftungen, Erfrierungen und innere Blutungen, die durch die Prügel-Exzesse im Lager hervorgerufen werden.[8] Von den rund 3000 Niederländern, die während des Monats Dezember im Lager Groin eintreffen, stirbt nahezu jeder zehnte. 285 Opfer der Zwangsarbeiterlager in Groin und Bienen sind am Ende allein von niederländischen Familien zu beklagen.[9]

Verantwortlich für das Elend im Lager sind vor allem der Lagerkommandant in Groin Arnold F. Heinze und der ihm übergeordnete Bauabschnittsleiter Peter Röhrig. Heinze ist der eigentliche Chef des Lagers Groin und immer vor Ort. „Heinze war der Mann, der verantwortlich war für all die Quälereien, Strafen und Gemeinheiten, die über uns kamen", schreibt Jan Krist 1946 in seinen Erinnerungen.[10] Auch Peter Röhrig, der stets die Uniform des deutschen Arbeitsdienstes getragen haben soll und im Lager den Spitznamen ‚Bürgermeister' hat, wird von Jan Krist als überzeugter Nationalsozialist und Sadist geschildert.[11] Beide Lagerleiter hat die Zeitzeugin Hanni Fink damals in ihrem Elternhause flüchtig kennengelernt.

„Einige Niederländer, fünf oder sechs, waren ja oft bei uns im Haus", erinnert sich Hanni Fink. „Das waren Leute von der Brandwehr, die hatten blaue Uniformen an und die genossen mehr Freiheiten als die anderen Zwangsarbeiter. Die haben sich manchmal bei uns in der Waschküche aufgewärmt. Da stand so ein kleiner Bunkerofen, auf dem sie sich schon mal etwas zu Essen machten. Das durften sie zwar eigentlich auch nicht, taten es aber trotzdem. Es war ja ein unwahrscheinlich kalter Winter. Und da kamen dann oft auch diese SA-Bosse herein zu uns in die Küche, setzten sich neben den Ofen und wollten eine Tasse Kaffee haben."

„Wenn sie kamen, dann kriegten sie genauso eine Tasse Kaffee wie die Brandwehr-Männer. Unsere Mutter musste sich ja auch gut halten mit denen, denn die wussten ja genau, dass die Holländer heimlich zu uns kamen, auch in die Küche. Wenn also plötzlich die Lager-Bosse anklopften, dann flüchteten die Holländer rasch nach nebenan in die Waschküche. Aber sie hatten dann manchmal noch ihre Mützen an der Küchentür hängen. Und dann guckte der Röhrig und sagte nur mit so 'nem Grinsen: ‚Aha, die Bahnleute sind auch wieder da.' Also mit Bahnleute waren die holländischen Brandwehr-Leute gemeint, weil die ja diese dunklen Uniformen trugen. Der Röhrig war der, dem das ganze Lager unterstand, Heinze (der Lagerkommandant) war auch dabei, aber der Röhrig war der Chef. Der lief draußen herum und kontrollierte alles. Dann klopfte er zwischendurch an, kam herein und setzte sich neben den Herd. Dann bekam er von Mutter eine Tasse Kaffee, und dann schlief er, weil es so kalt war, neben dem Herd auf dem Stuhl … so schön, saß er da, selig entrückt. (Hanni Fink macht vor, wie er mit verschränkten Armen und zurückgelegtem Kopf einnickt.) Aber Mutter hätte ja nie was … wir hätten ja nie etwas sagen können. Der hätte uns womöglich angezeigt. Der hatte doch das Sagen über's ganze Lager. Nur weil er bei uns so gut versorgt wurde, hatten wir eben die Freiheit, dass er auch nichts sagte, wenn die Holländer kamen. Wir mussten ja vorsichtig sein. Denn er war der Chef und wenn er das gewollt hätte, hätte er uns ja Gott weiß was anhängen können.[12] – Ich weiß wohl, oft war es neun Uhr, bis die Holländer gingen. Denn Mutter drehte um neun Uhr den Wecker auf. Dann ging sie nach oben zu Bett und wenn sie den Wecker aufzog, war das das Zeichen für die Brandwehr-Männer, zurück ins Lager zu gehen."

„Das Gelände des Lagers war meines Wissens nicht umzäunt und es gab auch kein Tor. Wenn die Arbeitskolonnen zum Schanzen herausgingen, dann war das vorne am Melatenweg, da wo mein Onkel Peter Postulart wohnte. Der war Werksmeister auf der Ziegelei und wohnte drüben in der Werkswohnung Nr. 1. Bei uns am Haus kamen die Holländer ja nur dann vorbei, wenn sie heimlich das Lager verließen, um in der Stadt zu betteln. Dann versuchten sie ja auch dort unentdeckt wieder hereinzukommen. Aber nachher war den SA-Aufsehern dieses Ausbüchsen zu viel geworden, es hatte überhandgenommen. Da haben sie dann kurzerhand die Wände des Trockenschuppens mit Draht versteift. Da wurden also die einzelnen Trockengerüste mit Draht fest miteinander verbunden, sodass da jetzt eine geschlossene Wand war. Kurze Zeit später (wohl nach dem 16. Februar 1945) ist es dann zu diesem Brand gekommen."[13]

„Da hat sich nun einer von den Holländern eine Kerze angezündet und nach Hause geschrieben. Denn in dem Schuppen war's ja dunkel. Dann ist ihm die Kerze umgefallen. Auf der Erde war Stroh und die Wände waren auch mit Stroh ausgesteckt. Nur Stroh und Holz und das brannte wie Zunder. Da war nichts zu machen, gar nichts.[14] Ich war an diesem Tage bei meiner Freundin in der Siedlung, bei Käthi Hollands. Auf einmal kam jemand gerannt und rief: ‚Hanni bei euch brennt's!' Ich sag noch: ‚Was soll bei uns denn brennen?' ‚Ja, guck doch heraus, dann kannst du's sehn!' Dann hab' ich mich sofort auf den Weg gemacht, ab nach Hause, bin übers Feld und durch die Lander (ein Graben) gerannt. Ich weiß, da war's Tag, hell, nachmittags. Und dann haben wir alle geholfen, Eimer geholt, und aus dem Lehmloch neben dem Schuppen Wasser geschöpft und haben es in die Flammen geschüttet. Wasser war ja genug da, aber es half nicht. Der Schuppen brannte von vorn bis hinten ab. Ich hab' auch nicht mitgekriegt, dass da Leute im Schuppen verbrannt sind, das haben wir erst am anderen Morgen gesehen."

„Das mit dem Feuer, das ging so schnell. Ich vermute, die Holländer, die da im Schuppen waren, konnten nicht mehr zurück. Als das mit dem Feuer losging, da sind alle auf diese Wand aus Trockengestellen zugestürzt, die zu unserem Haus hin lag. Die war ja bisher immer so eine Art Notausgang gewesen. Die Wand war jetzt aber nicht mehr umzudrücken.

Die Holländer im Schuppen wussten doch nicht, dass die SA-Leute die Lattenroste mit Draht fest miteinander verbunden hatten. Die haben gedrückt, wie sie es sonst auch getan hatten, um die Gestelle bei Seite zu schieben, aber das ging nicht mehr. Die wollten da alle heraus. Es waren 16 Leute, die da verbrannt sind, wie man uns damals sagte."[15]

„Am Morgen nach dem Brand war Mutter schon früh draußen gewesen und dann sagte sie zu uns: ‚So ein Elend. Guckt mal, da liegen die armen Menschen.' Wir haben zuerst gar nicht begriffen, was da lag. Die Leute waren noch so groß, so ineinander geschrumpft, total verkohlt. Wir haben aus dem Waschküchenfenster geguckt. Die lagen einfach da, wo sie verbrannt waren, an dem Ende des Trockenschuppens. Aber der war ja nicht mehr da."

„Eigentlich haben wir nach dem Kriege in der Familie gar nicht mehr über diese Ereignisse gesprochen ... Allerdings", Hanni Fink hält einen kurzen Moment inne, „die Holländer, die immer zu uns kamen, die sind in der Nacht, bevor sie zurück über die Grenze gingen, noch einmal zu uns in den Luftschutzkeller gekommen und haben sich verabschiedet. Ja, und sie haben sich bedankt. Dann haben sie uns noch in unserer Küche eine Kanne Kaffee gekocht und in den Keller gebracht. Da sagte ich noch: ‚Das vergess' ich nie.' ‚Ik seij, nou heij de Lepel vergete. Eij nehm mo de Fenger', sagte ein Holländer. (lacht) Dann sind sie losgegangen. Später nach dem Krieg haben sie Vater und Mutter eingeladen nach Holland. Da sind die ein paar Tage lang in Holland gewesen, als Dankeschön. Ja, wir hatten ein gutes Verhältnis zu denen."

„Unsere Mutter hat damals den Holländern geholfen, wo sie eben konnte. Sie waren ja täglich an unserem Haus vorbeigekommen und darum hatten wir das Wohnzimmerfenster immer offenstehen. Alles, was wir an Essen entbehren konnten, stellten wir auf die Fensterbank. Ich weiß, dass Mutter Spekulatius gebacken hatte. Auch die wurden dort hingestellt. Die Niederländer wussten das. Sie liefen vorbei und konnten sich das Essen selbst wegnehmen. Familie Wessels in Groin hat immer Butterbrote gemacht und hinter den Blenden der Fenster versteckt. Wenn es dunkel war, kamen die Holländer und haben sich die geholt. Viele andere werden auch geholfen haben, aber von Wessels, da weiß ich es genau, denn da hab‘ ich mein Pflichtjahr gemacht. Sie durften es ja auch nicht, genauso wenig wie wir“, sagt Hanni Fink zum Schluss.

Das Zwangsarbeiterlager in Groin, das damals an der heutigen Ecke Melatenweg/Albert-Einstein-Straße lag, bestand wohl bis zu jenem denkwürdigen 23. März 1945, an dem ein zwölf Stunden andauerndes Trommelfeuer den Rheinübergang der Alliierten einleitete. Jan Krist berichtet, das gesamte Lager sei an diesem 23. März mit 500 Mann in Richtung Isselburg verlegt worden. Lediglich 40 Niederländer, 400 Russen sowie eine Handvoll Italiener, Polen und Franzosen seien zurückgeblieben, um weiter an den Panzergräben zu arbeiten.[16] Endgültig befreit wurden die letzten Internierten des Lagers Groin am Sonntagmorgen, den 25. März 1945, von schottischen Einheiten des Regiments ‚Seaforth Highlanders‘.[17]

„Dies war kein KZ für politische Gefangene,“, schreibt der Zeitzeuge H. M. Krimp 1947, „sondern ein normales O.T.-Lager, wo Niederländer, die innerhalb von Razzien festgenommen worden waren, zu Unrecht hingebracht wurden.“[18] Was Krimp mit diesem Hinweis zum Ausdruck bringen wollte, lässt sich erahnen. Groin war kein Konzentrationslager, aber die Brutalität mit der Lagerführung,

Wachleute und der deutsche Lagerarzt, Dr. Brunner, den Tod von fast 300 Menschen systematisch herbeiführten, konnte einem das Lager wohl wie ein KZ erscheinen lassen. Als Institution hatte das Lager in der Tat der O.T., der ‚Organisation Todt', unterstanden. Der O.T. oblag damals die Durchführung kriegswichtiger Bauvorhaben, z. B. der Bau des sogenannten Westwalls. Am Ende des Krieges war sie dann auch wohl für die Anlage des weniger bekannten ‚Westfalenwalls' zuständig, dessen westliches Teilstück von den Zwangsarbeitern aus dem Groiner Lager erstellt wurde.[19] Diese letzte Verteidigungslinie zwischen Rhein und Ems sollte sich zuletzt jedoch als militärisch völlig sinnlos erweisen.[20]

Schließlich hatten sich fünf Jahre nach Kriegsende zumindest die Hauptverantwortlichen des Groiner O.T-Lagers vor einem Amsterdamer Sondergericht zu verantworten. Lagerkommandant A. F. Heinze wurde zu elf Jahren Gefängnis verurteilt, Bauabschnittsleiter Peter Röhrig zu 17 Jahren und der Lagerarzt Dr. Brunner wurde mit 18 Jahren Gefängnis bestraft. „Sie alle wurden wegen begangener Kriegsverbrechen verurteilt", schreibt Jan Krist am Ende seiner Erinnerungen und fügt hinzu: „Warum man die anderen nicht verhaftet hat, weiß ich nicht. Sie sind der Justiz nicht einmal bekannt."[21]

Bearbeitet nach Interviews mit Hanni Fink geb. Postulart am 5. Januar 2013 und am 29. März 2013. Fassung vom 30. Oktober 2013. Einige Passagen aus der Ursprungsfassung vom 6. April 2013 wurden herausgestrichen.
Mehrere Textpassagen wurden neu erstellt.

Anmerkungen:

1) Hanni Fink hat damals bereits eine Lehre bei der Schneiderin Fräulein Wilhelmine Angenendt in Rees begonnen. Sie ist also

‚Lehrmädchen'. Ihr Vater Marinus Postulart, Ziegeleiarbeiter auf der Dachziegelei von Heinrich Boers, befindet sich 1944/45 in russischer Kriegsgefangenschaft. Ihre Mutter, Maria Postulart geb. Möllmann, lebt also mit ihren drei Kindern, Heinz, Herbert und Johanna (Hanni) allein in der Werkswohnung Nr. 2. Unter demselben Dach der Werkswohnung leben allerdings auch Hannis Onkel, Heinrich Postulart und seine Frau Trautchen (Tante Trautchen) mit ihren vier Kindern, Johann, Hanna, Anneliese und Werner. In der mittleren Wohnung des quer zum Trockenschuppen liegenden Hauses wohnen außerdem die schon älteren Eheleute Theodor und Klara Jeurissen.

Wie Hanni Fink während der Interviews im März 2013 berichtete, ruhte der Ziegeleibetrieb in der Ziegelei Boers damals (1945) schon eine ganze Zeit lang. Sie vermutete, dass er in den ersten Kriegsjahren eingestellt worden war. – Ihr Besuch im Lager, von dem sie während des Interviews berichtet, geschah wohl tagsüber, als die meisten Zwangsarbeiter außerhalb des Lagers mit Schanzarbeiten beschäftigt waren und sich nur die Nicht-Dienstfähigen in den Trockenschuppen aufhielten.

2) Vgl. Krist, Jan: Die Hölle von Rees. Konstanz 1989, S. 90.
Dort schreibt Jan Krist: „Nach dem 12. Dezember (1944) gab es im Ganzen 55 Gruppen mit je 50 Mann."

3) Vgl. Krist, Jan: Die Hölle von Rees. Konstanz 1989, S. 118.

4) Der vorangehende Textabschnitt basiert auf den Veröffentlichungen von H. M. Krimp: Wo blieben unsere Männer, Haarlem 1947 und Jan Krist: Die Hölle von Rees. Konstanz 1989.

5) Ranghöhere Parteifunktionäre der NSDAP wurden damals aufgrund der Uniform-Farbe gelegentlich scherzhaft als ‚Goldfasane' bezeichnet.

6) Vgl. Krist, Jan: Die Hölle von Rees. Konstanz 1989, S. 110.

7) Vgl. Krist, Jan: Die Hölle von Rees. Konstanz 1989, S. 85.

8) Vgl. Krist, Jan: Die Hölle von Rees. Konstanz 1989, S. 85 u. S. 133.

9) Vgl. Krist, Jan: Die Hölle von Rees. Konstanz 1989, S. 136.
In dem Buch „Die Hölle von Rees“ schreibt Jan Krist auf S. 136: „In Praest lagen sechs unserer Männer begraben, in Groin waren es neun, in Millingen acht, in Bienen 23, und auf den beiden Friedhöfen in Rees fand man 247 Gräber vor.“

Diese Zahl widerspricht allerdings der Angabe von H. M. Krimp, der in seinem Bericht von 247 Holländern spricht, die im Lager innerhalb von drei Monaten umgekommen seien.

(Vgl. Krimp, H. M.: Wo blieben unsere Männer. In: Kriegsende in Rees, Rees 1983, S. 103.)

10) Krist, Jan, Die Hölle von Rees. Konstanz 1989, S. 96.

11) Vgl. Krist, Jan, Die Hölle von Rees. Konstanz 1989, S. 95.

12) Vgl. Interviewprotokoll: Hanni Fink über die holländischen Zwangsarbeiter, Januar und März 2013, S. 2 und S. 10, 11.

13) Nach einer Bemerkung von Jan Krist in seinem Buch „Die Hölle von Rees“, Konstanz 1989, ereignete sich der Brand im Trockenschuppen nach dem ersten Luftangriff auf Rees, also am 16. Februar 1945. Bei Krist heißt es dazu: „[A]ber eines Tages geschah das Unvermeidliche: Feuer! Es passierte nach dem ersten Luftangriff auf Rees im Februar. Die ganze Baracke (H, I und M) ist damals abgebrannt, vom alten Brotlager (O) bis zum Bauernhof (N). Ein

Niederländer, der in der Baracke sein Brot schneiden wollte, hatte eine Kerze angezündet, um etwas Licht zu haben. (…) Der Brand kostete 42 Menschen das Leben, 41 Zwangsarbeitern, unter ihnen viele Niederländer, und einem Deutschen, dem ‚Dicken Leo' (…)"

(Vgl. Krist, Jan, S. 115 u. S. 116.)

H. M. Krimp dagegen berichtet von 36 Toten, die bei einem Brand ums Leben gekommen und in einem Massengrab im Lager Groin beigesetzt worden seien. Darunter hätten sich acht Holländer befunden.

(Vgl. Krimp, H. M.: Wo blieben unsere Männer. In: Kriegsende in Rees, Rees 1983, S. 100.)

14) Über die Brandursache durch eine umgefallene Kerze berichtete Hanni Fink während des Interviews Folgendes: „Diese Geschichte mit der Kerze hat mir jedenfalls ein Holländer erzählt, der damals auch in dem Camp gelegen hat. Das ist vielleicht drei, vier Jahre her. Da war eine Besuchergruppe aus Apeldoorn in Rees, und wir haben an dem Platz gestanden, wo früher unser Haus war. Wir haben da noch einmal versucht, uns zurechtzufinden, und sehen, wo das Lager genau gestanden hat und es waren auch einige ehemalige Zwangsarbeiter dabei. Auf einmal kamen wir auf das Thema mit dem Brand im Lager … Da sagt er: ‚Jo, dat is mijn passiert, da is mijn de Kerz umgefalle.'"

(Vgl. Interview mit Hanni Fink, Nr. 3, 5, 2013, S. 7.)

15) Die folgende Passage wurde aus der ersten Textfassung vom 6. April 2013 herausgekürzt.

Reinders: „Und es ist keiner herausgekommen?" Hanni Fink: „Die anderen waren nicht da, die waren zur Arbeit. Die da im Schuppen lagen, das waren vielleicht Kranke, Arbeitsunfähige." Reinders: „Und am Brandort waren nur Sie und ihre Familie?" Hanni Fink: „Ja, und Tante Trautchen und Onkel Hein mit den Kindern. Wir haben alle geholfen. Ob die Jeurissens auch dabei waren, darauf kann ich nicht schwören, die waren ja beide schon ziemlich alt." Reinders: „Wissen Sie noch, in welchem Monat das war?" Hanni Fink: „Da ging es schon so langsam dem Ende zu. Denn es kamen zu dieser Zeit schon immer diese Trupps von Holland und holten ihre Leute wieder nach Hause. Die kamen jede Nacht über die Grenze, und dann nahmen sie ein paar Männer mit. Das muss schon ziemlich am Ende gewesen sein (Anfang März 1945), da war schon so ein Durcheinander. Denn normalerweise hätte diese Obrigkeit ja auch merken müssen, dass die Leute im Lager immer weniger werden. Aber die hatten, glaub' ich, auch mit sich selber schon genug zu tun. Da lief dann alles den Bach herunter."

16) Vgl. Krist, Jan: Die Hölle von Rees. Konstanz 1989, S. 166.

17) Vgl. Krist, Jan: Die Hölle von Rees. Konstanz 1989, S. 166–168.

18) Vgl. Krimp, H. M.: Wo blieben unsere Männer. In: Kriegsende in Rees, Rees 1983, S. 85.

19) Vgl. Behrend, Norbert: Kriegsschicksale aus Millingen und Umgebung. Millingen 2013, S. 316 – 318. Die Frage, ob die Groiner und Bienener Zwangsarbeiter im Winter 1944/1945 tatsächlich am ‚Westfalenwall' arbeiteten, bleibt zu klären, da eindeutige Belege fehlen.

20) Vgl. Stegemann, Wolf (28.05.2012). Westfalenwall – Kurz vor Kriegsende eine militärisch unnütze und mehr eine propagandistische Verteidigungslinie hinter Dorsten. Dorsten unterm Hakenkreuz.

21) „Arnold F. Heinze, der Lagerkommandant, (...) Peter D. Rörig, und Hans O. E. Brunner, der Lagerarzt: Alle drei standen 1949 in Amsterdam vor Gericht."
(Vgl. Krist, Jan: Die Hölle von Rees. Konstanz 1989, S. 175.)

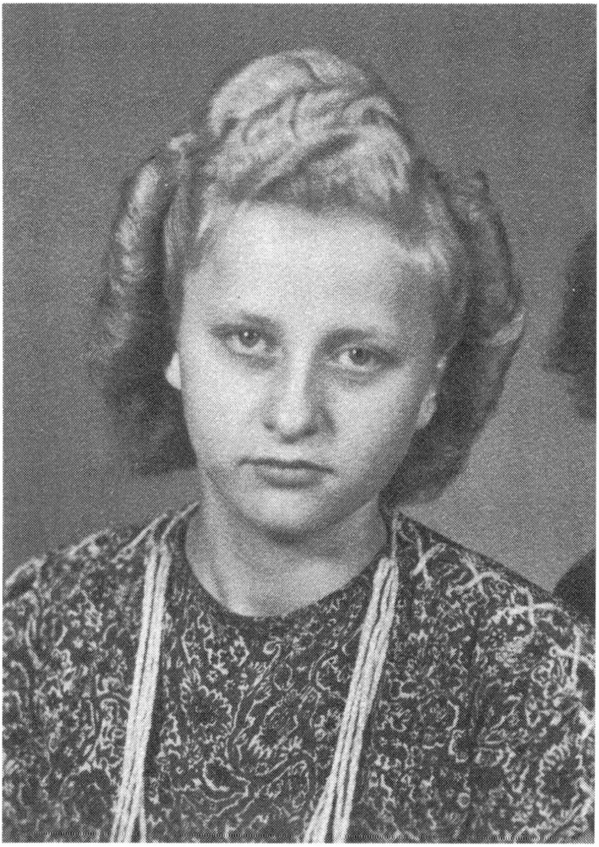

Hanni Fink, geb. Postulart, 1944. Sie erlebte das Leiden der Zwangsarbeiter als 15-Jährige.

Hanni Fink, geb. Postulart, (links) und ihre Freundin Käthi Stockhorst, 1944. Fast täglich sahen sie die Kolonnen der niederländischen Zwangsarbeiter über den Melatenweg marschieren.

Der niederländische Zwangsarbeiter Henk Hop mit seiner Frau in Den Haag. Dieses Bild entstand vor seinem Arbeitseinsatz in Rees. Er schenkte es zum Abschied der Familie Marinus Postulart im Haus ‚Groin 15III', wo er in unmittelbarer Nähe zum Lager als Dolmetscher einquartiert war.

13 | 1940 – 1944 Kinder spielen Krieg

Der Reeser Heinz Belting erinnert sich . . .

„Herr Belting, können Sie sich an das ‚Krieg spielen' ihrer Kinderzeit erinnern? Woraus bestanden diese Spiele?", frage ich. Belting: „Ja, also in erster Linie haben wir uns Dinge beschafft, wie hier auf diesem Foto zu sehen: eine Trommel, oder ein Steckenpferd, und mein Bruder hatte auch eine Art Gewehr. Wie die Bilder zeigen, haben wir uns dann auch einen Bunker gebaut und einen Splittergraben gegen feindliche Angriffe, und zwar oben auf der Reeser Stadtmauer in der Nähe des jüdischen Friedhofes. Wir haben das Soldatenleben regelrecht nachgeahmt –, sind dann auch sehr gerne zum Hotel Streuff gegangen, die hatten eine Scheune, in der Soldaten untergebracht waren.[1] Da haben wir denen zugeschaut und gesehen, wie sie gelebt haben. Das hat uns Kindern sehr imponiert. Dann hab' ich zum Beispiel auch oft an der Güterabfertigung gestanden. Da kamen dann Kradmelder aus Emmerich vorbei, die rutschten dort regelmäßig aus, denn in der Kurve lagen Straßenbahnschienen. Das fand ich natürlich spannend, wenn da wieder Soldaten mit dem Motorrad ankamen."

„Einige ihrer Erinnerungsfotos sind von 1940, da waren Sie ja noch relativ klein." Belting: „Ich war fünf Jahre alt. Ich bin Jahrgang 1935. Und an sich war ja mein großer Bruder Franz-Josef, der war drei Jahre älter als ich, das Vorbild. Der hat damals das Kommando gehabt. Das sieht man auch an den Fotos. Mein Bruder war auch derjenige, der als erster Hitlerjunge wurde. Er kam zum Jungvolk als er zehn Jahre alt war. Das war 1942. Er ist dann wohl ziemlich schnell aufgestiegen und war dann nachher sogar Fähnleinführer oder Ähnliches. Er musste immer nach Wesel zu Versammlungen und zu Übungen und da berichtete er: ‚Wir haben 'ne Gasmaske bekommen und mussten damit in einen verräucherten Keller hinein.' Er erzählte dann so spannend, dass ich zu Hause geheult habe und dabei gefragt habe: ‚Wann werde ich denn endlich Hitlerjunge?' Und da hat man mich getröstet und gesagt: ‚Ja, am 20. April 1945 wirst du auch Hitlerjunge und dann kannst du auch diese Spiele mitmachen.' Denn da wurde ja auch so eine Art ‚Räuber und Gendarm' gespielt ... Aber so war unser Denken (als Kinder), wir kannten ja nichts Anderes. Hitler war derjenige, der sie alle besiegt hatte und das fanden wir ganz toll."

„Und ja, Kriegsspiele? Ich muss ehrlich sagen, das war nachher zu Ende mit der Spielerei. Die Schule wurde im Herbst 44 geschlossen und auch unsere Eltern waren jetzt vorwiegend besorgt. Die ließen uns fast gar nicht mehr aus dem Haus. Die sagten: ‚Das ist viel zu gefährlich, jederzeit kommt Fliegeralarm.' Und mein Bruder, dem hat man einmal ziemlich übel mitgespielt. Der war einmal unterwegs. Ich weiß nicht, ob er von der Schule kam oder sonst woher. Da kam also ein Jagdbomber, ein Jabo. Er hat den kommen sehen. Der kam von Osten über den Rhein geflogen, direkt auf das Kleinbahngelände zu, wo Franz-Josef gerade herlief. Da gab es so ein Gleisstück für Güterabfertigung und neben der Straße dort standen Sträucher. In die hat er sich sofort geworfen. Und prompt fiel dann eine Bombe auf die Güterabfertigung. Er kriegte einen Splitter quer durch den Rücken, allerdings nur oberflächlich. Es wurde praktisch nur sein Fell geritzt. Aber seine Bluse war kaputt und er hat stark geblutet. Man hat ihn dann sofort ins Krankenhaus gebracht. Wir saßen zu dem Zeitpunkt im Keller, und plötzlich kam jemand hereingestürzt: ‚Frau Belting, kommen Sie schnell ins Krankenhaus, ihr Sohn ist verletzt.' Das war natürlich erst mal ein Schock. Aber zum Glück stellte sich dann heraus, dass es eine relativ leichte Verletzung war. Durch sein schnelles Reagieren war die Sache glimpflich ausgegangen. Nur – wir hatten einen ganz großen Schrecken bekommen."

„Das war noch im Jahr 1944. 1945 haben wir in Rees selbst gar nicht mehr viel erlebt. Meine Mutter hatte eine Eingebung. Zuerst hatte es immer geheißen, alle Kinder werden nach Magdeburg verschickt, hier sei es zu unsicher. Da hatte unsere Mutter gesagt: ‚Nein, wir bleiben hier und ihr bleibt auch hier. Hier passiert doch nichts. In Rees gibt's keine Industrie, was sollen die hier bombardieren.' Dann kam die Front (Anfang 45) langsam näher und auf einmal, das muss am 12. Februar gewesen sein, da sagte sie dann doch: ‚Wir müssen hier raus!' Da ist sie an diesem Montag, als noch bei uns im Hause große Wäsche anstand, mit 'nem Fahrrad nach Aspel gefahren, und hat bei 'nem guten Kunden (unseres Kolonialwarengeschäftes), Tenbruck, nachgefragt, ob sie nicht wüssten, wo man uns Kinder unterbringen könnte. Da sagte Herr Tenbruck: ‚Ja, ich hab' Verwandtschaft in Heeren-Herken, bei Bleckmann in Herken 22 da fragen wir mal an.' Dann ist er mit meiner Mutter dorthin gefahren und die Bleckmanns waren tatsächlich sofort bereit, ein Zimmer zur Verfügung zu stellen – unter 'ner Dachschräge."

„Darauf hat unsere Mutter – Vater war ja Soldat – einen Pferdewagen besorgt, von Familie Awater in Aspel, hat Betten aufgeladen, Tisch und Stühle, und so sind wir am Dienstag, den 13. Februar zu Bleckmanns gezogen. Beim Ausladen abends, da hörte man es schon, da fielen die ersten Bomben auf Rees. Ausgerechnet der Luftschutzkeller im Hause Eyting, in dem wir seit Herbst 44 immer übernachtet hatten, wurde voll getroffen und alle Leute darin waren tot. Das Haus der Familie Eyting in der Kapitelstraße war ein großer klassizistischer Bau, der Luftschutzraum darin war uns vom Luftschutzwart zugeteilt worden. ‚Da müsst ihr rein', hieß es, ‚das ist ein stabiles Haus.' Zusätzlich wurden im Keller noch Stützpfeiler unter die Decke gesetzt, aber da ist eine Bombe so unglücklich ins Treppenhaus gefallen und bis unten durchgesaust, dass die Explosion den Kellerraum zersprengen konnte. Familie Eyting[2] und Familie

Peters, bestimmt fünf oder sechs Personen, die waren alle tot. Und wir waren gerettet."

„Ja, das war der erste Angriff, und drei Tage später, am 16., kam dann das dicke Ende, da wurde Rees vollständig zerstört. Aber bevor das passierte, ist unsere Mutter noch mal wieder mit dem Rad nach Rees gefahren und in unserem Haus in der Kapitelstraße gewesen. Durch die Bombe, die da auf das Haus Eyting gefallen war, wurde auch unser Haus komplett abgedeckt, kein Ziegel mehr auf dem Dach, keine Scheibe mehr in den Fenstern. Da hat sie noch einiges aus dem Haus herausgeholt, vor allen Dingen aus unserem Laden, sodass wir etwas zu essen hatten, Margarine und Teigwaren, und vor allen Dingen einen ganzen Karton mit Tabak-Päckchen. Mit denen konnten wir nach dem Krieg dann gut tauschen. Da sind wir zum Bauern gegangen, denn mit 'nem Päckchen Tabak in der Hand kriegte man dort Eier und Speck und was weiß ich nicht alles."

„Welche Einstellung hatten Ihre Eltern zum Nationalsozialismus?" frage ich Belting. Dieser antwortet: „Also bei uns im Haus gab's keine Verbindung zu den Nazis. Ich sagte Ihnen ja, mein Vater war kein Parteimitglied und das hatte zur Folge, dass er schon bald zum Kriegsdienst eingezogen wurde. Aber wir hatten natürlich eine Fahne, eine Hakenkreuzfahne. Die musste man haben, denn die musste zu bestimmten Anlässen herausgehängt werden. Ich kann mich erinnern, kurz nach dem Krieg hatten wir diese Fahne noch – versteckt irgendwo. Da hat meine Mutter mich mit dieser Fahne nach Meerhoog geschickt. In der Nähe vom Gasthof Hornecker, da musste ich rechts hereinfahren und dann das zweite oder dritte Haus, da wohnte jemand, der konnte Wäsche färben. Dort hab' ich die Fahne abgegeben und die wurde dann, glaube ich, schwarz gefärbt. Ich konnte sie später wieder abholen, und dann wurden daraus Kleider und andere Dinge genäht. Das war Ende 1945 oder Anfang 46, da wohnten wir schon wieder in Rees."

Nach einem Interview mit Heinz Belting in Rees
am 20. Januar 2018.
Fassung vom 18. Januar 2022.

Anmerkungen:

1) Das Hotel Streuff stand an der Ecke Neustraße/Dellstraße. Der Eingang lag zur Hofseite hin, zur Dellstraße heraus gab es nur Fenster. An diesen Hof angelehnt stand auch die Scheune, in der die Soldaten Quartier bezogen hatten. Auch in der Scheune des Hotel Deymann an der Dellstraße lagerten Wehrmachtssoldaten.

2) Frau Senior Eyting verweilte zu der Zeit bei Wolfersom und überlebte den Angriff. Herr Senior Heinrich Eyting hingegen wurde Opfer des Bombentreffers.

Original-Bildunterschrift auf Rückseite des Fotos: „Zwei, die Soldaten werden wollen, 1940“ Der Junge mit Gewehr links ist Franz Josef Belting, der kleinere Junge rechts ist sein Bruder Heinz. Im Hintergrund das Haus der Geschwister Boll (links), ein Lebensmittelgeschäft in der Kapitelstraße.

Auf der Reeser Stadtmauer in der Nähe des Jüdischen Friedhofes. Die Original BU lautet: „Kriegsspiel in Rees, 29. Mai 1944“. Personen: links Werner Peters, rechts Heinz Belting, ganz hinten wohl Dieter Hos.

Kriegsspiele in Rees, 1940 Personen; v.l.: Franz Josef Belting, Vinzens Groschel, sein Bruder Walter Groschel, Heinz Belting, Wenzel Nass.

14 | Winter 1945 - Bubi zieht in den Krieg

Der Klever Hans W. Füth berichtet über seine Erlebnisse im Kessel von Ostpreußen . . .

I. Fahrt nach Ostpreußen

Es ist Mitte Dezember 1944, als es für den 17-jährigen Hans Füth ernst wird. Seine Rekrutenzeit ist beendet. Knapp drei Monate lang hat man ihn zum Soldaten ausgebildet, in der Panzerjäger-Kaserne in Hamm. Fernsprecher und Funker hat er gelernt und nun ist er abkommandiert, zusammen mit einem Kameraden, nach Solingen[1], zu einer Einheit, die sofort an die Front soll. „Von unserer gesamten Ausbildungseinheit sind nur Walter Kazensky[2] und ich abgestellt worden", erzählt Hans Füth, „und zwar zu einem bunt zusammengewürfelten Haufen. Da waren ehemalige Marine-Soldaten, Leute von der Fliegerabwehr, Luftwaffe und ich weiß nicht was alles. Und wir – Walter und ich – waren von der Artillerie. Wir alle sollten jetzt ein Infanterie-Haufen (eine Fußtruppe) werden. Ich weiß noch, dass wir zuerst am Solinger Bahnhof den Schnee von den Schienen schaufeln mussten, damit wir mit dem Zug überhaupt rauskamen. Unsere Kaserne lag auf dem Bergrücken. Wir mussten mit unseren Schüppen also runter ins Tal. Ich hatte meiner Mutter vorher noch Bescheid gegeben, dass wir zu einer bestimmten Zeit von Solingen aus losfahren. Dann stand sie tatsächlich bei der Abfahrt mit meinem Bruder Herbert am Bahnhof und wir haben uns verabschiedet."

„Dann ging's rein in diese Güterwagen. Wir waren ein paar hundert Mann. Das war wie ein riesiger Viehtransport. In jedem Waggon über 20 Leute. Der Boden war mit Stroh ausgelegt. Wohin es ging, wussten wir immer noch nicht. Wir fuhren quer durch Deutschland – Wir hatten (er lacht) im Waggon so ein Bunkeröfchen und da mussten wir immer zusehen, dass Holz nachkam. Es war ja Winter, es war kalt, kurz vor Weihnachten 1944. Überall, wo wir gehalten haben, sind wir ausgeschwärmt und haben nach Holz gesucht, damit wir unseren Ofen stochen konnten. Wenn wir an einem Bahnhof hielten, haben wir dort alles abgebrochen, was aus Holz war. Wir mussten aber aufpassen, dass wir rechtzeitig wieder reinkamen in den Zug. Außerdem wurde der Transport streng bewacht. Sobald er hielt, patrouillierten die Kettenhunde (Militär-Polizisten der deutschen Wehrmacht) um die Wagen, damit keiner von den Soldaten laufen ging. Und dann landeten wir irgendwann – nach Tagen – in Rastenburg, also in Ostpreußen."[3]

II. Von Rastenburg zur Front

In Rastenburg lagen wir drei, vier Tage in Privatquartieren, wurden neu eingekleidet.[4] Und dann hieß es, wir gehen zur Front. Eine Einheit in Kompaniestärke (ca. 150 Mann) wurde aufgestellt.[5] Da kannte ich wieder nur den Walter (Kazensky), alle anderen waren mir fremd. Wir wurden neu bewaffnet, mit Karabinern (Gewehren), Panzerfäusten und MG's. Jeder bekam Eierhandgranaten, diese, die leicht zu zünden sind. Ich hatte sechs Stück. An jeder Patronentasche hing eine. Abends bei Einbruch der Dunkelheit marschierten wir los. Walter und ich, wir blieben zusammen. Wir latschten wie Sonntagsjäger, den Karabiner geschultert und gesichert, vorwärts. Aber da war keine Zackigkeit mehr drin, sowie wir das aus der Rekrutenausbildung kannten. Da hat niemand mehr gesungen: ‚Wir tragen den silbernen Adler am Rock'. Es ging zur Front. Ja, sicher, nicht. Über eine schneebedeckte, festgefahrene und festgetretene Straße, rechts und links lange keine Bewaldung, kein Baum, nichts. Und ich weiß noch, irgendwann kamen wir doch an einem Wäldchen vorüber. Das lag etwas weiter entfernt auf einer Erhebung, einem Hang. Durch dieses Wäldchen lief eine Schneise und der Mond schien direkt in diese Schneise hinein. Da wechselten gerade Tiere, große Tiere, Rehe, Hirsche oder Elche. Das war so ein schöner Anblick. Da bin ich stehen geblieben."

„Wir marschierten in dieser Nacht wohl 30, 40 Kilometer, immer auf der Landstraße. Irgendwann stank die Luft nach Pulverqualm. Von allen Seiten hörten wir Kanonendonner und plötzlich, da merkten wir, dass wir im Krieg waren. Da kamen uns auf der Straße, zu Fuß, die ersten Verwundeten entgegen. Der eine hatte den Arm verbunden, der andere den Kopf. Im Mondschein sah ich die Blutkruste an seinem Verband. Die kamen in Zweier-, Dreier-, Fünfer-Gruppen von der Front zurück. Da hab' ich das erste Mal richtig Angst gekriegt. Da hab' ich auch die Hose voll gehabt vor Angst. Und dann gingen wir weiter. Ich sag: ‚Walter, da geh'n wir hin?' Ich sag: ‚Ich hab' Angst.' ‚Ich auch', sagt Walter. Ja, wir sind mal mitmarschiert, weiter nach vorne. Ich sag: ‚Bei der nächstbesten Gelegenheit werd' ich mich von der Truppe absetzen. Ich gehe nicht zur Front, ich gehe nicht' …, weil ich die Verwundeten sah, die da kamen."

„Dann machten wir eine Pause bei einem riesigen Gutshof. Der war ähnlich groß wie unser ‚Gut Hogefeld' hier in Rindern. Es war immer noch Nacht und wir waren schon rund 20 oder 30 Kilometer gelaufen und ziemlich ermüdet. So viel hatte ich noch nie marschieren müssen in meiner Rekrutenzeit. Im Haus des Gutes durften wir uns etwas ausruhen.[6] Es gab da auch einen Kartoffelkeller und ich sagte: ‚Walter, da geh' ich rein, ich versteck mich da.' Walter kam mit mir und ein Volkssturmmann, den wir überhaupt nicht kannten, der ursprünglich von einer ganz anderen Einheit war. Dann haben wir Kartoffelsäcke über uns gezogen und uns schlafend gestellt, haben gedämmert, bis die Einheit wieder abmarschierte. Ich erinnere mich, dass ich genau hörte: ‚Alles raustreten, marsch, marsch!' Die sind also weg. Ja, was machen wir jetzt, dachte ich. Erst, als die Einheit schon eine ganze Weile verschwunden war, haben wir uns nach draußen getraut. Wir sind dann raus aus dem Gutshof und zogen los. Der Volkssturmmann ging alleine weiter, aber Walter und ich trafen ganz in der Nähe des Gutes auf eine ‚braune Schwester' (NS-Krankenschwester). Die trug eine braune Uniform mit einer Rote-Kreuz-Armbinde. Sie fragte uns nach dem Alter. Ich war gerade 17, Walter war, glaube ich, schon 18, der war ein paar Monate älter als ich. Sie merkte wohl, dass mit uns etwas nicht stimmte, wahrscheinlich hat sie geahnt, dass wir fahnenflüchtig sind. Ich weiß noch, sie hatte schwarzes Haar und ein rundliches Gesicht, eine hübsche Frau. Sie hat uns dann mitgenommen in ihr Haus und hat uns in ihrem Schlafzimmer versteckt. Sie sagte, es passiere nichts, hier komme keiner rein, ihr Mann sei bei der SS. Es kam dann in der Nacht auch tatsächlich eine Kontrolle ins Haus. Feldgendarmen, also diese Herren, die die silberne Plakette vor der Brust tragen, das waren die gefährlichsten, die überhaupt herumliefen. Mein Gott, da schlug uns das Herz schon wieder bis zum Hals. Die Schwester sprach mit den Männern. Wir hatten uns unter den Betten verkrochen. Was gesprochen wurde, verstand ich nicht, aber sie hat es schließlich fertiggebracht, die Leute abzulenken. Auf jeden Fall kamen sie nicht ins Zimmer und machten auch keine Hausdurchsuchung."

„Am nächsten Morgen kam ihr Schwiegervater, der war beim Volkssturm. Der musste an diesem Tag Möbel transportieren mit einem LKW. Der sagte dann zu uns: ‚Da könnt ihr mitfahren'. Er hat uns ganz vorne auf der Ladefläche hinhocken lassen und alle Möbel davor gepackt. Wir kamen dann in eine Stadt, wo die Möbel abgeliefert werden mussten. Ja, ich glaube, es war wieder Rastenburg. Der Ort, von dem aus wir losmarschiert waren. Er meinte, wenn ihr erst mal in der Stadt seid, wo so viele Soldaten sind, dann könnt ihr da vielleicht untertauchen. Also wahrscheinlich hat er gemeint, dass wir so schlau sein sollten, uns unauffällig einer Einheit anzuschließen. Die ganze Stadt war ja voll von Soldaten, aber Walter und ich – wir hatten längst einen ganz anderen Vorsatz gefasst. Wir hatten den Plan, uns freiwillig bei den Kettenhunden zu melden, mit der Entschuldigung, dass wir unsere Einheit verloren hätten. Und wir haben fest daran geglaubt, dass das gut geht."

III. Meinecke verhandelt mit den Kettenhunden

Der Schwiegervater hat dann mit seinem Wehrmachts-LKW auf einem großen Platz gehalten. Da war ein Posten der Feldgendarmerie (der Kettenhunde). Das muss eine Schule gewesen sein, große Gebäude und ein Hof mit Bäumen bepflanzt. Dort haben wir dann tatsächlich bei den Kettenhunden vorgesprochen und haben gesagt, wir hätten bei der Rast in diesem Gutshof verschlafen, die Einheit wäre wegmarschiert und wir hätten das nicht mitgekriegt. Wir hatten kaum ausgesprochen, da wurden wir sofort entwaffnet, Karabiner abgeben, Koppel mit Patronentaschen ab. Alles haben sie uns abgenommen und dann standen wir da. Inzwischen hatte sich um uns schon eine große Traube von Soldaten versammelt. Und jetzt wurde verhandelt, was mit uns gemacht werden sollte. Da waren wir erst mal sprachlos. Dann schoss es mir durch den Kopf: ‚Die erschießen uns jetzt, wegen Feigheit vor dem Feind.' Erst später ist mir klargeworden, unsere Ausrede, wir hätten verschlafen, war eigentlich keine Ausrede. Es stimmte ja auch nicht, wir hatten Fahnenflucht gemacht, einwandfrei, ja.

In dem Moment kommt plötzlich ein Kübelwagen auf den Platz gefahren. Zwei so Kleiderschränke steigen aus, auch in weißem Tarnzeug gekleidet genau wie wir, und kommen auf uns zu. ‚Was ist hier los?', fragt der eine. ‚Wir haben unsere Einheit verloren' sagen wir. ‚Wir haben verschlafen', und so weiter und ‚jetzt wissen wir nicht, was mit uns passiert.' ‚Wie alt seid ihr', fragt er. Sag ich: ‚17'. ‚Ihr gehört ja gar nicht hierhin', sagt er noch, ‚ich komme gleich wieder.' Der Offizier ging dann mit seinem Adjutanten rein in das Gebäude. Wir wussten nicht, wer er war, aber wir merkten natürlich, dass er ein höherer Offizier sein musste. Der Fahrer, der stand am Kübelwagen, rauchte sich 'ne Zigarette. Das Bild seh' ich noch vor mir. Nach einer Viertelstunde etwa kamen die beiden Herren aus dem Gebäude wieder heraus. ‚So, steigt ein, ihr kommt mit uns', sagte der Offizier. Wir waren glücklich. Wir bekamen Koppel und Waffen zurück, und dann ging's los."

IV. Ankunft bei der Kampfgruppe Meinecke

Also wir in den Kübelwagen. Der Offizier setzte sich neben den Fahrer, Walter und ich nahmen hinten – dicht gepresst – neben dem Adjutanten Platz. Dann hat er uns sozusagen vorbereitet, auf das, was uns erwartete. ‚Es geht an die Front', sagte er. Da haben wir mal kleinlaut ‚ja' gesagt. ‚Aber ihr braucht keine Angst zu haben', meinte er, ‚wir passen schon auf euch auf.' Dann haben sich der Offizier, der Adjutant und der Fahrer unterhalten. Sie redeten, davon, wo der Russe stand, von den neuesten Befehlen, der militärischen Lage, von Dingen, die wir damals gar nicht richtig begriffen. Wir fuhren vielleicht drei, vier Stunden und kamen schließlich zu unserer neuen Einheit in irgendein Dörfchen. An den Namen des Ortes kann ich mich nicht mehr erinnern."

„Der Offizier hat dann ein paar von seinen Männern zusammengerufen. ‚So', sagte er, ‚hier sind zwei, die sind erst 17 Jahre alt, ich verlass' mich auf euch – diese Jungens müssen heil wieder nach Hause kommen.' Da sagten einige von den Soldaten: ‚Wie sollen wir das schaffen, der Russe hat uns doch in Kürze eingeschlossen?' ‚Das ist mir egal', sagte er, ,passt auf die beiden auf. Sollten wir in Gefangenschaft kommen, ok, aber die dürfen nicht fallen.' Jetzt wussten wir also, dass es bald keinen Rückweg mehr nach Westen gab. Wir saßen im Kessel und nun erst bemerkte ich auch, dass dies hier eine SS-Truppe war. ,Oh', sag ich, ,Walter, jetzt sind wir bei 'ner SS-Einheit, da, wo wir gar nicht hinwollten.' (er lacht leise) Ja, aber das war dann eben so. Wir gehörten jetzt zur ,Kampf- und Alarmgruppe Meinecke'. Die Einheit wurde immer da eingesetzt, wo es gerade brannte. Erst im Nachhinein erfuhren wir, dass der Mann, der uns vor den Kettenhunden gerettet hatte, Kampfgruppenführer Meinecke war, ein ehemaliger SS-Offizier im Rang eines Obersts. Die Kampfgruppe Meinecke war auch ein zusammengewürfelter Haufen. Die Führung bestand zwar aus ehemaligen SS-Angehörigen, aber alle anderen Soldaten kamen aus verschiedenen Einheiten der Wehrmacht, Flak, Marine, Flieger und so weiter.[7] Soviel ich weiß, führte Meinecke zwei Bataillone. Unser Bataillon (Nr. 1) war etwa 400 Mann stark, das andere – vermute ich – hatte ebenfalls so um die 400 Mann.[8]

V. Das erste Fronterlebnis / Die Stellung am Wall

„Ich meine mich zu erinnern, dass wir zur Einheit (Kampfgruppe Meinecke) hinkamen und sofort losmarschierten. Irgendwo machten wir Halt. Da sagte man uns: ,Das hier ist die Front. Der Russe liegt ungefähr 500 bis 800 Meter vor uns.'[9] Wir lagen dort an einem Wall, ungefähr zwei Meter hoch, der zog sich von links nach rechts. Durch diesen Wall kreuzte eine Straße. Der Iwan lag also von uns aus gesehen hinter diesem Deich und wenn man darüber lugte, dann konnte man sehen, dass er da auch herlief. Bei Tageslicht konnte man genau beobachten, was der Iwan da so machte. Wir haben aber nie geschossen. Wir wollten die Stellung ruhig halten. Da unten lagen auch ein Bauernhof und eine Scheune. Da komm ich noch drauf zu sprechen. Da war immer Betrieb (vom Russen). Auf dem Kamm des Walls hatten wir Schützenlöcher besetzt. Die hatten wir aber nicht selbst gegraben, sondern die waren schon vorher da. Walter und ich hatten das Loch direkt neben der Straßendurchfahrt. Da passten wir beide hinein. Links von uns lagen die Füsiliere. Jetzt kam die Nacht, und die Feldküche war bis in die Nähe unserer Stellung vorgefahren. Unteroffizier Klein sagte zu mir: ‚Bubi, geh mal zurück, hol Essen.' Jetzt ging ich mit einem Kameraden los und kam mit den Kochgeschirren und dem Essen zurück. Der andere trug die gefüllten Feldflaschen. Da haben wir uns vor dem Deich gesammelt, also die ‚Gruppe Klein'. Wir waren so sieben, acht Mann. Einer passte oben auf dem Wall auf, ob er was vom Russen hörte. Wir mussten vorsichtig sein, um nicht entdeckt zu werden. Sie müssen sich vorstellen, es lag Schnee, und so war immer etwas Helligkeit da. Andererseits konnte man uns aber in den weißen Tarnanzügen schlecht erkennen. Dann saßen wir unten vor dem Wall im Schnee und haben gelöffelt. Wir bekamen ja oft Erbsensuppe, da war ordentlich Fleisch drin. Also jedenfalls dann, wenn die Feldküche zur Stellung durchkam. Ich guckte neben mich auf den Boden. Es wurde schon langsam heller. Plötzlich sah ich etwas Spitzes, Gelbes. Ich wischte den Schnee weg und kratzte. Da kommt ein Gesicht zum Vorschein, das war ganz gelb. Da lag unter mir ein gefallener deutscher Soldat. Ich hatte die ganze Zeit auf einem Toten gesessen. Da hab' ich nochmal einen Schreck gekriegt. Der Körper war schon vollkommen starr, steif gefroren, man hätte alles wegbrechen können."[10]

„Oben auf diesem Wall haben wir wohl einige Tage gelegen. Tagsüber rührte sich beim Russen nichts. Dann wurde es wieder Nacht. Wir mussten Wache schieben. Walter hatte die ersten Stunden übernommen, und ich hab' im Loch neben ihm gedusselt. Dann hat Walter mich geweckt, und ich hab' Wache geschoben. Nun ist es mir passiert, dass ich ebenfalls eingeschlafen bin. Ich hatte die weiße Tarndecke über unser Deckungsloch gezogen und war irgendwann weg. Plötzlich kommt der Unteroffizier Klein, der wusste ja, wo wir lagen, und faucht mich an: ‚Ist das möglich, pennt! Hier ist grad ein russischer Spähtrupp vorbeigegangen. Die hätten euch die Kehlen durchgeschnitten, wenn sie euch gesehen hätten – Bubi, du kommst sofort mit. Die suchen wir jetzt.‘ Und da bin ich mit dem Unteroffizier Klein losgelatscht, aber wir haben den Spähtrupp nicht mehr gefunden. Wir haben Schwein gehabt. Die Russen hatten unser Loch unter der weißen Decke nicht gesehen, aber es war mein Fehler. Ich war eingepennt, was ich nicht durfte.“

VI. Der Mann am Granatwerfer

An einem der folgenden Tage, wir lagen noch immer am Wall, wurden wir mit einem Granatwerfer beschossen. Der Russe legte Streufeuer auf unsere Stellung. Das heißt, die Granaten schlugen einmal hier ein, einmal da, gingen einmal hier herunter und einmal dort. Unsere Einheit hatte dabei große Verluste. Jetzt hatten unsere Leute plötzlich mit dem Fernglas ausgemacht, wer die Granaten abfeuerte. Die Granatwerfer-Stellung war getarnt, sie befand sich hinter einem Strauch, einem Busch, vielleicht 200 bis 300 Meter vom Wall entfernt. Nun wurden drei Mann abgestellt als Scharfschützen, um diesen einen Russen, der mit dem Mörser hantierte, auszuschalten. Dann bekamen Walter und ich und noch ein anderer Soldat Scharfschützen-Gewehre. Uns wurde gesagt: ‚Passt auf, der Mann läuft hierhin, lässt die Granate ins Rohr fallen, zieht ab, und dann geht er wieder in den Schuppen und holt sich eine neue Granate. Der macht immer das gleiche, dort bleibt er stillstehen, neben dem Mörser, ihr könnt also richtig zielen.‘ Wir drei haben uns hierhin gelegt, hier oben auf den Wall, getarnt, schön geduckt, nahmen die Extra-Karabiner mit den Zielfernrohren, die man uns dort hingebracht hatte und dann haben wir auf den Mann gezielt. Mussten ihn zunächst noch beobachten. Die Kanone oder der Mörser, der von ihm bedient wurde, war ein ganz kleines Ding, als wenn es ein Spielzeugding gewesen wär'. Der Russe machte tatsächlich einen Fehler. Er stand immer auf der gleichen Stelle und feuerte die Granate ab. Jedes Mal das Gleiche. Das war sein Verhängnis, und zwar haben wir ihn noch einige Male schießen lassen, und dann genau auf seinen Kopf gehalten, ja.[11] (er atmet schwerer) Ich bin nicht mutig. Dies vergisst man nicht, dies vergisst man nicht – einen Menschen umgebracht. Ich hab' ihn mit umgebracht, der Walter, der andere und ich. Wer getroffen hat, weiß ich nicht. Ich glaub' alle, alle drei. Und zwar – wir hatten viele Verluste durch ihn, viele Verwundete, die dalagen. Ja, warum hat er nur immer den gleichen Tritt gemacht, ja? Er stand an der Kanone, und immer … Wir haben auf den Kopf gezielt, und haben dann – so und jetzt schießen wir, wenn er jetzt steht, knallen wir zusammen. Einer gibt das Kommando. Ich glaub', der andere gab es, nicht Walter. Der andere hat das Kommando gegeben, und (wir) haben zur gleichen Zeit abgedrückt, … und dann war (es) aus. (spricht ganz leise, fast hauchend) Das ist das einzige Mal, wo ich weiß, dass ich einen Menschen umgebracht habe. Wir waren so abgehärtet, so dermaßen, wie kann man sagen, ohne Gefühle, nur noch … (schluchzt)[12] Ich kann nicht mehr. (sagt dies sehr leise, fast weinend) Den haben wir mit Absicht erschossen. (weinend) Das war das Schlimmste, was man machen konnte. Und deshalb rühr ich keine Waffe mehr an, nichts mehr… Wissen Sie, das hat man gemacht, und dann war, … war man anders, ein anderer Mensch.[13] Das war das erste Erlebnis an der Front. Das muss noch im Januar 1945 gewesen sein, aber die genaue Zeit weiß ich nicht, weil wir dann wieder an einen neuen Frontabschnitt marschierten."

VII. Marsch zum neuen Frontabschnitt

„Es wurde ja früh dunkel zu dieser Jahreszeit. Dann hieß es: ‚Abmarsch, in fünf Minuten brechen wir auf, fertig machen zum Abmarsch!‘ dann schnallten wir unseren Karabiner und das, was wir so hatten, auf und latschten los. Einer hatte die Führung und wir alle wie so ‘ne (lange) Schafherde hinterher. Es fing an, dass man müde wurde. Dann legten sich die ersten hin, an den Straßenrand, in den Schnee und der letzte hat dann die Schlafenden geweckt. Der trat kurz vor den Stiefel: ‚Aufstehen!‘ So ging das weiter, bis wir am Ziel ankamen. Wenn wir dann einen anderen Frontabschnitt einnahmen, dann kam von russischer Seite oft – aus Lautsprechern – zu uns herüber: ‚Kamerad, warum machst du ein traurig Gesicht, hast du keine Marmelade mehr? Kameraden, kommt rüber, die Feldküchen dampfen schon und unsere russischen Frauen warten auf euch, kommt rüber.‘ Das kam von einem russischen Lausprecher zu uns herüber geschallt. Und dann: ‚Kameraden, wir wissen schon, wer ihr seid, ihr seid von der Kampf- und Alarmgruppe Meinecke.‘ Schwopp. Wir waren sofort schon erkannt. In der Nacht hörten wir dann diese Lieder: ‚Komm zurück, ich warte auf dich, (er singt es vor) denn du bist für mich all mein Glück‘, und dann ‚Vor der Laterne, da da da da daaaa …‘ Das Lied, spielte der Russe herüber.“

(Text um ca. dreieinhalb Seiten gekürzt.)

XII. Die Flintenweiber

„Jetzt sag ich Ihnen das Schlimmste, was ich gesehen haben als 17-Jähriger. Wir lagen in einem Dorf und plötzlich griff der Russe an. Wir mussten Hals über Kopf türmen. Unsere Kampfgruppe hat sich daraufhin bis einige Kilometer vor die Ortschaft zurückgezogen. Anschließend haben wir jedoch den Befehl bekommen, dieses Dorf zurückzuerobern. Wir haben dann das Dorf angegriffen, sind gestürmt. Allerdings gab es gar keinen Widerstand. Es war niemand mehr dort. Die Russen waren verschwunden. Darüber haben wir uns natürlich gewundert. Meinecke hatte diesen Ort kampflos wiedergewonnen. Jetzt kommen wir in das erste Haus rein, in eine Art Küche. Da denk ich, was siehst du denn da? Da hatten die unsere Kameraden mit Dachnägeln an einen Tisch festgenagelt. Das war ein dicker Eichentisch. Den Nagel durch die Zunge geschlagen und mit der Zunge am Tisch festgenagelt. Die Kameraden, ausgezogen, nackt, Hakenkreuz oder SS-Zeichen in den Bauch herein geschnitten und Geschlechtsteil abgeschnitten. Einer von ihnen lebte noch. Das waren die Flintenweiber, die russischen Flintenweiber (russische Soldatinnen). Diese Bilder hab' ich gesehen, als 17-Jähriger. Dann wird's innen anders. Dann wird man gleichgültiger. Kennt sich nicht mehr. Einer davon, der war noch am Jammern. Ich konnte es nicht mehr weiter mit ansehen. Ich bin dann rausgegangen, aber diese hartgesottenen Kameraden, die haben das wahrscheinlich erledigt. Die andern waren schon tot. Drei, vier waren es, ich kann die Zahl nicht mehr sagen.

Es waren ja bei unseren Leuten diese Hartgesottenen, die schon länger beim Kommiss waren, die haben das Übrige getan, nicht … Die haben den erschossen (glaube ich). Ich bin nicht mehr reingegangen. Und draußen im Garten waren welche am Baum oder Mast aufgehängt mit 'nem Fleischerhaken, hier durch Kinn, Unterkiefer gespießt und aufgehängt, zwei deutsche Soldaten. Ich weiß es nicht, da haben wieder die Hartgesottenen von uns, die haben die heruntergeholt. Ich war noch nicht hartgesotten."

„Das waren die russischen Flintenweiber, die haben das gemacht. Woher ich das wusste? Das hat man uns gesagt, ich weiß nicht, wer das aufbrachte. (Es ist also wohl keineswegs sicher, dass dies eine

Tat russischer Soldatinnen war.) Und die Verstümmelten, das waren deutsche Soldaten von einer anderen Einheit; die gehörten nicht zu Meinecke. Die sind dort von den russischen Flintenweibern überwältigt worden. Wir mussten uns ja zurückziehen und diese Kameraden, die hatten sich wohl nicht rechtzeitig aus dem Dorf abgesetzt. Es kann sein, dass unter denen ein SS-Mann war. Die Russen wussten ja immer sofort schon, wen sie vor sich hatten."

„Ich hab' wohl später Flintenweiber kennengelernt. Das waren hübsche Weiber waren das. Die haben mal einige von uns irgendwo anders gefangen genommen. Das waren also russische Soldatinnen. Die haben wir in eine Scheune eingesperrt. Aber wehe, da wäre einer hereingegangen, um die zu vergewaltigen. Der wäre sofort erschossen worden von uns. Ich hatte selbst Wache davor, vor dieser Scheune, für einige Stunden. Und es hieß: ‚Wer sich vergreift, der wird erschossen.' Ja, und es ist auch nie einer von unseren Leuten gekommen, der da hereinwollte. Also bei der Kampf- und Alarmgruppe Meinecke war dies so. Wir haben diese Flintenweiber dann eines Nachts herausgeholt aus dem Schuppen und haben sie laufen lassen. Wir haben ihnen gesagt, wo wir uns befinden und ihnen gezeigt: ‚Da liegen eure Leute.' Es sind welche unter ihnen gewesen, die wollten gar nicht zurück zu ihrer russischen Einheit. Die sind dann aber von ihren Kameradinnen mitgenommen worden und ich muss eins sagen. Wir konnten die ja (sowieso) nicht erschießen. Das wär' nicht gut gewesen, denn wir hatten den Krieg verloren. Wir waren im Kessel drin, ja, wir waren im Kessel. Und der Russe, der konnte uns bekommen."

XVII. Unteroffizier Klein erschießt den Zahlmeister

„Es war wohl schon gegen Ende Februar 1945. Wir wollten uns Lebensmittel aus einem Wehrmachtsdepot besorgen, also die Gruppe vom Unteroffizier Klein. Jetzt war aber das ganze Depot schon mit Sprengsätzen versehen. Das gesamte Depot sollte gesprengt werden, damit es den Russen nicht in die Hände fiel. Da hielt uns ein Zahlmeister auf. Wir dürften da nicht mehr rein, meinte der. Wir hatten aber Hunger. Wir wollten was haben … (er spricht jetzt ganz leise) Da hat der Klein, da hat der Klein sich den Weg freigemacht.

Ja, da hat sich so ein Zahlmeister dickegetan (aufgespielt), und unsere Gruppe – die kam von der Front. Wir wollten da was rausholen. Der sagte: ‚Nein!' Der kam nicht mehr dazu ‚Ja' zu sagen, nicht. Da hat der Klein den umgelegt." Ob der Vorfall denn keine Konsequenzen gehabt hätte, frage ich erstaunt. „Der wollte uns nicht reinlassen", erzählt Hans W. Füth weiter, „wir hatten den Auftrag, da was rauszuholen, und wenn wir den Auftrag haben, den führen wir aus. (sagt dies mit Nachdruck und einiger Erregung) Wir waren ja sofort danach wieder an der Front. Wir wollten da Verpflegung rausholen. Da war ja alles drin. Da waren Lebensmittel, Schokolade, Wein, alles. Das war keine kleine Hütte, das war ein großer Saal. Und der steht da und lässt uns nicht rein. Geht nicht. Wenn wir da rein wollen, dann wollen wir da rein. Der wurd' nicht zur Seite geschoben. Dann hätt' der Theater gemacht und geschrien. So brauchte er nicht mehr zu schreien. Entschuldigen Sie, dass ich so spreche. Nicht, das hat dann der Klein gemacht."

XVIII. Zum Sani bei Heiligenbeil

Wir lagen in einem Wäldchen und ich konnte nicht mehr laufen. Ich hatte dicke Beine bekommen, weil ich Nierenkrank war. Da hab' ich zum Unteroffizier Klein gesagt: ‚Ich geh' nicht mehr weiter.' Klein sagte nur: ‚Na schön Bubi, setz dich ab, geh‘ zum Sanitäter.‘ So bin ich allein zurückgegangen, in den nächsten Ort. Das muss in der Nähe von Heiligenbeil gewesen sein. An einem kleinen Verbandsplatz fand ich den Sani, der gab mir ein Thermometer. Ich wusste ja, dass ich Fieber haben musste, um wirklich krank zu sein. Ich hab‘ das Thermometer kräftig an meiner Hose gerieben und als der Sani dann nachsah, schmunzelte der nur und meinte: ‚Mensch Jung, du bist ja schon tot.‘ Also, er wusste, dass ich gemogelt hatte, aber er hat mir trotzdem den Krankenschein gegeben. Diesen Schein mit dem grünen Streifen. Der wurde ja normalerweise an der Jacke befestigt mit einem Bindfaden. Verwundete bekamen eine Karte mit rotem Absatz. Ja, und dann bin ich losgezogen, alleine, und suchte das nächste Lazarett. Ich bin also in Richtung Küste gelaufen, zum frischen Haff herunter, hatte nur noch ‘ne Pistole und ein Fernglas bei mir, mehr brauchte ich nicht. Als ich begann, übers gefrorene Haff zu gehen, gesellte sich jemand zu mir, der hatte den roten Schein, der konnte schlecht laufen. Dieser Kamerad, der hat mich dann ausgefragt. Der fragte nach meiner Einheit, danach, wo ich überall gewesen sei, was ich mitgemacht hätte und so weiter. Ich wusste aber nicht, wer er war. Der war für mich einfach nur ein ‚Kamerad‘, der mit mir lief und ich hab‘ dann immer zu Essen besorgt. Es dauerte ja Tage, bis wir endlich unser Ziel erreichten.“

XIX. Das Lazarett westlich von Pillau

„Das Lazarett, das wir schließlich fanden, war in einem Strand-Café eingerichtet worden. Ich meine, es hätte auf der frischen Nehrung, südwestlich von Pillau bei Kadikhaken, gelegen. Als wir dort eintrafen, kam uns sofort ein Oberstabsarzt entgegen. Wir beide sahen ziemlich verdreckt aus, er dagegen hatte einen tadellosen Anzug. Ich gab dem Oberstabsarzt meinen grünen Schein. Da hat der mich ausgeschimpft: ‚Feigheit vor dem Feind! Sieh zu, dass du wieder an die Front kommst!' Ich wolle nur kneifen. Das wäre ja das Allerletzte. So ähnlich hat er sich geäußert. Der hat mich so richtig fertiggemacht. Ich hab' schon gedacht, jetzt kommst du da wieder rein in diese Mühle. Da macht plötzlich der Kamerad, der mit mir gelaufen war, oben ein paar Knöpfe an seiner weißen Tarnjacke auf. Da blitzt da ein Ritterkreuz mit Eichenlaub und Schwertern. Da war ich verdattert und dachte, was hast du denn da jetzt wieder für einen Mann vor dir? Und dann hat der wiederum den Oberstabsarzt zurechtgestutzt nach Strich und Faden: ‚Wo der Bubi überall war, da schick ich dich gleich hin. Der Bubi geht mit mir raus mit dem Schiff, und Sie bleiben hier!' Damit war die Sache dann erledigt. Aber erst da hab' ich dann rausgekriegt, wer mein Begleiter war, und zwar hatte auch der den Rang eines Obersts. Er war der Führer der ‚Kampf- und Alarmgruppe Wagener'. Der war verwundet, Oberschenkeldurchschuss. Wir kamen also ins Lazarett und wurden dort in Gruppen eingeteilt, die nach und nach über die Ostsee aus Ostpreußen herausgebracht werden sollten. Es legte schließlich ein Minenräumboot an. Ein Schlauchboot brachte uns an Bord. Da wurden dann Zivilisten eingeschifft, verwundete Soldaten, und ich mit meinem Krankenschein durfte mit. Dank diesem Wagener. Auf dem Minenräumboot haben wir dann zusammen hinter schweren Eisentonnen gesessen, weil wir meinten, so bei Fliegerangriffen besser geschützt zu sein. Auf See wurde unser Boot tatsächlich von den ‚Sturen' angegriffen. Das waren einmotorige russische Flugzeuge, die nannte man ‚Sturen'. Diese Jäger schossen mit dem Bord-MG und warfen kleine Bomben, aber das Vierlings-Geschütz auf unserem Minenräumboot hat die Flugzeuge nach kurzer Zeit verscheucht. Dann bin ich auch noch seekrank geworden. Es half alles nichts. Ich musste zur Reling. Schließlich erreichten wir Danzig. Dort wurden wir entlaust, dann Dusche, in einem Riesenraum, und zuletzt bekamen wir neue Uniformen. Der Offizier, der Wagener oder so ähnlich hieß, der hat dann dafür gesorgt, dass wir auf unserer Weiterreise durch Deutschland immer zusammenblieben. Der sagte nur: ‚Bubi, du bleibst bei mir.'"

Mit dem Lazarett-Zug fahren ‚Oberst Wagener' und Hans Füth über Bremerhafen nach Landshut in Bayern. Dort werden beide, Anfang März 1945, in unterschiedlichen Lazaretten untergebracht. Im April gerät Hans Füth, der inzwischen genesen ist, zwischen Remscheid und Solingen in amerikanische Kriegsgefangenschaft. Zwei Monate verbringt er unter unmenschlichen Bedingungen im Kriegsgefangenenlager Sinzig. Am 23. Juni 1945 wird er entlassen und trifft am übernächsten Tage in seinem Heimatdorf Rindern bei Kleve ein. Während der Lagerhaft ist er so stark abgemagert, dass seine Freunde und seine Eltern ihn beinahe nicht wiedererkennen.

Nach Interviews mit Hans W. Füth in Rindern am 1. Februar 2009, Nr. 1; am 30. Mai 2013, Nr. 2; am 3. Januar 2014, Nr. 3, 4, 5, 6; und am 22. Februar 2014, Nr. 7, 8, 9, 10, 11.

Anmerkungen:

1) Hans Füth kann sich während unserer Interviews nicht genau erinnern, in welche Stadt er Mitte Dezember 1944 abkommandiert wurde. Im Interview Nr. 2 vom 30. Mai 2013 berichtet er, dass er von Mitte August 1944 bis Mitte Dezember 1944 in Hamm in der Panzerjäger-Kaserne bei der schweren motorisierten Artillerie (62 MOT) zum Fernsprecher und Funker ausgebildet worden sei. In Bielefeld sei er als Sprechfunker geschult worden. Er nennt Solingen und Remscheid und auch Wuppertal und Elberfeld als mögliche Städte, in die er abkommandiert worden ist. Füth berichtet, dass dort zwei oder drei Kasernen nahe beieinander auf einer Anhöhe gelegen hätten, und dass dort im Dezember 1944 auch eine V2-Rakete niedergegangen sei.

(Vgl. Interview Nr. 2, S. 1 u. S. 8 und Interview Nr. 5, S. 1.)

2) Walter Kazensky kam, wie Hans Füth im Interview Nr. 2 berichtet, aus Essen-Buer-Bismarck. Er war ebenfalls in Hamm zum Funker ausgebildet worden.

3) Im zweiten Interview ergänzt Füth diese Aussage: „und dann landeten wir dann in Rastenburg, also Ostpreußen, und dann ging es weiter (bis) oben (nach) Kurland hin (…)"
(vgl. Interview Nr. 2, S. 1)
Es ist aber fraglich, ob die Alarmeinheit aus Solingen wirklich bis nach Kurland gebracht wurde.

4) Hans W. Füth berichtet, dass sie in Schulen und Privat-Häusern untergebracht gewesen seien.
(vgl. Interview Nr. 3, S. 1.)

5) Die Einheit, die in Rastenburg (Deutsch Eylau oder Allenstein) (vgl. Interview Nr. 9, S. 3) aufgestellt wurde, hatte nach Füths Schilderungen keinen Namen.

Füth: „[D]ie hatte gar keinen Namen. (…) Da waren auch Panzerleute (dabei), da waren Matrosen, (Leute) von der Flak waren da, Flieger, Marine, all diese Uniformen. Die kriegten wohl in Rastenburg alle diese Einheitsuniformen, aber ‘ne Ausbildung hatte jeder was Anderes. Wir wurden alle als Infanteristen eingesetzt, obwohl die, glaub ich, gar keine Infanterie-Ausbildung hatten (…)"
(vgl. Interview Nr. 2, S. 4, 5.)

6) Die Schilderung des ersten Marsches zur Front entstammt vorwiegend dem Interview Nr. 3 vom 3. Januar 2014, S. 1 – 4. Die Schilderung über den Wildwechsel bei Mondschein stammt aus Interview Nr. 6, S. 7.

7) Vgl. Interview Nr. 2, S. 4.

8) Von der zweiten ‚Gruppe Meinecke' berichtet Füth in Interview Nr. 8, S. 1.: „Hier bei Frauenburg hab' ich erst erfahren, dass es 'ne zweite Gruppe Meinecke gab, wusst' ich aber vorher nicht (…)".

9) Vgl. Interview Nr. 8, S. 3.

10) Hans W. Füth gehörte von Ende Dezember 1944 bis Anfang März 1945 zur Gruppe des Unteroffiziers Klein in der ‚Kampf- und Alarmgruppe Meinecke'. Kommandeur dieser Einheit, zu der nach der Erinnerung Hans W. Füths zwei Bataillone gehörten, war ein gewisser Meinecke, der bei der SS einen Rang hatte, der dem eines Oberst' gleichkam.
(vgl. Interview Nr. 3, S. 7.)

11) Die nun folgende Schilderung des Scharfschützen-Einsatzes am Wall entspricht der Schilderung Hans W. Füths im Interview Nr. 1 vom 1. Februar 2009, S. 7, 8.

12) Diese Schilderung entspricht dem Interview Nr. 2 mit Hans W. Füth vom 30. Mai 2013, S. 9.

13) Vgl. Interview Nr. 8, S. 3.

14) Die Nummerierung der Kapitel ist auf die Interviews bezogen und deshalb nicht fortlaufend.

Rekrut Hans W. Füth aus Rindern, Herbst 1944.

Hans W. Füth, Rindern, ca. 1955. Die Front-Erlebnisse lassen ihn lange Zeit nicht los.

15 | Februar 1945 – Kampf im Reichswald

Der Zeitzeuge Walter Günther aus Emmerich erzählt . . .

Im nördlichsten Teil des Kreises Kleve beginnt am 8. Februar 1945 die ‚Operation Veritable', der Angriff der Alliierten auf den linken Niederrhein. Ziel ist es, das Gebiet zwischen den Flüssen Maas und Rhein bis auf die Linie Wesel/Venlo von deutschen Truppen freizukämpfen. Anschließend soll das Areal nutzbar sein als Absprungbasis für den Angriff über den Rhein.

Im Raume Nimwegen und Groesbeek hat der britische Feldmarschall Montgomery dazu eine riesige Streitmacht versammelt. Im Verlaufe der Kämpfe wird sie bis auf 440.000 Mann anwachsen.[1] Die 1. Kanadische Armee und das britische 30. Corps stehen bereit, um von Norden aus vorzustoßen. Sie sollen über Kleve, Goch und Xanten bis nach Wesel vorrücken, um dort die noch intakten Rheinbrücken in ihre Gewalt zu bringen. Doch zunächst muss der Reichswald westlich von Kleve eingenommen werden, ein etwa zehn Kilometer breiter und 15 Kilometer tiefer Wald, der von deutschen Truppen stark befestigt worden ist. Schützen- und Panzergräben, Stacheldraht und Mörsernester machen den Wald zu einem gefährlichen Hindernis, das unbedingt ausgeschaltet werden muss. Hier liegen Verbände der ersten deutschen Fallschirmjägerarmee. Mit dabei ist Walter Günther, ein 19-jähriger Soldat, Angehöriger des 20. Fallschirmjägerregiments. Diese Einheit bezieht eine Auffangstellung am Südrand des Reichswaldes nordostwärts von Gennep zwischen Grunewald und Zelderheide.

„Ich glaube am 7. Februar hieß es: Stellung beziehen", erzählt der heute 94-jährige Emmericher. „Es wird erwartet, sagte man uns, dass die Alliierten eine Offensive beginnen. Und dann sind wir in den Reichswald hinein. Ja, und im Wald fanden wir erstaunlicherweise schon fertige Bunker beziehungsweise Unterstände vor. Die stammten wahrscheinlich noch aus der Zeit der Luftlandeoperation ‚Market Garden' im September 1944. Dort konnten wir uns erst mal einnisten, was wir auch getan haben. Am nächsten Tag, am 8. Februar, mussten wir früh morgens raus und Stellung in den weiter vorne liegenden Gräben beziehen. Der Boden in den Gräben war noch schlammig. Wir stapften mühsam vorwärts. Auf einmal macht es ‚klatsch'. Da fällt der Mann, der vor mir ging, einfach um. Offensichtlich war er von einem Scharfschützen getroffen worden. Er war sofort tot. Das belastet natürlich, das können Sie sich ja denken. Wir haben uns dann noch mehr gebückt, um nicht über die Grabendeckung zu ragen. Dann haben wir abgewartet auf das, was kam. Ja, und es kam … erstmal ein furchtbares Trommelfeuer."

Am 8. Februar 1945, um fünf Uhr in der Früh, begann am Reichswald eines der größten Artillerietrommelfeuer des Zweiten Weltkrieges. Dabei wurde der „Wald zwischen Grafwegen und der Straße Kranenburg – Goch von mehr als einer halben Million Salven zerfetzt", wie eine Chronik berichtet.[2] Bis 9.20 Uhr dauert der fast ununterbrochene Granatbeschuss.

„Ich muss dazu sagen, dass wir auch ziemlich demoralisiert waren", berichtet Walter Günther weiter, „ja ziemlich demoralisiert. Wir hatten praktisch nur Misserfolge erlebt, zuletzt im Elsaß. Dort hatten wir gegen die Amerikaner gekämpft. Ja – furchtbar. Die beharkten uns mit ihrer Artillerie, und wir hatten dem nichts entgegenzusetzen. Also, wir waren praktisch nur für den Nahkampf gerüstet. Gott sei Dank, ist es zu dem Nahkampf, den man befürchtete, nicht gekommen. Wir waren immer noch ein Stück weg von denen, aber meine Kameraden sind dort wie die Fliegen gefallen. Wir waren zunächst eine Kompanie von 105 Leuten noch, und sind dann später, Ende

Januar, als wir abgezogen wurden, mit zehn Mann herausgekommen. Ich war unverletzt. Erst am Niederrhein wurde uns dann eine Gruppe junger Unteroffiziersschüler zugeteilt. Die waren jetzt Teil unserer Einheit. Das Ganze nannte sich 20. Fallschirmjägerregiment Graßmel. Graßmel war der Regimentskommandeur, das war ein Oberst, das hab' ich noch behalten."

„Aber im Reichswald waren wir weit auseinandergezogen. Wir waren nur kleine Gruppen. Und standen wohl sehr auf Spannung. Wir haben auch immer gedacht, wir kriegen noch Verstärkung, aber die kam nicht. Also beispielsweise Panzer oder dergleichen. Nein, nein. Wir waren im Grunde genommen auf das angewiesen, was wir selbst hatten, und das war nicht viel. Wir hatten ein paar Panzerfäuste, jeder 'nen Karabiner, und zwei Maschinengewehre. Damit sollten wir gegen die Alliierten kämpfen. Es gab noch einen Oberfähnrich, der versuchte, uns zu befehlen, unsere Kompanie. Ja, was heißt Kompanie? Wieviel waren wir denn? 50 oder 60 Leute noch – unsere Einheit. Wieviel es auf der ganzen Strecke gewesen sind, das weiß ich nicht mehr. Das wusst' ich auch damals nicht, aber wir waren keine Kompanie mehr in dem Sinne. (Kompanie = militärische Einheit mit normalerweise 150 bis 250 Soldaten) Das ist ein bisschen anders, als Sie sich das vielleicht vorstellen. Wir waren ein ziemlich verlorener Haufen, im Grunde sehr schlechte Verteidiger, die auch eigentlich schon durch andere Soldaten so'n bisschen beeinflusst waren. Zum Beispiel durch die Landesschützen, die älter waren als wir. Die lagen ein Stückchen zurück und hatten uns, als wir vorbeimarschierten, nachgerufen: ‚Ihr Kriegsverlängerer!' Das hat unsere Moral natürlich zusätzlich geschwächt." „Und die jungen Unteroffiziersschüler?" „Die müssten eigentlich motiviert gewesen sein, weil sie doch wahrscheinlich daran glaubten, Deutschland zu verteidigen mit großem Herzblut, kann man sagen. Die kamen ja direkt von der Unteroffiziersschule und hatte noch 'ne ganz andere

Meinung von der Situation, als wir sie inzwischen gewonnen hatten. Aber, ob die später noch rege waren, weiß ich nicht. Wir hatten ja nur unseren kleinen Abschnitt im Blick, in dem wir uns erst mal zurechtfinden mussten. Wir kannten die Gegend ja auch gar nicht."

„Und – wir waren nicht so sehr von Tapferkeit besessen, denn, die Kanadier vor uns hatten in der Nacht große Scheinwerfer angemacht, die in den Himmel strahlten. Das heißt, die erlaubten sich, viel Licht zu machen. Ich nehme an, dass es große Flakscheinwerfer waren, aber der Abstrahl der Lichtkegel erhellte natürlich die ganze Gegend, auch unseren Flecken. Sie können sich vorstellen, wenn man das sieht, die eigene Stellung in der Nacht, da kommt man sich schon ein bisschen armselig vor."

„Unsere Gräben waren zwar verwinkelt (im Zickzack-Muster angelegt), und vor ihnen war auch ein Deckungswall aufgeschüttet, aber der Wall war nicht so hoch, dass man aufrecht gehend nicht von feindlichen Schützen erfasst werden konnte. Sie lagen vor einer Waldlichtung. Davor war freies Feld und die Unterstände lagen ein Stück zurück im Wald, aber nicht weit weg, vielleicht 100 Meter oder noch weniger. Die konnten wir schnell erreichen. Wir standen auch nicht ununterbrochen im Graben, wir sind zwischendurch abgelöst worden. Zum Ausruhen oder zum Essen gingen wir in die Unterstände und währenddessen mussten andere Leute von uns in den Graben. Die Nacht vom 8. auf den 9. Februar haben wir dann wechselweise vorn im Graben verbracht. In dieser Nacht wurde nicht geschossen, da gab es kein Trommelfeuer."

„Am nächsten Morgen, am 9. (Februar), da ging's los. Und … war schlimm! Dann hörte man zuerst die Panzer röhren, man sah sie noch nicht, es war ja noch dunkel zunächst. Dann kamen sie heran. (Walter Günther demonstriert am Wohnzimmertisch das Zittern mit den Händen) Ja, natürlich haben wir gezittert – kann ich Ihnen wohl sagen. Denn es war ja nicht so, dass wir noch ein funktionierender Haufen waren. Also, es war hell. Es ist vielleicht zehn Uhr morgens gewesen, als sie kamen. Vielleicht auch etwas früher, aber es war hell. Die Panzer fuhren durch die Waldschneisen neben uns und ballerten ab und zu. Infanteristen kamen in der Deckung der Panzer heran."

„Ich kann Ihnen sagen, ich hab' da Todesangst gehabt, wirklich. Aber nicht nur da, die hatte ich auch schon an der Maginot-Linie im Elsaß, da hatte ich auch Todesangst. Da denkt man nur, was machst du jetzt? Und dann kriegt man ja wahrscheinlich einen derartigen Adrenalinstoß, dass man gar nicht mehr weiß, was man tut. Aber da waren die Amerikaner nicht so nah dran an uns wie jetzt die Kanadier im Reichswald. Ich hatte auch kaum eine Chance, laufen zu gehen. Ich musste ja erstmal da aus dem Graben heraus. Ich weiß nur … Ich glaub', ich hab' kein Feuer mehr eröffnet. Nein, unser Maschinengewehr, ja, das hat noch geschossen, ja. Ich weiß aber nicht, wie viele da von denen gefallen sind. Die Panzerfaust konnten wir nicht einsetzen, weil die Panzer ja links und rechts von uns (durch die Waldschneisen) fuhren. Die Panzerfaust kann man einsetzen, wenn man zehn Meter davon weg ist, dann ist aber auch Schluss."[3]

„Ich meine, dass etliche von uns nach hinten abgehauen sind und einige Kameraden links und rechts von mir auch noch gefallen sind. Irgendwann blieben die Panzer stehen, und die Infanteristen kamen weiter vor. 30, 40 Meter waren die jetzt nur noch entfernt. Ja, was macht man nun? Schießen? Ich weiß es nicht mehr. Ich glaub', ich hab' irgendwann die Hände hochgehoben."

„Ja, die Hände hochgenommen – und bin aus dem Graben heraus. Da kam so ein ganz junger kanadischer Soldat auf mich zu, ganz böse guckend, und der hat mich dann abgetastet. Hat mir die Uhr weggenommen und den Federfüllhalter. Ich konnte nur sagen: ‚Why do you take that?‘ ‘Shut up!‘, bekam ich zur Antwort. Da hab‘ ich meinen Mund gehalten. Kurze Zeit später hat man mich und einige Kameraden in einen Graben geführt, denn wir trugen unter unseren Uniformen englische Kraftfahrerwesten. Die hatten wir im Januar von der Kleiderkammer als zusätzlichen Wärmeschutz bekommen. Die müssen noch als Beutegut von den Kämpfen bei Dünkirchen (1940) übrig gewesen sein. Wir mussten die Westen ausziehen und dann hoben die Kanadier ihre Gewehre. Da dachte man, jetzt ist es aus. Nein, sie haben nicht geschossen. Es kam dann wohl ein polnischer Offizier, der auf seiner Brust den Schriftzug ‚Poland‘ stehen hatte. Von dem hab‘ ich mit seinem Stock eins ins Kreuz gekriegt, aber das war dann alles.“

„Dann hat man uns abgeführt und später auf Lastwagen verladen. Gegen Abend wurden wir auf freiem Feld eingezäunt und dort warteten wir darauf, was jetzt geschah. Es war kalt. Wir warteten da die ganze Nacht hindurch und sind am folgenden Tag zu einem Bahnhof weiter transportiert worden. Dort kamen wir dann in offene Güterwagen und fuhren Richtung Tilburg, fuhren also durch Holland. Oben auf einer Brücke sang eine Menge von Holländern laut: ‚Denn wir fahren gegen Engeland‘. Die Holländer wussten ja, was das für Lieder waren und die ließen dann mehrere schwere Steine in unsere Güterwagen hereinfallen. Einige von uns wurden dadurch schwer verletzt … Ja, das war dann das Ende meiner Wehrmachtszeit. Komisch, nicht.“

Nach sechs Tagen, am 13. Februar, sind die Kämpfe um den Reichswald beendet und die Alliierten können diesen als feindfrei betrachten. Die Operation ‚Veritable‘ allerdings erreicht ihr militärisches Ziel erst am 10. März 1945. Nun befindet sich der linke untere Niederrhein zwischen Emmerich und Wesel vollständig in der Hand von Kanadiern und Briten. – Die traurige Bilanz dieses Feldzuges: Knapp 4000 gefallene alliierte Soldaten. Auf deutscher Seite rund 8800 Tote.[4]

Nach Interviews mit Walter Günther in Emmerich am
7. Januar 2017 und am 19. Februar 2019.
Fassung vom 5. Januar 2020.

Anmerkungen:

1) Niederrheinisches Land im Krieg. Kleve 1964, S. 106.

2) Niederrheinisches Land im Krieg. Kleve 1964, S. 112.

3) Interview Nr. 1 mit Walter Günther, Seite 5.

4) Derks, Stephan (10.03.2015). Auf den Spuren des Zweiten Weltkriegs im Reichswald. RP-Online.

Walter Günther kurz vor seiner Einberufung zur Wehrmacht, 19. April 1943.

Kanadische Artillerie feuert auf deutsche Stellungen im Reichswald, Februar 1945.

Alliierte Infanteristen rücken im Reichswald vor, Februar 1945.

Britische Funker im Reichswald, Februar 1945. („First 53 Div.“ ist auf der Rückseite des Fotos notiert worden.)

16-jähriger deutscher Sniper von britischen Soldaten in Kleve gefangen genommen, 15. Februar 1945.

16 | Februar 1945 – Tiefflieger bei Kanonenberge (Wesel)

Hilde Jürgensen aus Hamminkeln berichtet . . .

Es ist Ende Februar 1945 als sich die 17-jährige Hilde Arnhardt (heute Jürgensen) aus Hamminkeln auf den damals gefährlichen Weg zu ihrer Arbeitsstelle macht. Seit gut zwei Wochen erst ist sie Kaufmännische Angestellte beim RWE in Wesel. Das Gebäude der Hauptverwaltung in der Stadt ist allerdings vor zehn Tagen restlos zerstört worden. So muss die junge Frau nun nach Wesel-Blumenkamp, wo ein provisorisches RWE-Lohnbüro eingerichtet worden ist. Von ihrem Elternhaus am Bislicher Wald Nr. 350 führt ihr Weg abseits der B8 entlang der Bahnstrecke Arnheim – Oberhausen in Richtung Wesel. Sie will den Sichtschutz der Bäume dort ausnutzen. Das ist in diesen Tagen überlebenswichtig. Die heute 88-jährige Hamminkelnerin erinnert sich:

„Sie fragen mich, ob es zu diesem Foto eine Geschichte gibt“, beginnt Hilde Jürgensen. Neben uns liegt ein kleines Album auf dem Wohnzimmertisch. Aufgeschlagen ist eine der grauschwarzen Seiten, die einen kleinen 9 x 6 cm Schnappschuss zeigt. Hilde Jürgensen, damals noch Hilde Arnhardt, auf dem Herrenrad ihres Bruders Walter. Auf dem Bild ist sie elf Jahre alt. Im Sommer 1938 hatte Walter seine jüngere Schwester spontan am Gartenzaun geknipst, nur um den 8-Bilder-Rollfilm endlich voll zu bekommen.

„Nun, eine Geschichte direkt gibt es nicht“, sagt Hilde Jürgensen. „nur, ich selber habe mit diesem Fahrrad, auf dem ich da sitze, später sehr viel erlebt. Es war, wie gesagt, das Rad meines Bruders. Er bekam es von unseren Eltern geschenkt, nachdem er die Schule beendet hatte und seine Lehrzeit begann. Mit diesem Rad musste er täglich nach Wesel fahren. Acht Kilometer hin und zurück und abends zur Abendschule noch einmal die gleiche Strecke. Ich hatte zwar damals ein eigenes Fahrrad, allerdings war das ja beim Großangriff auf Wesel zerstört worden. Von da an hab' ich also das Rad meines Bruders benutzt und solange die RWE-Verwaltung im Februar 1945 noch in der Umgebung von Wesel arbeitete, bin ich damit zum Dienst gefahren."

„Die RWE-Büros waren ja nach den Bombenangriffen alle aus der Stadt (Wesel) verlegt worden. Da mussten die einen zum Kraftwerk Niederrhein nach Obrighoven, die anderen kamen dort hin. Ich kam zum ‚Gut Loosen' in Blumenkamp, wo das Lohnbüro untergebracht war."

„So bin ich dann an einem der letzten Februartage (1945) am frühen Morgen mit diesem Rad meines Bruders zur Arbeit nach Blumenkamp gefahren. Bin dann aber, weil Tiefflieger in der Gegend waren – und zwar immer alle Tage – nicht über die Landstraßen geradelt, sondern durch die Wälder. Ich musste dann an Kanonenberge vorbei. Dort ging es ein ganzes Stück durch einen Sandweg, wo man kaum fahren konnte. Die Reifen gruben sich so fest ein, dass ich absteigen und mein Rad schieben musste."

„Zu meiner Rechten verlief die Bahnstrecke Emmerich-Wesel. Die war in der Höhe von Kanonenberge zweigleisig. Ich bemerkte noch, dass an diesem Morgen – wie so oft in diesen Tagen – auf dem Ausweichgleis wieder ein Munitionszug (der deutschen Wehrmacht) abgestellt worden war. Ich sah ihn durch die kahlen Äste des schmalen Baumstreifens hindurch, der zwischen Sandweg und Schienenstrang lag. Links von mir in den Wiesen verliefen ‚Schützengräben', im Zickzack-Muster angelegt, für Soldaten, die dort die Flieger-Abwehr-Geschütze bedienten. Irgendwie hatte ich – wohl im Unterbewusstsein – ein mulmiges Gefühl, vermutlich wegen dieses Munitionszuges. Aber ich sagte mir, diese Passage wirst du schon gut übersteh‘n. Ich weiß noch, es war ein schöner heller Morgen, die Sonne schien schon bald.“

„Ich hatte dann ungefähr die Hälfte des Weges geschafft, als plötzlich doch ein Tieffliegerangriff kam. Ich konnt‘ es erst gar nicht glauben, als dann aber die Geschosse rechts und links von mir einschlugen, da hab‘ ich mein Rad in den Sand geworfen und bin … Zu den Schützengräben konnt‘ ich nicht mehr, das war zu weit weg, obwohl die nur 20 bis 25 Meter von mir entfernt lagen. Bin also zum nächsten Zaunpfahl am Weg gerannt, hab‘ mich daran geklammert, die Beine darum geschlungen, die Arme herumgeschlungen, und hab mich richtig eins mit dem dicken Zaunpfahl gemacht. Ich hätte auch gar keine Möglichkeit mehr gehabt, aufzuspringen, um Schutz zu suchen, dann wäre ich erschossen worden. Na ja, der Angriff war vorbei, das Flugzeug zog hoch. Ich atmete schon auf, da kamen auch noch Schüsse aus dem Heck. Das wusste ich überhaupt nicht, dass so etwas möglich ist. Ich hatte ja keine Kriegserfahrung. Ich war dann ganz erstaunt. Auch das noch! Ja nun, das Flugzeug war endlich weg. Ich atmete wieder auf. Da kam schon der nächste Flieger aus der Sonne. Das waren fünf oder sechs englische Jabos und die kamen immer wieder im Tiefflug über den Sandweg. War der erste weg, kam der letzte wieder und flog die Schützengräben oder den Munitionszug an. Das ging wie ein Karussell im Kreis herum. Der Sand neben mir spritze von den einschlagenden Geschossen nur so hoch. Ja, ich hab‘ schreckliche Angst gehabt, das weiß ich wohl. Und ich hab‘ mich immer fester an den Pfahl geklammert.“

„Die deutschen Soldaten an der Flak-Abwehr neben mir hatten sich schnell in ihren Zickzackgräben verkrümelt. Die Flak-Geschütze wurden auch gar nicht bedient, es wurde kein einziger Schuss abgegeben. Ich erinnere mich, dass die Tiefflieger die Gräben direkt anflogen und da hereinschossen. Aber was darin passiert ist, das weiß ich nicht und der Munitionszug, der auf dem Gleis stand, der war meine größte Angst. Wäre der getroffen worden, dann wäre nichts mehr übrig geblieben von allem. – Ja, mein Fahrrad, das lag da breit im Sandweg, das hat nichts, jedenfalls nichts Sichtbares abgekriegt. Dass ich selbst nicht getroffen wurde, das war reiner Zufall."

„Ich weiß nicht, wie lange ich da am Zaunpfahl verharrt habe, in Angst und Bange, mutterseelenallein, 17 Jahre. Es muss jedenfalls 'ne halbe Stunde gewesen sein, ich kam nämlich um so viel später zum Dienst nach Gut Loosen und wurde auch darum noch gerügt. Ja, da war ich nun ganz betroffen. Ich war froh, dass ich mein Leben gerettet hatte, … ja nun. So ist der Krieg, so ist das Leben."

„Ja, und dann kam die Front immer näher, und es hieß, das RWE wird verlagert nach Westfalen, Richtung Osnabrück, Kreis Melle. Alle müssen mit und wer nicht mitgeht, der wird entlassen, fristlos. – Mein Vater war tot, mein Bruder war als Soldat gestorben. Mutter und ich waren alleine. Da hab' ich gesagt: ‚Mutter, wir trennen uns jetzt nicht mehr. Jetzt fährst du mit mir.'"

Nach Interviews mit Hilde Jürgensen, geb. Arnhardt aus Hamminkeln, am 4. Januar 2012 (Nr. 1), am 6. Januar 2012 (Nr. 3) und am 5. März 2016 (Nr. 5).

Familie Arnhardt in ihrem Garten am Bislicher Wald, Frühjahr 1940. V.l.: Hilde Arnhardt, verh. Jürgensen, Vater Otto, Mutter Berta, Bruder Walter.

Die 11-jährige Hilde Arnhardt (später Jürgensen) in Hamminkeln, Sommer 1938. Das Foto knipste Bruder Walter Arnhardt mit Hilde vor seinem Herrenrad, das an den Zaun des elterlichen Gartens gelehnt ist.

Hilde Arnhardt, Hamminkeln 1943.

Ende Februar 1945 greifen britische Jagdbomber deutsche Stellungen bei Kanonenberge in Wesel – Hamminkeln an.

17 | Wilfried Schmäling berichtet über die Marine-Hitlerjugend in Emmerich, 1943 – 1945

Während der Nazi-Diktatur gehört die „Marine-HJ" für Jugendliche zu den durchaus begehrten Einheiten der Hitlerjugend. Dort lernt man das spannende Handwerk des Seemanns, absolviert eine Segelprüfung, erfährt etwas über Navigation, lernt Lichtsignale, Morsen und Seemannsknoten. Auch in Emmerich am Rhein wird in den 1930ern eine solche HJ-Sonderformation aufgestellt. Wie die HJ überhaupt, so dient auch sie der ideologischen Indoktrination im Sinne des politischen Systems, darüber hinaus auch der Nachwuchsschulung für die Kriegsmarine. Allerdings, von vielen Jugendlichen wird der Dienst in solchen HJ-Sondereinheiten als ungleich attraktiver empfunden als der Dienst in der gewöhnlichen Pflicht-HJ. Auch der 14-jährige Emmericher Wilfried Schmäling tritt im Kriegsjahr 1943 mit Freude der Marine-HJ bei. In der schneidigen dunkelblauen Uniform mit den drei weißen Streifen auf dem Marine-Kragen sieht er jetzt fast genauso aus wie ein kleiner Matrose der Kriegsmarine. Dass er einem verbrecherischen Regime bald als Kindersoldat dienen soll, kommt dem technikbegeisterten Gymnasiasten damals kaum in den Sinn. Zu sehr ist er begeistert von der Steuermannskunst und von den interessanten nautischen Geräten, die er jetzt kennenlernen wird.

„Als ich mein Alter (14 Jahre) hatte", erzählt Wilfried Schmäling, „wurde ich vom Jungvolk in die Hitlerjugend übernommen, im Sommer 1943. Ich hätte damals auch beim Jungvolk bleiben können, weil ich ja dort eine Führungsposition besaß. Ich war erst Jungenschaftsführer und später Zugführer, aber ich war schon mit 12, 13 Jahren des Öfteren bei der Emmericher Marine-Gefolgschaft gewesen, weil mich das interessiert hat. Hab‘ zwischendurch mal Dienst bei denen mitgemacht, mal deren Unterricht besucht. Ja, was wurde da gemacht bei der Marine-HJ? Das bot sich ja an, wo wir doch direkt am Rhein lagen. Wir hatten drei oder vier Marine-Kutter, die wir gepullt haben, also gerudert. Es gab natürlich auch Unterricht im HJ-Heim, in allem, was bei der Marine so üblich war: Winken, Morsen, Knoten binden, Seefahrtkunde, Wetterkunde und so weiter. Das war schon sehr interessant.“

„Die Marinegefolgschaft besaß damals auch einige Kompasse, große Schiffskompasse aus Messing. Da ich im Herbst 1944 einer der letzten Indianer war, also einer der letzten noch in Emmerich verbliebenen Marine-HJler – denn die anderen waren alle älter als ich, die waren schon zur Wehrmacht eingezogen worden – da hab‘ ich diese Kompasse alle bei uns zu Hause in den Keller verfrachtet, wo sie natürlich beim Bombenangriff vom 7. Oktober zerstört wurden.“

„Dann hatte ich kurz zuvor – im Spätsommer 1944 – ja auch noch das Glück, dass ich zur Reichsseesportschule nach Eltville kam. Zu dieser Zeit durften solche Lehrgänge nicht mehr auf dem Segelschulschiff stattfinden, weil das schon zu gefährlich war. Wir wurden dort in einer alten Villa untergebracht. Rundherum lagen riesige Parkanlagen und hinten heraus hatten wir einen Anschluss zum Rhein. Dort hatten wir unsere Boote liegen. Der Lehrgang in Eltville wurde auch als Wehrertüchtigungslager anerkannt. Also, wir haben da auch Schießübungen gemacht und haben natürlich auf dem Rhein rudern müssen, haben auch U-Boot-Sicherung gefahren und ähnliches. Diese Schule stand unter der Leitung eines Oberleutnants zur See und den einzelnen Gruppen stand jeweils ein Maat beziehungsweise Obermaat vor. Das waren erwachsene Marine-Soldaten, die zum Teil schon im Kriegseinsatz gewesen waren, die vielleicht eine Verwundung hatten und die jetzt für diesen Dienst abkommandiert worden waren.“

„Ich vermute, dass diese Villa ehemals in jüdischem Besitz gewesen ist und dass sie von Parteileuten übernommen worden war. In dem großen Gelände drum herum, da wurde dann trainiert. Wenn wir zum Beispiel beim Frühstück nicht brav gewesen waren, dann mussten wir unsere Brote im Laufschritt zu uns nehmen. Dann ging's quer durch den Park, einmal um's ‚Kap Horn', hieß das und wir hatten dort in Eltville auch Wachdienste, und zwar rund um die Uhr. Es gab immer einen Innendienstposten in der Villa, einen Posten bei den Booten am Rhein und einen Posten beim Haupttor vor der Zufahrt. Wenn jetzt ein Besucher kam, dann musste die Torwache dem Innendienst-Mann durch Winken Bescheid geben. Dieser eilte dann zum Torposten, nahm den Ankömmling in Empfang und geleitete ihn ins Gebäude. Denn die Torwache durfte ihren Posten ja unter keinen Umständen verlassen. Also, das war schon ein ziemlicher Akt. Jetzt hatte ich einmal Innendienstwache und da kam unser Oberleutnant, also der Schulführer, sehr spät nachts herein. Das hab' ich dann – denn ich war ja ordentlich – sauber im Wachbuch notiert. Am Morgen darauf gab's dann einen Rapport am Antrete-Platz. Da wurde die Flagge gehisst und so weiter und da hat dieser Oberleutnant mich dann auf dem Platz vor versammelter Mannschaft regelrecht zur Sau gemacht, weil ich ihn ins Büchlein geschrieben hatte. Ich hab' das aber selbst gar nicht mitbekommen, denn ich war nicht dabei. Meine Kameraden haben mir das später erzählt. Ich hatte nämlich inzwischen die Wache am Haupttor übernommen."

„Wir haben dann auch mal an einem Sonntag 'nen Einsatz gehabt. In diesem Lehrgang waren wir ja so ungefähr 150 Leute. Da sind wir mit der gesamten Belegschaft zu einer Kirschbaumplantage geführt worden und haben dort Kirschen geerntet. Man hat uns also für alles Mögliche gebrauchen können."

„Dieser Kurs hat sechs Wochen gedauert und zum Schluss wurd' eine Prüfung abgelegt, die BK-Prüfung. (Sie berechtigte zum Steuern von Schiffen in Gewässern bis zu 30 Seemeilen von der Küste entfernt.) Unten auf dem BK-Schein wurde ein Vermerk gemacht: ‚Wird zur Marine gemustert'. Aber zu dieser Zeit wurde ja schon keiner mehr zur Marine geschickt. Die Schiffe konnten ja gar nicht mehr auslaufen. Na ja, ich muss sagen, das war eine sehr anstrengende, aber trotzdem schöne Zeit. Wir haben nämlich dort – im August 1944, wo alles schon sehr knapp wurde – eine super Verpflegung gehabt. Die Kriegsmarine bekam ja eine sehr gute Verpflegung und die bekamen wir eben auch dort in dieser Seesportschule."

„Im frühen Herbst 1944 kam ich zurück nach Emmerich. Zu dieser Zeit waren die Fliegerangriffe schon so häufig, dass das Fahren mit den Marine-Booten auf dem Rhein bald verboten wurde. Die Marine-Kutter, die wir besaßen, waren für zehn Mann ausgelegt, immer zwei Mann mit Rudern nebeneinander. Die Boote waren aus Holz, offen wie ein Nachen. Die lagen im Sicherheitshafen, da wo heute das Hauptzollamt ist. Der Gruppenleiter saß hinten am Ruder und die anderen an den Pinnen, die haben gepullt. Das ging nach Kommando: ‚Eins, zwooo, drei!' Die Ruder mussten ja einheitlich gezogen werden (synchron). Anfangs haben wir im Hafenbecken geübt, bevor wir rausgefahren sind auf den Rhein. Ich muss sagen, die Boote waren auch ziemlich flott, wenn zehn Mann kräftig gerudert haben. Getroffen hat sich die Marine-Gefolgschaft für gewöhnlich am Hermann-Göring-Heim in der Stadt. Das war unser Treffpunkt. Da gab es Schulungsräume und Gruppenräume. Unsere Geräte, die großen Kompasse und anderes, das lagerte alles dort. Die Marine-Leute trafen sich einmal die Woche, meistens samstagnachmittags oder sonntagmorgens. Denn bei der HJ war es ja so, dass die meisten schon berufstätig waren. Nur ein kleiner Teil der Leute ging aufs Gymnasium. Wenn jetzt anstand, dass wir 'ne Ausfahrt hatten mit dem Boot, dann sind wir geschlossen zum Hafen gegangen."

Dann kam der 7. Oktober 1944 mit dem großen britischen Luftangriff. Ich frage, ob da auch sein Haus zerstört wurde. Schmäling: „Total – mein Elternhaus lag am Neuen Steinweg 31. Wir waren mittendrin.“

„Der Angriff kam dann so um die Mittagszeit. Wir hatten damals immer schon mal im Keller geschlafen, weil es ja durch Bombenabwürfe ständig gefährlicher wurde, fühlten uns aber im Keller einigermaßen sicher. Es war ein Gewölbekeller, der sehr stabil war. Wir hatten Glück, wir haben‘s überstanden. Zwei Häuser weiter, da ist eine Luftmine hereingegangen, da war nur noch ein großer Trichter. Wir, also mein Vater, meine Mutter und ich, sind dann durch ein, zwei, durch drei Keller hindurch, weil unsere Tür komplett verschüttet war. In den Kellern unserer Häuserzeile waren aber Durchbrüche vorgesehen. Da waren Teile der Wände zum jeweiligen Nachbarn nur durch ein Halbstein-Mauerwerk abgetrennt. Die Keller mussten ja einen Durchbruch haben, das war so vorgeschrieben. Den konnte man so durchschlagen. Wir sind dann durch die Keller unserer Nachbarn hindurch und am Ende gab es einen Notausgang nach draußen. Am Tag nach dem Angriff haben Vater und ich nachgesehen, wo meine beiden Tanten geblieben waren. Die wohnten in der Wollweberstraße. – Mein Onkel war zu der Zeit Soldat – Da war auch alles zerstört. Wir fanden beide als verkohlte Leichen im Keller.“

„Wir wussten, dass bei meiner Tante zwei Fahrräder standen und haben natürlich danach gesucht, denn in Emmerich konnten wir nicht bleiben. Haben sie schließlich gefunden im Waschkeller. Die wurden dann notdürftig zusammengeflickt und wir sind dann mit den Fahrrädern nach Hamminkeln gefahren zum Bauer Klump. Meine Mutter und meine Großeltern waren schon vorher dorthin evakuiert worden. Der Bauernhof in Hamminkeln gehörte dem Bürgermeister Karl Klump. Während wir dort wohnten, lagen da auch deutsche

Truppen in Quartier, aber wir konnten beim Bauern bleiben bis bei Hamminkeln (am 24. März 1945) die Luftlandung erfolgte."

„Während dieser Zeit auf dem Hofe Klump bekam ich dann Bescheid, das war im Januar 1945, dass ich an einer Volkssturmausbildung teilzunehmen hatte. Wir wurden acht Tage lang in Bislich ausgebildet. Hab' aber keine Panzerfaust in der Hand gehabt. Warum? Ich hatte kurz zuvor ‚dumm Zeug' angestellt und wurde dafür bestraft, musste einem Unteroffizier die Stiefel putzen. So brauchte ich nicht mitzumarschieren zum Übungsgelände. Hatte auch sein Gutes für sich. Quartier bekamen wir übrigens in der Bislicher Schule und ein Stück weiter am Waldrand lag der Schießstand. Da haben wir Schießen geübt mit Karabiner und Maschinengewehr. Da wurde auch die Ausbildung betrieben. Die Ausbilder waren Unteroffiziere vom Militär. Uniformen gab's da keine, nur 'ne Armbinde mit der Aufschrift ‚Volkssturm'".

„Mitte März 1945 hab' ich (in Hamminkeln) noch einen Stellungsbefehl bekommen. Aber ich hatte ja das große Glück, dass mein Vater schon vom Militär entlassen worden war und dass der schon bei uns war. Der war in dieser Situation meine große Stütze und der sagte: ‚Jung, bleib mal hier, fahr' nicht, die Züge sind so ungenau, bleib mal.' Das war mein Glück. Ein paar Tage später kam die Luftlandung. Ich war zwei Tage Gefangener und damit war Schluss. Ich weiß nicht mehr, ob ich den Stellungsbefehl einfach um ein paar Tage hinausgezögert habe, ich bin auf jeden Fall nicht hingegangen. Ich war damals 15 Jahre alt und da gab es ja mehr junge Leute, die am Ende noch zum Volkssturm mussten. Ich weiß, wir hatten eine Einsatzkompanie auf dem Hof (des Bauern Klump), da war das Gewehr größer als die Jungs."

„Kurz nach der Luftlandung wurde der Bauernhof Hauptquartier für die gelandeten Briten und Kanadier. Die Kanadier waren Fallschirmjäger und die Engländer waren mit den Lastenseglern heruntergekommen. Die haben uns praktisch von diesem Hof vertrieben. Wir sind dann zu einem anderen Bauern übergesiedelt, zu dem großen Bauern Heggemann ‚Auf der Hülshorst'. Der hatte Platz und da konnten wir bleiben bis die Kämpfe vorbei waren."

Um noch einmal zurück zum Thema Marine-HJ zu kommen, frage ich: „War es nach dem Bombardement vom 7. Oktober 1944 mit der Marine-Gefolgschaft in Emmerich vorbei?" Schmäling: „Ja, ja, da war alles zerstört. Die Boote waren nicht mehr da, der gesamte Betrieb in der Stadt war tot. Da hat sich niemand mehr getroffen. Es war auch niemand mehr da, der sich hätte treffen können. Ein Großteil der Jungen war zum Militär eingezogen worden, andere waren zum Schanzen am Westwall befohlen und viele Familien waren schon vor dem 7. Oktober nach Mitteldeutschland evakuiert worden. Die Hitlerjugend endete praktisch mit der Zerstörung Emmerichs."

Nach einem Interview mit Wilfried Schmäling vom 5. Sept. 2016
in Emmerich.
Fassung vom 12. März 2017.

Nachtrag:

1) In einem kurzen Telefongespräch teilte mir Herr Schmäling Folgendes mit:
„In einem Jahr fanden Gau-Kämpfe (der HJ) in Essen statt. Dazu wurde in der Raitzenstein-Kaserne in Wesel ein Training absolviert, unter anderem Turnübungen. Von dort aus wurden aber HJ-Mitglieder zum Schanzen von Gräben abkommandiert. Die Marine-HJ in Emmerich, das werden wohl 40 Mann gewesen sein." Genau kann Herr Schmäling das nicht sagen, denn es seien immer wie-

der HJ-Mitglieder zum Kriegsdienst eingezogen worden. „Ich war einer der letzten Übriggebliebenen, der Verwalter der Marine-HJ, der auch die Schiffskompasse mit nach Hause nahm. Beim Bombenangriff auf Emmerich sind diese Kompasse in unserem Haus zerstört worden. – In Hamminkeln sind wir später von Engländern und Kanadiern gefangen genommen worden, die Kanadier waren Fallschirmjäger, die Briten waren mit Lastenseglern heruntergekommen. Ich kann mich an einen kleinen englischen Major erinnern, der ziemlich kiebig war. Ich vermute, dass er ein Jude war. Die männlichen Gefangenen mussten ein großes Loch graben, in dem die herumliegenden Tierkadaver vergraben wurden."

2) In einem Brief, wohl Anfang 2017, teilte mir Wilfried Schmäling zu meiner ersten Textfassung folgendes mit:

a) zum Bombenangriff am 7. Oktober, S. 2 unten: „Meine Mutter und meine Großeltern sind nach dem Angriff evakuiert worden."

b) zu S. 3 oben: „Am Tag nach dem Angriff haben mein Vater und (ich) nach meinen beiden

Tanten gesehen. Wir fanden beide als verkohlte Leichen im Keller. Mein Onkel war zu der Zeit Soldat."

Wilfried Schmäling, Emmerich 1944.

HJ-Jungvolk im Hüthumer Wald, 1943. Wilfried Schmäling ist zunächst Jungenschaftsführer und später Zugführer beim Deutschen Jungvolk.

Marine-Hitlerjugend streift durch Düsseldorf, vor 1945.

18 | Emmerich 1943 – 1945: In der Flieger-HJ der Hitlerjugend „Für uns brach eine Welt zusammen“

Herbert Sluyter berichtet über seine Zeit in der Hitlerjugend . . .

„Im Frühjahr 1939 kam ich aufs Gymnasium“, erinnert sich der 87-jährige Herbert Sluyter aus Emmerich, „ursprünglich hieß es ‚Humanistisches Gymnasium‘, aber durch die Nazifizierung wurde es die ‚Staatliche Oberschule‘. Parallel dazu gingen wir (mit der gesamten Schulklasse) ins deutsche Jungvolk. Wir wurden also zuerst Pimpfe und dann mit 14 Jahren (im Sommer 1943) Hitlerjugend, ohne dass wir das wollten. Das ging einfach so. Man wurde quasi weitergereicht (an die nächste NS-Organisation). Die Erfassung war ... einfach phänomenal. Da war keiner, der nicht erfasst war. Das ist unvorstellbar, wie die Leute (des Nazi-Machtapparates) das Volk im Griff hatten. Es ist ..., Herr Reinders, es ist nicht zu glauben. Es ist heute für mich noch ein Rätsel wie die (Nazis) in so kurzen Jahren so viel bewegt haben, unvorstellbar. Unvorstellbar, welche Dynamik da hinter dieser Partei saß.“

Es ist der 29. August 2016. Wir sitzen in Sluyters Wohnzimmer. Mein kleines Diktiergerät, das Sluyters Stimme aufnimmt, läuft. Er erzählt frei von der Leber weg. Beim Protokollieren des Gespräches wird mir später klar, dass der Zeitzeuge offenbar zum ersten Mal so detailliert über diese Erlebnisse spricht. Sluyter scheint sich nichts zurechtgelegt zu haben. Die Erinnerungen kommen bruchstückhaft. Er formuliert mit dem rauen Charme des erfahrenen Gastwirtes. Im Folgenden wird versucht, so viel wie möglich im originalen Wortlaut des Befragten wiederzugeben.

„Und wir als Jungens hatten doch gar keine Ahnung vom Nazismus oder von politischer Verfolgung“, erzählt Herbert Sluyter weiter. (Gedankenpause) Ich hab‘ es wohl erlebt, also den Beginn des Holocaust. Die ‚Kristallnacht‘, die haben wir erlebt als Jungens (mit neun Jahren). Wir waren an diesem Tag (10. November 1938) in der Brinkschule und haben morgens, vom Schulhof aus, gesehen, wie sich die Leute (Juden) in der Ölstraße aufstellen mussten. Aber zu der Zeit wussten wir gar nicht, was da passierte. Die Juden aus Emmerich, also die Gomperts und wie sie alle hießen. Das waren vielleicht 40, 50 Leute, die wurden unter SA-Bewachung zum Bahnhof geführt, aber wir hatten keine Ahnung warum, wofür, weshalb. Sag‘ ich ganz einfach. Wussten wir nicht, kam alles erst später heraus.“

„Aber jetzt wieder zur Sache. Ich war bei der Flieger-HJ (etwa seit Juni 1943). Ja, man konnte sich dafür entscheiden, sich freiwillig melden. Mein Bruder war auch bei der Flieger-HJ gewesen. Der ist leider Gottes gefallen. Aber über ihn bin ich dazugekommen. ‚Das deutsche Volk muss ein Volk von Fliegern werden!‘, hieß es doch. Das war damals so ‘ne Schwadroniererei. – Ja, wir waren da hellauf begeistert, allemal, ohne Ausnahme hellauf begeistert. – Weil ja auch was getan wurde. Es gab ja unentwegt Ausbildung, Lehrgänge, Ferienlager und was weiß ich. Also es war immer was los. Es gab keinen Stillstand. Zwei Mal die Woche Dienst, mittwochs und samstags. Dann mussten wir viele freie Stunden opfern, um zu bauen und zu basteln für Kriegswaisen, Leiterwagen, Bauernkarren, Puppenstuben und dergleichen. Für die Mädchen und Jungen, deren Väter gefallen waren.“

„Meistens gingen wir ja zur ‚Fliegerwerft‘ (der HJ) – die lag hier vorne an – in der Stormstraße – das könnte ich Ihnen so zeigen, das Haus. Hieß damals auch ‚Manfred von Richthofen-Halle‘, da waren Werkstatt-Räume, Gruppen-Zimmer, Toiletten und so weiter. Da wurde gearbeitet, gebaut. Ein Herr Düffel war unser Werkstattleiter, das war ein gelernter Schreiner. Bei dem haben wir gelernt, mit Hobel und Säge umzugehen, mit der Kreissäge, Bandsäge, Dekupiersäge, mit Leim und Farbe, auch mit dem Schweißgerät. Wir mussten später, als wir etwas fortgeschritten waren, Flugzeuge reparieren, Segelflugzeuge der Luftwaffe, die bei der Ausbildung von Piloten leicht beschädigt worden waren. Die waren abgestürzt, Kufe oder Tragfläche gebrochen. Die kamen mit der Bahn nach Emmerich und wurden auf Pferdewagen zur Fliegerwerft gebracht, wurden dann auseinandergenommen und repariert, neue Rippen eingesetzt, neue Spanten. Wenn sie fertig waren, dann wurden sie wieder (mit der Bahn) weggeschickt. Das war dann aber nicht mehr unsere Sache, das ging über die Diederich-Flugzeugwerke, eine Art Rüstungsbetrieb – der stand im Namen der Luftwaffe. Also, wir waren da nur Hilfskräfte. Achhh … mit Herz und Hand waren wir dabei damals. Tja, das wär's (was ich erzählen könnte)."

„Aber Sie werden doch auch Fliegen gelernt haben?", frage ich Sluyter. Dieser antwortet: „Ja, sonntags in der Sonntagsschulung. Mit fünf, sechs Jungs aus Emmerich gingen wir dahin. Sonntagsmorgens um sechs Uhr in die Kirche, um sieben Uhr mit dem Eilzug nach Dinslaken, dann mit der Straßenbahn nach Lohberg und dann zu Fuß gelaufen – nach Testerberge (Flugplatz). Da haben wir den Schulgleiter in der Flugzeughalle von der Wand geholt und diesen draußen vor dem Gebäude zusammenmontiert. Dann kam Fluglehrer Schubert aus Wesel mit dem kleinen ‚Sachsmotörchen' (Sachs-Wanderer-Motorrad) und hat den ersten Flug gemacht, um zu sehen, ob die Kiste in Ordnung war. Dann wurde in Handschulung geflogen." „Können Sie das genauer erklären?" „Handschulung? Der Schulgleiter SG 38, so hieß das Modell, der wurde mit Gummiseilen von Hand gestartet. Also sechs Mann links, sechs Mann rechts (fassten das Gummiseil), zwei Mann waren Haltemannschaft (sie hielten den Flieger hinten fest), dann hieß es: ‚Ausziehen!‘ Dann: ‚Laufen!‘ Dann: ‚Los!‘ So wurde mit Gummiseilkraft das Fliegerchen (von einem kleinen Hügel aus) in die Luft gestoßen. Je nachdem, wie die Witterung war, hatten wir mal ein paar Meter mehr oder auch weniger Startüberhöhung (= das Gewinnen an Höhe, gemessen vom Abflugstandpunkt aus). Der Gleiter ging, sagen wir mal, vier, fünf Meter in die Startüberhöhung und dann musstest du ganz brav versuchen, das Landekreuz unten anzuvisieren und da hereinzufliegen. Das waren die ersten Gehversuche (beim Gleitflug). Das wurd‘ den ganzen Tag gemacht, von morgens bis abends. Abends ging‘s mit dem Zug von Dinslaken aus wieder nach Hause.“

„Wie hoch flog das Ding?“, frage ich. „Vielleicht zehn, zwölf Meter. „Muffensausen mh?“ „Ja, wenn das mit der (punktgenauen) Landung nicht geklappt hat. (er lacht) Denn du wurdest ganz schnell disqualifiziert, wenn du die Leistung nicht erbracht hast. Einmal theoretisch – man musste ja Gott weiß was wissen über Wetterkunde, Fallschirmkunde, Funkkunde – und zum anderen praktisch. Diese Schulungen liefen alle schon parallel. Das passierte alles schon im Rahmen der vormilitärischen Ausbildung. So einfach ging das.“

September 44 – Zur Gleitflieger-Schulung in die Vulkaneifel

„Wurden in der Emmericher Fliegerwerft auch Gleitflugzeuge gebaut?“ „Nein, nein, die kamen werksmäßig irgendwoher.“ „Die Emmericher Flieger-HJ besaß auch keinen eigenen Schulgleiter?“ „Ich sag mal nein, wir hatten keinen eigenen Schulgleiter. Der Schulgleiter (den wir benutzten), der hing an der Wand in Testerberge in der Halle. Den mussten wir wie gesagt von der Wand herunterholen, den Spannturm und die Tragflächen und so weiter und haben sie dann vor der Halle zusammenmontiert. Dann kam der Fluglehrer, machte ‘nen Probeflug und dann ging‘s los.“ „Zu weiteren Schulungen sind Sie nicht geschickt worden?“ „Ja, ja, ja, doch, bin ich wohl. Ich bin dann von der HJ aus geschickt worden nach Andernach – Mayen-Plaidt – Trotzenkopf.[1] Den Flugplatz gibt’s heute noch. Da war ein Segelfluglager, wo die B-Prüfung geflogen wurde. Da waren wir regelrecht kaserniert, haben aber den normalen Flugbetrieb mit den Schulgleitern mitgemacht. Wir hatten dort auch später schon eine Winde, die den Gleiter wieder den Berg hochzog, nachdem er gelandet war und geflogen wurde wieder mit Handbetrieb (also mit einer Seilmannschaft, die den Segler mit Gummiseilen in die Luft zog). Zwei Wochen hat der Lehrgang gedauert. Das war noch vor der Zerstörung Emmerichs, im September 1944.“

„Aber da gibt’s noch eine interessante Geschichte: Wir waren gerade bei einer Gleitflugübung und ganz in unserer Nähe, vielleicht zwei, drei Kilometer entfernt, lag ein Feldflugplatz, in Niedermendig. Da standen drei He111-Maschinen, Bomber. Plötzlich kommt ein amerikanischer Jabo aus dem Himmel und schießt die Dinger in Brand, wird aber selbst getroffen von der deutschen Flak, also von einem Flugabwehrgeschütz. Wir haben das von unserem Hügel (Trotzenkopf) aus mit Staunen verfolgt. Der kriegt ‘nen Schuss in den Ölkühler und das Öl spritzt dem Piloten vor die Scheiben seiner Kanzel. Er macht ‘ne Kurve und landet ganz bravurös in der Nähe des Flugplatzes, macht also eine Notlandung. Der Pilot steigt aus, zieht seine Kombi aus und verschwindet im Gelände. Den haben wir nicht mehr gesehen. Wir sind sofort dahin gejagt worden, um den Piloten gefangen zu nehmen, im Laufschritt, Marsch! Marsch! Sind ausgeschwärmt, haben Stunden lang gesucht; da kam auch SS mit Hunden, aber der war spurlos verschwunden. Wir haben dann sein Flugzeug inspiziert. Der Mann muss ein hochdekorierter, amerikanischer Jagdflieger gewesen sein, denn der hatte 26 Abschüsse. Woher ich das weiß? Weil wir unter seinem Cockpit 26 Reichskriegsflaggen fanden. Die hatte er als Trophäen oder Siegeszeichen dort aufgemalt. Sein Flugzeug war eine Thunderbolt, ein amerikanischer Jagdbomber, Einsitzer, einmotorig mit einer starken Maschine."

Geländespiele und Sport

„Geländeübungen gab's auch natürlich. Die machten wir draußen auf der ‚Höhe 29'. Hier in Hüthum, wo der Kiefernbusch-Weg ist, da gab's die ‚Höhe 29', eine alte Sanddüne. Jeden Samstag war da Krieg spielen, nach Karte und Kompass laufen, anschleichen, nachts anschleichen und dieses und jenes. Meist musste irgendein Fähnlein den Berg verteidigen und wir mussten ihn stürmen." „Gab es politische Schulung?" „Haben wir nicht gemerkt (lacht), so ungefähr ne, haben wir nichts von gemerkt. Mag es gegeben haben. Wir waren ja ständig auf Achse, ständig in Bewegung, mussten dieses tun, jenes tun, aber ob es politische Schulung gab, kann ich beim besten Willen nicht mehr sagen, ich sag mal nein, … haben wir zumindest nicht als solche empfunden. Sport gab es natürlich auch, da haben wir alles gemacht, was es an Sportdisziplinen so gab, viel Leichtathletik, in der Halle und auf dem 83er-Sportplatz an der Heerenberger-Straße. Es fand einmal im Jahr ein Gebietssportfest auf dem Platz des ETV an der Bahnlinie statt. Ich weiß noch, eine der führenden Läuferinnen war damals Maria Sander-Domagalla, eine Dinslakenerin. Das war so ein klingender Name, den haben wir nie vergessen." (Maria Sander-Domagalla wurde später eine der erfolgreichsten deutschen Sportlerinnen der Nachkriegszeit und nahm 1952 und 1956 an den Olympischen Spielen teil.)

19. September 44 – Luftlandung bei Arnheim

„Ab dem 19. September 1944 landeten bei Arnheim und Nimwegen fast 40.000 alliierte Fallschirmjäger. Da war es für die nicht mehr weit bis nach Emmerich." „Beschlich Sie nicht allmählich Sorge vor dem bevorstehenden Ende?" „Wenn ich Ihnen sag', dass ich noch während der Luftlandung nach Arnheim gefahren bin – mit dem Fahrrad und 'nem Kleinkalibergewehr an der Stange festgebunden." „Was wollten Sie mit dem Gewehr?" „... war HJ-Führer, Kleinkaliber ans Fahrrad gebunden! (er lacht über den Irrsinn und klopft auf den Tisch) Sind wir hingefahren, wollten Deutschland verteidigen." (lacht laut) „Mit wie viel Mann?" „Ach vielleicht fünf, sechs Mann. Wir waren zu der Zeit im Raum Goch, Hasselt, die HJ musste dort am Westwall schanzen, Panzergräben ausheben. Da sind wir von da aus mit Rädern Richtung Arnheim, kamen aber gar nicht bis dort. Das erste, was wir gesehen haben, war ein heruntergekommener Lastensegler. Ein Stück weiter lagen schon gefallene Luftlandesoldaten. Wir haben nix gemacht. Wir haben Schiss bekommen, hatten die Hosen voll, sind abgehauen, wieder zurück. (lacht) Das kann man sich gar nicht vorstellen, wie bewegt die Zeit damals war."

„Sie hatten keine Funktion in der HJ?" „Ja, ja, ja, hatte ich, ‚Kameradschaftsführer bestätigt', nein, ‚Scharführer bestätigter Kameradschaftsführer', so heißt es richtig." (Die Begriffe scheinen ihm erst gerade wieder einzufallen.) „Dienstrang und Dienststellung. Ja; das war damals einfach so, das hat es immer gegeben. Eine Schar? – Ja, das waren vielleicht 20 bis 25 Leute. Unser Jungstammführer war Werner Schneider, der war Schüler bei uns auf der Penne."

Ende September - Jabos auf der Reichsstraße 8 bei Aspel

„Wir saßen mit unserer HJ-Gruppe in Rees-Aspel in einem Graben. Das muss Ende September 1944 gewesen sein. Ich war ja bei den ‚Feldscheren‘, bei den Sanitätern. Wir sollten dort in Bereitschaft liegen, um bei eventuellen Angriffen aus der Luft ‚Erste Hilfe‘ zu leisten. Denn vor Haldern wurden gerade Flak-Stellungen gegraben. Die bestanden aber zunächst nur aus runden Erdlöchern und Erdwällen, vier Stück links von der Straße nach Haldern und sie waren noch nicht mit Flugabwehrkanonen bestückt. Wir hockten im Graben direkt vor dem Eingang zum Kloster Aspel. Es war so gegen Mittag. Aus Richtung Wesel kam eine Wehrmachtskolonne über die Reichsstraße 8 gefahren. Plötzlich kommen von hinten – aus der Sonne – Jabos und greifen die Kolonne an, werfen Bomben längs der Straße. Das war ein Durcheinander, ein Tohuwabohu. Es gab einige Tote und Verletzte und wir haben versucht, so gut wie möglich zu helfen. Die haben Bomben abgeschossen, so Dinger (er zeigt mit den Händen eine Länge von 35 bis 40 cm) und eine davon, die ist nicht explodiert und auf der Straße liegen geblieben. Die hat ein Soldat genommen, auf die Wiese gelegt, ‘ne Handgranate entschärft und die Bombe hochgehen lassen. Da war eine kleine Kneipe, direkt neben der Zufahrt nach Aspel, die ist bei dem Angriff zerbombt worden. Da stand nachher nur noch eine Ruine.“

„Mein Vater war zu dieser Zeit Leiter des Luftschutzwarndienstes in Emmerich. Der LSW saß damals auf einem erhöhten Ausguck mitten in der Stadt. Man hatte auf einem Patrizierhaus der Familie van Gülpen, direkt gegenüber der Societät, zuerst einen Turm für ein Flugabwehrgeschütz gebaut und später ist dieser Turm für den Luftschutzwarndienst umfunktioniert worden. Man hat eine Beobachtungskanzel draufgesetzt. Da hatten dann sechs bis acht Mann rund um die Uhr Dienst. Da oben waren riesige Marine-Ferngläser auf Stativen installiert, mit denen konnte man bei gutem Wetter bis Duisburg gucken. Durch die Höhe konnten wir auch mitansehen, wenn die Alliierten Angriffe aufs Ruhrgebiet flogen, konnten zum Beispiel mitverfolgen, wie Essen bombardiert wurde.

7. Oktober 44 – Bombardierung Emmerichs

Wenig später, am 7. Oktober 1944, wurde dann Emmerich durch britische Bomber fast restlos zerstört: „Da war ich noch hier. Ich hatte HJ-Dienst. Wir mussten an diesem Tag Leute evakuieren und mit ihrem Gepäck zum Bahnhof bringen. Das hab‘ ich auch morgens noch gemacht, bin dann zum Mittagessen nach Hause gefahren zur Heerenberger-Straße. Dann kam Alarm und da bin ich sofort mit dem Fahrrad zum Rheinufer gefahren, hab‘ das Rad an der Bordsteinkante abgestellt und bin in das sogenannte ‚Braune Haus‘ gelaufen. Das war damals die Parteizentrale und da war auch unsere Dienststelle. Von dort bekamen wir die Befehle. Wir waren mit einigen HJ-Leuten gerade eben drin, da fielen auch schon die ersten Bomben und dann stürzte plötzlich der Luftschacht des Hauses ein. Da bin ich ruckzuck hinaus – über die Straße (Rheinpromenade) weg – in ein Ein-Mann-Loch gesprungen und da hab‘ ich den ganzen Schlamassel erlebt. Da war richtig was los. Der Angriff hat wohl ‘ne gute halbe Stunde gedauert. Als es vorbei war, bin ich aus meiner Deckung heraus … und dann sah ich, wie die englischen Jabos unsere Lazarett-Schiffe auf dem Rhein anflogen und beschossen. Da kam Wut in mir auf. Gekennzeichnete Rote-Kreuz-Schiffe wurden von denen beschossen. Wir hatten ja damals viele Tote hier in Emmerich, ich meine auf einen Schlag mehr als 600. Die Leute, die kamen ja verbrannt aus der Stadt gelaufen. Ach, das war schlimm. – Ja, aber das soll man nicht mehr erzählen. Unser Haus in der Heerenberger-Straße war natürlich auch zerstört, gänzlich, vollkommen platt. Aber wo meine Mutter den Angriff verbracht hat? Vermutlich daheim im Keller, der hatte noch so ziemlich standgehalten. Ich weiß nur, dass in unserer Nachbarschaft elf Tote zu beklagen waren." „Wo haben Sie nach dem Angriff gewohnt?" „Ochhhhh (lacht), gewohnt? Ach, wir haben doch nicht gewohnt. (lacht) Wir hatten doch nix mehr. Das, was wir am Körper hatten, das hatten wir und mehr auch nicht." „Aber Sie müssen die Nacht irgendwo verbracht haben, in ihrem Keller?" „Das brannte doch alles noch. Ich weiß gar nicht mehr, wie das gewesen ist. Ich weiß nur, dass mein Vater sich erschießen wollte. Dem hab' ich die Pistole aus der Hand geschlagen. Ja, weil er vor seinem Trümmerhaufen stand. War doch nix mehr da … Dann weiß ich gar nicht, was wir dann gemacht haben … Langsam, ich muss überlegen. Mein Onkel war Bürgermeister von Hüthum, Alfons. Der hat uns 'ne Wohnung zugeteilt in der Schule, hier in der Borgheser Schule. Da haben wir dann vorübergehend gewohnt. Die wurde beschlagnahmt von der Partei und da sind wir reingesetzt worden." „Weihnachten haben sie noch hier verbracht?" „Ja, Weihnachten, als wir zur Christmette gingen, da flogen die V2 (Raketen) über uns weg nach England. Die haben wir fliegen seh'n in der Nacht. Ja, die konnten wir gut erkennen. Streifen, helle Kondensstreifen oben am Himmel. Ich hab' auch 1944 die V1 fliegen seh'n. Da ist eine heruntergekommen hier, über die Eltener Straße kam die geschwirrt, Nähe Ottscher Hof und ist dann abgeschmiert. Das war ja diese Rakete mit dem Flügel, die brrrrrr, die so röhrte, die torkelte als ich sie sah, die war aus der Steuerung herausgekommen. Die flog nicht sehr hoch, 300 Meter vielleicht und irgendwann bupps war sie unten, ungefähr auf der Höhe Ortseingang Hüthum."

März 1945 - Evakuierung nach Jena

„Sie sagten, Sie seien bei Kriegsende noch zum Panzerjägerkommando eingezogen worden?" „Das ist 'ne andere Geschichte. Die hängt mit der Evakuierung zusammen. Als die Rheinfront (Engländer, Schotten, Kanadier) immer näherkam, da hat mein Vater Angst um mich gehabt. Der sagte: ‚Die Alliierten planen nichts Gutes, der Morgenthau-Plan und, und, und. Verschwindet mal.' So sind Mutter und ich dann Anfang März 1945 mit dem Zug nach Jena gefahren. Wir hatten dort über eine Bekannte, eine Frau Pilling, ein Quartier bekommen, eine kleine Wohnung am Nordfriedhof.[2]

Seit Mitte März 45 im Wehrertüchtigungslager Jena

„In Jena wurde ich sofort wieder erfasst und zum Dienst eingezogen. Du musstest ja Lebensmittelkarten haben. Also hast du eine polizeiliche Meldung gemacht. Das ging alles automatisch. Da hatten wir gar keinen Einfluss drauf. – Mitte März (1945) wurde ich nachts plötzlich aus dem Bett geholt und aktiviert. Von da an mussten wir Jugendlichen aus Jena uns in Bereitschaft halten im HJ-Gebäude. Ich war ja schon seit einigen Tagen wieder zum HJ-Dienst gegangen, aber jetzt erhielten wir da eine regelrechte paramilitärische Ausbildung im Wehrertüchtigungslager. Wir waren jetzt ‚Panzerjagdkommando der Hitlerjugend'. Bekamen zunächst einen russischen Karabiner, bekamen Panzerfäuste und wurden daran ausgebildet. Hatten Maschinengewehre, Pistole 08 und P38, also leichte Waffen und Handgranaten. Zunächst waren wir noch HJ und der Dienst wurde im HJ-Heim dem ehemaligen ‚Kinderheim der Luftwaffe' abgeleistet. Das hatte man zweckentfremdet und uns da herein gepackt. Zuvor waren darin wohl Waisenkinder untergebracht, Kinder von Luftwaffen-Soldaten, die mit ihrem Flugzeug abgestürzt waren." „Vormilitärische Ausbildung – wie sah das aus?" „Ja, wir mussten alles können, was Soldaten so können müssen: Karabiner auseinandernehmen und putzen, schießen, Handgranaten fertigmachen, Speerwerfen. Die Ausbildung war ja teils militärisch, teils sportlich. Der Schießplatz war improvisiert, ‘ne Kiesgrube. Da hatten sie einen alten Panzer hingestellt, den haben wir mit der Panzerfaust abschießen müssen. Mit der ‚Panzerfaust Gretchen‘, das war ‘ne kleinere Ausführung, etwas schwächer, die schoss vielleicht 60 Meter.“

„Wer meldet sich freiwillig zur Waffen-SS?“

„In diesem HJ-Heim, also ehemals Kinderheim der Luftwaffe, wohnten wir nach der Aktivierung (wahrscheinlich ab Mitte März 45) mit etwa 100 bis 250 Jungens.[3] Eines Tages kreuzte irgend so ein hohes Tier auf, ein SS-Mann oder ein Gauleiter oder was weiß ich. Hielt ‘ne große Rede, der Führer brauche jetzt Freiwillige und so weiter. Plötzlich hieß es: ‚Kompanie stillgestanden! – Wer meldet sich freiwillig zur Waffen-SS?‘ Keiner. Dann schrie der Kommandierende: ‚Achtung! Drei Schritt vor. Marsch!‘ Zack, zack, zack, wir traten vor und damit hatten wir uns alle freiwillig gemeldet. Also pro forma waren wir jetzt Soldat geworden in der SS. Du lieber Gott, so wurden wir dann hopp genommen. Neu eingekleidet. Wir kriegten deutsche Pilotenanzüge, Sommer-Uniformen.“

Zur SS-Schule abkommandiert

„Ein paar Tage später kam ein Bus vorgefahren und hat vielleicht 40 Mann von uns zur SS-Schule – Kolpanaris gebracht. Die lag irgendwo in Ostdeutschland, wo genau, kann ich nicht mehr sagen. Ich hab‘ es aber geschafft, da ganz schnell wieder herauszukommen, weil ich einen SS-Mann getroffen hab‘, der mir ‘nen Tipp gegeben hat. Wir mussten in Kolpanaris auch zur Singstunde und da bin ich immer so … (ganz unbeholfen) vom Stuhl aufgestanden. (Sluyter zeigt, wie er sich in schmerzgekrümmter Körperhaltung erhebt.) Ich wollte denen einfach weismachen, dass ich körperlich untauglich bin. Da schnauzt mich einer an: ‚Geht das nicht schneller?' Ich sag: ‚Hören Sie mal, geh'n Sie doch dahin, wo die Luft eisenhaltig ist, dann können wir weiterreden.' Mein Problem war, dass ich damals schon zu frech war, aber ich kam mit dem SS-Mann ins Gespräch. Ich hab' ihn dann einfach gefragt: ‚Wie komme ich denn hier raus?' Ich wollte nicht dableiben, in dieser SS-Ausbildung. Ich hab' ihm auch erzählt, dass ich schon in der Flieger-HJ gewesen war und so weiter. Da meinte der: ‚Sag doch, du würdest dich freiwillig zum Jagdgeschwader-Oesau melden.' Walter Oesau, das war der Rammjäger, Todeskandidaten, ähnlich wie Kamikaze, die haben feindliche Maschinen regelrecht gerammt.[4] Das hab' ich auch tatsächlich gemacht. Bin aber nie zu diesem Geschwader gekommen, das hat sich dann alles zerschlagen. Aber ich bin jedenfalls mit diesem Quatsch weggekommen aus Kolpanaris, nur zwei Tage war ich da. Ja, und dann – wieder zurück nach Jena zum Panzerjagdkommando."

Spähtruppfahren für das Panzerjagdkommando der HJ

„In Jena gab es keine militärischen Ausbilder", erinnert sich Herbert Sluyter, „die Kommandierenden sind alle höhere HJ-Führer gewesen. Wir mussten dort wieder antreten und es wurde gefragt: ‚Wer kann Autofahren?' Da hab' ich mich gemeldet, denn ich hatte daheim ja schon so einige Male den Wagen meines Vaters, einen Opel P4, gesteuert. Dann wurden wir mit einem Omnibus nach Saalfeld gefahren und kriegten dort flammneue Volkswagen. Da standen wohl 500 Stück, flammneu. Zurück in Jena, da wurden auf dem Platz hinterm HJ-Heim diese Nürnberger-Hütchen (Verkehrsleitkegel) aufgebaut. Slalomfahren, vorwärts- und rückwärtsfahren – passt. Auf Durchschlagpapier – mit rotem Farbband geschrieben –

erhielt ich eine vorläufige Fahrerlaubnis für Herbert Sluyter für das Fahrzeug WH-sowieso. (Er klopft auf den Tisch) Da war ich 15. Ich bin ja in Gefangenschaft erst 16 geworden. Von den 30, 40 Mann unserer Einheit (unseres Zuges) hatten jetzt vier oder fünf Mann einen Führerschein. Zwölf Autos haben wir für unsere Einheit insgesamt dort geholt. Den Schlüssel von meinem Wagen, den hab‘ ich übrigens immer noch hier in der Schublade. – Und dann wurden wir zusammengestellt zu Spähtrupps, immer zwei VW-Kübelwagen, ein Motorrad, kleines Motorrad 125er-DK oder so was. Insgesamt neun Mann. Gruppenführer war jeweils ein Wehrmachtsunteroffizier, der saß in einem der Wagen."

„Jetzt haben wir mit diesen VW-Kübel-Wagen Spähtrupp fahren müssen für den Teil-Schutz-Kommandant-Ost Generaloberst Hoth.[5] Sagt Ihnen der Name was? Oh, ein ganz stolzer Mann. Für den mussten wir Richtung Westen fahren, gucken, wie weit die Amis schon vorgerutscht waren. Unser Einsatzleiter war Major Gutschern, der gehörte zum Generalstab Hoth. Ich weiß, dass wir Ostern 1945 (1. April) als Spähtrupp unterwegs waren. Spähtruppführer war ein Unteroffizier, der stammte aus Osterode. Unser Auftrag lautete, bis an die Front heranzukommen. Da sollten wir dann hören und uns erkundigen, wie weit die Amis schon vorgedrungen waren und vor allem, welche Truppenstärke sie hatten, um das dem Generalstab Hoth zu melden. Ich erinnere mich, dass wir uns an diesem Tag (1. April) irgendwo auf einen erhöhten Punkt gestellt haben, Blick auf eine Straßenkreuzung (möglicherweise im Raume Eisenach, wohin die Amerikaner bis zum 1. April vorrückten). Haben das Auto versteckt und geguckt, was da läuft und haben uns dann gesagt, jetzt müssen wir machen, dass wir hier wegkommen. Es war unbeschreiblich!!! – Welche Massen von Material von den Amis da hereingefahren wurden. Wir sind mehrere Male nach Westen, immer nur durch freies Feld oder in Dörfer. In die Städte sind wir gar nicht mehr hineingefahren. Da ging es schon ziemlich drunter und drüber und um etwas herauszubekommen mussten wir vor allem fragen, irgendwelche Wehrmachtsabteilungen, die uns entgegenkamen, oder auch Zivilisten. Also, beobachten, das wär‘ viel zu riskant gewesen, wir haben uns da so durchgepfuscht.“[6]

10. bis 17. April – Das Ende im Vogtland

In den allerletzten Tagen seiner Zeit als Soldat im ‚Panzerjagdkommando der HJ‘ wird Herbert Sluyter ca. 90 Kilometer südöstlich von Jena im Vogtland eingesetzt. Sluyter vermutet, dass die HJ-Jungen selbst mit dem PKW dorthin gefahren sind. In Teichwolframsdorf werden Kampfgruppen zusammengestellt, die vierzehn-Mann stark sind. „Ja, da war doch Kameradenklau“, erzählt Herbert Sluyter, „die (Verantwortlichen der Wehrmacht) haben doch da alles (an Soldaten) genommen, was sie kriegen konnten.“ Die Reihenfolge der Ereignisse dieser letzten Phase kann Herbert Sluyter nicht mehr genau rekonstruieren.

Die Igelstellung in Teichwolframsdorf – *Culmitzsch*

„In Teichwolframsdorf (Culmitzsch) haben wir einen Tag und eine Nacht zugebracht“, berichtet Sluyter weiter. Da sind wir zu Kampfgruppen zusammengestellt worden. Das muss jetzt schon Mitte April gewesen sein. Wir lagen an einem Nachmittag mit vier bis fünf Mann auf einem Hügel und haben da oben eine Igelstellung gebaut (eine Verteidigungsstellung zur Rundumverteidigung). Ich hatte ein tschechisches Maschinengewehr zugeteilt bekommen und wir hatten Pistolen. Weiter unten lag ein Bauernhof und in einer Wiese liefen Hühner herum. Da sag ich zu meinem Kameraden: ‚Ich will doch mal sehen, ob das MG überhaupt funktioniert.‘ Hab durchgeladen und auf ein Huhn gezielt, ein Feuerstoß und das Huhn war tot. ‘Ne Entfernung von vielleicht 500, 700 Metern. Da war‘s passiert. Nun hat die Bäuerin das natürlich sofort bemerkt und hat das tote Huhn mitgenommen, ist damit zum Bürgermeister gelaufen und hat‘s gemeldet. Ja, das war doch Plünderung und darauf stand die Todesstrafe. Da haben die nicht lang gefackelt damals. Das dauert nicht lange, da kreuzt der Bürgermeister mit zwei, drei Männern an unserer Stellung auf. ‚Wer hat geschossen?‘ Ja, da half nichts, ich musste mich melden. Großes Palaver, es wurd‘ hin und her geredet. Das waren also jetzt die letzten Stunden meines Lebens. Plünderer wurden doch erschossen und der hatte, meine ich, zwei Braunhemden (SA-Männer) bei sich. In dem Moment kommt Feindalarm, die Sirene heult unentwegt ‚huuuhuuuhuuu‘. Das war mein Glück. Da sind die getürmt, der Bürgermeister und seine Leute, sonst wär‘ ich tot gewesen. Dann fangen die Amis an zu schießen, MG-Salven rundherum. Wir Jungs haben uns dann auch aus dem Staub gemacht, sind vom Hügel herunter und später haben wir uns mit dem Rest irgendwo im Wald oder am Waldrand wieder getroffen. Denn neben uns lagen ja noch andere Jungs aus der Kampfgruppe. Wir waren da also jetzt wieder vollständig, vierzehn Mann.“

Sluyter überlegt: „Ich würde mal sagen, wir waren zum Schluss noch 54 Mann insgesamt, die zu unserer Einheit gehörten, in Teichwolframsdorf (Culmitzsch). Es gab da auch irgendeinen Leutnant als Führer dieses Haufens, aber den haben wir nur ganz kurz gesehen und dann war er wieder weg. Ausgerüstet waren wir nur mit leichten Waffen, aber wir hatten immerhin noch in Jena das ‚Sturmgewehr 44‘ bekommen, die russischen Karabiner waren wieder einkassiert worden. ‚Sturmgewehr 44‘, wenn Ihnen das was sagt. Das war das Modernste, was sie gegen Kriegsende noch hatten. Das war ähnlich wie die Kalaschnikow, gebogenes Magazin, ich glaub fünfzehn Schuss, konnte man Einzelfeuer und Dauerfeuer mit schießen."

Am Bahndamm vor Greiz

„Gegen Ende haben wir mit unserer Gruppe, mit vierzehn Mann, zwischen Reichenbach und Greiz (im Vogtland) an einem Bahndamm gelegen. Da sehen wir auf einmal, wie ein amerikanischer Jeep in der Ferne über eine Anhöhe fährt. Der Ami guckt mit dem Fernglas, dann erscheint auch ein Panzer. Der feuert nach einem kurzen Moment in unsere Richtung und schießt mir den PKW, den wir in der Nähe abgestellt hatten, kaputt. Zwei Schuss, da war das Ding in der Luft." „Ein Unteroffizier war dabei?" „Ja, ja, ja, ein ausgewachsener Mann mit Arm in der Schlinge, aus dem Lazarett hatten sie den rausgeholt, der wurd' uns als Gruppenführer zugeteilt. Ja, wir waren doch, ... wir waren doch ‚Osterhasen'. (Reinders lacht.) Ja, ist doch wahr, wir hatten doch von Tuten und Blasen keine Ahnung, wir hätten uns mit der bloßen Hand erschlagen lassen. Das war übrigens derselbe Unteroffizier, der uns beim Spähtrupp-Fahren auch schon angeführt hatte. Der war bis zum Schluss bei uns, glücklicherweise. Mit ihm haben wir uns zum Schluss abgesetzt, verdünnisiert. Denn der Unteroffizier, der erkannte, was los war und der hat zu uns gesagt: ‚Jetzt machen wir aber Mücke hier.'"

Im Wald vor Greiz

„Wir sind dann weitergezogen und haben uns in einem Waldstück verkrümelt, in einer Waldschneise. Es wurde langsam dunkel und plötzlich bemerkten wir, dass nur 50 Meter von uns weg Amerikaner lagen, in Nachtruhe, in ihren Fahrzeugen, in Panzern und Jeeps.

Wir konnten deutlich die Flamme sehen, wenn sich einer 'ne Zigarette ansteckte, konnten sie auch deutlich reden hören, verstanden natürlich kein Wort. Wir haben uns in die Hose gemacht vor Angst, keinen Mucks von uns gegeben, nicht gehustet, nichts. Haben die Nacht also da verbracht."

„Am anderen Morgen sind wir dann los und haben uns weggeschlichen, sind weggerobbt auf allen Vieren und dann haben wir Leute getroffen im Wald. Die sagten: ‚Was wollt ihr denn hier?' ‚Ja, wir wollen da ...' ‚Mensch, haut bloß ab hier, macht, dass ihr in die Stadt kommt. Macht keinen Quatsch, ergebt euch. Ihr werdet von den Amis registriert und wenn ihr Glück habt, sofort entlassen.' Ja, das waren schon versprengte Soldaten, die abgehauen waren. Die trugen Zivil, aber das waren Soldaten. Dann weiß ich nicht mehr genau, wie es weitergegangen ist. Die anderen Jungen kamen ja alle aus dieser Gegend außer der Koblenzer (Karl Zirwes) und ich. Wir waren die einzigen Rheinländer und manche haben sich wohl einfach davongemacht. Aus dem Wald kamen wir mit unserer Kampfgruppe, mit unseren vierzehn Mann, noch komplett heraus, wir trugen noch Uniform und hatten auch noch Waffen."

„Aber die haben wir dann hinter einem Denkmal, ich meine es wär' ein Goethe-Denkmal gewesen, vergraben. Dann sind wir nach Greiz hereingelaufen und dort hieß es dann: ‚Hände hoch!' Da haben wir uns den Amis ergeben und waren froh, dass wir bei denen waren und nicht bei den Russen. Die Alternative hätten wir haben können. Deren Front war auch ganz in der Nähe. Das war am 17. April 1945."

In amerikanischer Gefangenschaft

„Wir sind dann sofort mit LKWs nach Kahla bei Jena abtransportiert worden. Wurden die erste Nacht in einen Stall gesperrt. Nun war ich nur fünf Kilometer von zu Hause weg. Da sag ich zu meinem Kumpel Karl Zirwes: ‚Wir gucken jetzt zu, wie das hier läuft mit den Wachen und morgen büchsen wir aus.' Ging nicht. Am anderen Morgen wurden wir gleich weiter transportiert nach Laucha an der Unstrut. Dort kamen wir in ein großes Lager, aber nach kurzer Zeit war dort Typhus ausgebrochen. Also hat man uns Jungens herausgenommen und SS-Soldaten ins Lager verlegt. Die Amis haben sie da verrecken lassen. Von Laucha aus sind wir dann über Zwischenstationen nach Büdesheim bei Bingen gebracht worden. Endstation war für uns das Rheinwiesenlager-Dietersheim. Ich hatte dort immer noch meinen Kumpel aus Koblenz, Karlchen Zirwes. Der lebt noch, mit dem habe ich heute noch telefoniert. Wir waren dort zusammen, die ganze Zeit. Wir haben uns nach wenigen Wochen im Camp Entlassungsscheine gekauft und sind tatsächlich rausgekommen. So war ich schon am 2. Juli wieder zu Hause in Jena. Tags zuvor hatten die Russen Jena von den Amerikanern übernommen.[7] Als ich dann zu unserer Wohnung am Nordfriedhof kam, war niemand da. Da hab' ich mich aufs Sofa gelegt. Meine Mutter kommt aus der Stadt zurück, sieht mich und fällt erstmal in Ohnmacht. Ja, so ist das gekommen. So waren wir ruckzuck wieder daheim."

Nachfragen:

Die folgenden Zeitzeugenaussagen stammen aus dem dritten Gespräch mit Herbert Sluyter am 19. Oktober 2016. Diese werden hier bewusst unkommentiert wiedergegeben. Man betrachte sie als Dokument, als Äußerungen eines Deutschen, der die letzte Phase des Dritten Reiches als 15-Jähriger erlebte. Mehr als 70 Jahre liegen zwischen dem Erlebten und den Schilderungen des Befragten. Der Leser kann und sollte das Gesagte als Material betrachten, das kritisch reflektiert werden muss.

„Waren Sie eigentlich zum Schluss überhaupt noch willens, die Amerikaner aufzuhalten, hatten Sie und Ihre Kameraden da noch Kampfmoral?“ Sluyter: „Ach .... es brach eine Welt für uns zusammen, so müssen Sie das seh‘n. Wir waren doch in dem Geist erzogen worden (für Deutschland zu kämpfen), waren Feuer und Flamme (für all das). Für uns brach eine Welt zusammen. Wir wussten nicht mehr wie es weitergeht. Deswegen haben sich ja auch so viele erschossen, nachher, als sie in Gefangenschaft kamen oder vorher, bevor sie in Gefangenschaft gingen. Scharenweise haben sich da Leute erschossen. Ja natürlich hab‘ ich das selbst miterlebt. Einige sind einfach in den Zaun des Lagers gelaufen. Vor allen Dingen diejenigen, die Dreck am Stecken hatten oder die bei der SS gewesen waren. Die wussten doch nicht mehr ein noch aus. Die sind aufrecht in den Zaun hereingegangen und haben sich erschießen lassen. Hauptsächlich am 8. Mai, am Tag der Kapitulation, war das so. Da wussten x Leute nicht mehr, wie es weitergeht. Das können Sie ja mal nachschlagen, wie viele Soldaten sich da das Leben genommen haben, mehrere Hunderte.“

„Wie würden Sie das beschreiben. Waren Sie in dieser HJ-Zeit fanatisch?“ Sluyter: „Nein, nein, nein, nein, waren wir nie eigentlich. Waren wir nie. Wir waren, ja, ... wir waren deutsch, aber doch ..., aber wir waren doch keine Nazis in dem Sinne, nein, nein, nein, waren wir nie. Guck mal, ich ging sonntagsmorgens, bevor ich zum Fliegen ging, da gingen wir zuerst in die Kirche. (Haut mit der Hand auf den Tisch, um seine Aussage zu bekräftigen.) Ja, in braunem Hemd bin ich morgens um sechs in die Kirche gegangen und anschließend fuhr ich mit dem Zug zum Flugplatz. Also, wir waren gut deutsch erzogen, aber …" „Auch als sie mit den Gewehren nach Arnheim fuhren, da war kein Fanatismus im Spiel?" Sluyter: „Nein, och fanatisch? Fanatisch kann man dazu doch nicht sagen. Wir waren … verzweifelt vielleicht … Wir wussten ja gar nicht, was vorne und hinten war, wir hatten ja gar keine Vorstellung davon, was Krieg bedeutet."

„Erinnern Sie sich daran, was ihr Vater über das NS-Regime dachte? Hat ihr Vater an Hitler gezweifelt?" Sluyter: „Mein Vater war ein guter Deutscher, er war auch in der Partei, aber war doch kein Nazi in dem Sinne. Er war ‚Stahlhelmer', Frontsoldat im Ersten Weltkrieg, wenn Sie wissen, was das für Leute war'n. Durch und durch deutsche Soldaten, deutschblütig, deutschgläubig, kaisertreu – wenn man so will. Nein, die haben damals auch den Hitler nicht gewollt, aber dann kam doch die Begeisterung rundherum. Die ersten Jahre ging's ja bergauf." „Warum war ihr Vater in der Partei?" Sluyter: „Kann ich nicht sagen. Ich glaub', die sind übernommen worden. Vater war ‚Stahlhelmer', die sind irgendwann per Dekret in die Partei übernommen worden. Ich weiß nicht genau, wann, aber ich glaube, die sind von der SA übernommen worden." (Der Stahlhelm, Bund der Frontsoldaten wurde in der Tat 1933 bis 1934 gleichgeschaltet und der SA unterstellt.) „Haben Sie nach dem Krieg jemals gedacht: Mein Gott, was hat man in der HJ mit uns gemacht, wie hat man uns manipuliert?" Sluyter: „Da haben wir aufgebaut, da haben wir nicht mehr gedacht, da haben wir gearbeitet. Herr Reinders, da war nix (an Zeit übrig) für solche Spielchen, da war kein Raum. Da mussten wir Steine picken, Bäume fällen, Holz sägen, ein Dach über'm Kopf zimmern." „Haben Sie damals ihr Gasthaus wiederaufgebaut?" Sluyter: „Ja, natürlich, in eigener Regie mit Vater und Mutter."

Nach Interviews mit Herbert Sluyter in Emmerich-Hüthum am 29.

August 2016, am 12. September 2016, am 19. September 2016, und am 24. Oktober 2016 (Zusatzfragen).
Fassung vom 31. Oktober 2016.

- Zur Person:

Herbert Sluyter wurde am 26. Mai 1929 in Emmerich geboren. Er wohnte bis zum Oktober 1944 und auch nach dem Neuaufbau wieder in seinem Elternhaus, der Gaststätte ‚Klostergarten' in der Heerenberger-Straße 51. Seine Mutter hieß Johanna Sluyter, geborene Hülkenberg, sein Vater hieß Franz.

Offene Fragen:

Abschnitt „Zur SS-Schule abkommandiert": Wo liegt Kolpanaris?
Abschnitt „Spähtruppfahren …": Wer ist Major Gutschern aus dem Generalstab Hoth?

Anmerkungen:

1) Mayen-Plaidt – Trotzenkopf bei Andernach. Herbert Sluyter berichtet, dass der Trotzenkopf (Hügel) von der Autobahn aus zu sehen ist.

2) Nach der Evakuierung wohnte Herbert Sluyter mit seiner Mutter in Jena im Friedhofsverwaltungsgebäude auf dem Nordfriedhof in der Wohnung einer Familie Rudolf. Vgl. Interview Nr. 3, S. 1.

3) Möglicherweise wurden die HJ-Jungen durch die ‚Aktivierung' einer Volkssturm-Einheit (Panzerjagdkommando) angegliedert. Genaueres bleibt zu klären.

Volkssturm, Jahrgang 1929, Rekrutierung (der Volkssturm-Angehörigen): (…) Das *Aufgebot III* umfasste die Jahrgänge 1925 bis 1928, soweit sie nicht schon bei der Wehrmacht oder Waffen-SS Dienst taten. Der Jahrgang 1928, damals 16-jährig, sollte bis zum 31. März 1945 in der Hitlerjugend (HJ) und dem Reichsarbeitsdienst (RAD) militärisch ausgebildet werden. Die älteren Jahrgänge dieses Aufgebots waren bereits in der HJ organisiert oder zum RAD eingezogen worden. (…) In der Regel wurden zunächst nur die beiden ersten Aufgebote gebildet und aufgestellt. Mit dem Geburtsjahrgang 1928 wurden Jugendliche eingezogen, die vollständig während der nationalsozialistischen Herrschaft sozialisiert worden waren. Siebzig Prozent des Jahrgangs meldeten sich freiwillig zum Waffendienst. Eine Verordnung Wilhelm Keitels vom 5. März 1945 dehnte die Wehrpflicht grundsätzlich auf die männlichen Angehörigen des Jahrgangs 1929 aus. (...)

Freikorps Adolf Hitler: Das Freikorps Adolf Hitler war ein gegen Ende des Zweiten Weltkrieges in Deutschland aufgestellter Kampfverband des Volkssturms. (…) Die Aufstellung der ‚Gauschwärme', die in ‚Kreisschwärme' und ‚Einzelschwärme' gegliedert wurden, sollte auf den Truppenübungsplätzen der Wehrmacht, die im Gau lagen, erfolgen. Die Uniform sollte aus Trainingshose, Uniformjacke, Mütze, Tarnanzug und Armbinde mit der Aufschrift ‚Freikorps Adolf Hitler' bestehen. Die Bewaffnung aus Sturmgewehren, Panzerfäusten und Handgranaten. Fahrräder sollten ihnen eine gewisse Mobilität verleihen. Die Einheiten wurden für den Einsatz dem Heer unterstellt und von diesem auch versorgt. Von der Wehrmacht wurden die Einheiten als ‚Panzerjagdkommandos' oder ‚Panzerjagdverbände' bezeichnet.

(Quelle: Volkssturm. Wikipedia. Zugr. 1. 10. 2016)

4) Jagdgeschwader Oesau: Josten was appointed *Gruppenkomman-*

deur (group commander) of IV. *Gruppe* of JG 51 on 12 April 1945. That day, *Hauptmann* (Captain) Günther Schack, the *Gruppenkomandeur* of I. *Gruppe*, was seriously injured in combat. In consequence, Josten briefly took charge of I. *Gruppe*, delaying his command of VI. *Gruppe* until 18 April. On 22 April, IV. *Gruppe* was moved to an airfield at Schmoldow. That day, just prior to the relocation Josten claimed two Il-2 shot down south of Stettin.[20] On 23 April, the commanding general of *Luftwaffenkommando Nordost* (Air Force Command North East), *General der Flieger* (General of the Aviators) Martin Fiebig, visited the unit at Schmoldow. Fiebig held a speech, demanding that every German soldier should fight to the end and asked for volunteers to make *Kamikaze* suicide attacks against the Soviet Oder crossings. The idea was to fly Junkers Ju 88 bombers, loaded with high explosives, into the Oder bridges, none of the pilots from VI. *Gruppe* volunteered for these missions.

(Quelle: Günther Josten. Group commander. Wikipedia. Zugr. 1. 10. 2016)

Walter Dahl: Dahl wurde auch als *Rammdahl* bezeichnet, weil er ab 27. Juni 1944 als Kdr. (Kommodore) das III./J.G.3 *Udet* befehligte, welches auch als *Rammjäger-Geschwader* bekannt wurde. Als letztes Mittel zum Angriff auf die alliierten Bombergeschwader wurde, nachdem die eigene Munition restlos verbraucht war, dabei in der Endphase des Krieges auch die Angriffsmethode des Rammens erlaubt. Im Gegensatz zu den „Kamikaze"-Fliegern der Japaner, die unter Opferung ihres Lebens Angriffe auf amerikanische Ziele flogen, sollten die Deutschland angreifenden alliierten Bomber an aerodynamisch relevanten Teilen durch die Jagdflugzeuge getroffen und zum Absturz gebracht werden. Der Verlust des eigenen Flugzeugs wurde bewusst in Kauf genommen, aber der Pilot sollte nach dem Angriff möglichst mit dem Fallschirm abspringen.

(Quelle: Walter Dahl. Wikipedia. Zugr. 1. 10. 2016)

5) Generaloberst Hermann Hoth: (Sluyter nennt ihn im Interview Generaloberst Hodt) Im April 1945 wurde Generaloberst Hoth als ‚Befehlshaber Saale', dann ‚Befehlshaber Erzgebirge' reaktiviert und blieb unter dem Armee-Oberkommando 7 bis Kriegsende.

(Quelle: Hermann Hoth. Zweiter Weltkrieg. Wikipedia. Zugr. 1. 10. 2016)

6) Mannschaften von Wehrertüchtigungslagern werden im Harz als Panzerjagdkommandos gegen die Panzerspitzen der Amis eingesetzt.

(Vgl. Bericht des HJ-Gebietsführers Friedrich Gruppe „Zerfetzt hängt der Rest unserer Fahne am Mast". In: Zeitzeugen. Der Harz im April 1945. Robby Zeitfuchs und Volker Schirmer (Hrsg.), S. 177 ff.)

7) Amerikaner und Russen in Jena: Am 13. April 1945 besetzten US-amerikanische Truppen kampflos die Stadt Jena. Am 1. Juli 1945 zogen Einheiten der Roten Armee in die Stadt ein, Jena wurde Teil der Sowjetischen Besatzungszone.

(Quelle: Jena, Wikipedia. Zugr. 1. 10. 2016)

Herbert Sluyter, Emmerich ca. 1943.

Die „Restauration zum Klostergarten" der Familie Sluyter, Hüthum, 1920er.

Gleitflugübungen mit dem Schulgleiter SG 38 gab es in der Region schon seit einigen Jahren. Hier übt der Luftfahrtverein Essen-Oberhausen mit dem Gleiter „Sterkrader Krähe", ca. 1931.

Der Schulgleiter im Gleitflug, ca. 1931.

Familie Sluyter, Hüthum, um 1914. Personen v.l.: Mutter Maria Sluyter, geb. Spiegelhoff, die Söhne Josef und Franz Sluyter, Vater Josef Sluyter.

19 | Nationalsozialismus in Wesel und in anderen Niederrhein-Städten – Eine erste Annäherung an das Thema

Gespräch mit dem Stadtarchivar Dr. Martin W. Roelen über die Situation in Wesel . . .

„Herr Roelen, wie stark prägten nationalsozialistische Organisationen das öffentliche Leben in Wesel ab März 1933?" „Die Frage ist einfach zu beantworten: stark. Die NSDAP und die SA (Sturmabteilung) waren auf jeden Fall schon da. Von der SS (Schutzstaffel) weiß man in Wesel derzeit nicht genau, wann sie sich formierte. Aber NSDAP-Ortsgruppe und SA haben spätestens seit der Machtergreifung Hitlers in Wesel damit begonnen, Druck auf den noch amtierenden Bürgermeister auszuüben, weil sie wollten – wie überall in Deutschland –, dass die Verwaltung jetzt von den Nazis geführt wird. Der amtierende Bürgermeister war ein Zentrumsmann und den haben sie mit Drohungen und Verleumdungen aus dem Amt herausgedrängt."

„Damit war also der erste Schritt zur Gleichschaltung der Gemeinde in Wesel gemacht und endgültig aufgehoben ist die kommunale Selbstverwaltung dann neun Monate später – mit dem preußischen ‚Gemeindeverfassungsgesetz vom 5. Dez. 1933'. Damit herrschte dann auch in den Städten und Gemeinden endgültig das Führerprinzip. Der Bürgermeister, jetzt ‚Führer der Gemeinde', hat nun alle Entscheidungskompetenzen. Die Ratsherren sollen ihm lediglich beratend zur Seite stehen. Die Ratsmitglieder wie auch der Bürgermeister werden nicht mehr von den Bürgern gewählt, sondern von staatlichen Aufsichtsbehörden zusammen mit dem Gauleiter berufen. Dazu muss man allerdings sagen, dass es neben dem Bürgermeister auch noch einen Ortsgruppenleiter der Partei gibt und faktisch hat der die letzte Kontrolle. Letztlich ist der Ortsgruppenleiter der NSDAP (Josef Schenne) dem Bürgermeister gegenüber sogar weisungsbefugt. Also auf kommunaler Ebene gibt es jetzt eine doppelte Führung im Sinne der Partei."

„Aber der Druck auf den gewählten Bürgermeister in Wesel kam nicht nur von der NSDAP und der SA vor Ort, sondern gehöriger Druck kam von Anfang an aus Essen, von Gauleiter Josef Terboven. Der hat auf jeden Fall von Anfang an versucht, da mitzumischen, schon im Februar 1933 und indem jetzt Druck auf den Kandidaten ausgeübt wurde, waren die Nazis auch im öffentlichen Leben sichtbar. Sie sind natürlich sofort in Uniform durch die Stadt marschiert und sie trafen sich im Hotel Dornbusch in der Brückstraße, ein großes Hotel mitten in der Stadt. Das war eine Anlaufstelle der SA, weil der Inhaber eben SA-Mann war. Da gab's dann auch Speisungen (für Bedürftige) und andere Aktionen der Partei. Also, die Nazis waren von Anfang an präsent und haben sich gezeigt." „Ab März?" „Schon vorher, unmittelbar nach dem 30. Januar, denn die wussten ja genau, was sie wollten. Sie wollten die Ablösung und dann ab März, nach dem Reichstagsbrand, wurde deren Auftreten noch mal massiver."

„Bürgermeister wurde dann ein hiesiger Beamter mit NSDAP-Parteibuch (Otto Borgers), der war Kreis-Obersekretär und arbeitete in der Kreisverwaltung. Der blieb Bürgermeister bis zu seiner Entmachtung im März 45."

„Waren die Nazis denn im Stadtbild stark vertreten?" „Natürlich haben die auch in Wesel spektakuläre Veranstaltungen und Aufmärsche durchgeführt. Es gab ja genügend ‚Kampfsäue', die auch entsprechend aufgetreten sind, sowohl in der SS als auch in der SA. Es ging ja immer um Aktionismus, um Spenden für die Volkswohlfahrt (NSV) oder fürs Winterhilfswerk. Die ‚Judenboykotte' 1933 und

1934 sind zum Beispiel auch in Wesel ganz stark gelaufen. Wesel war eben eine wichtige Stadt, weil sie Kreisstadt war. Da musste man sich zeigen und es waren ja auch die entsprechenden Institutionen vor Ort, die Druck machten. Die Kreisleitung saß hier und der Kreisleiter war eine Person, die ein gewichtiges Wort mitzureden hatte. Fritz Grüttgen war das bis 1937, danach kam Julius Kentrat. Der Kreisleiter stand noch über den Bürgermeistern und weil der hier vor Ort war, konnte man sich dessen Anweisungen nicht entziehen, da hatte die Stadtverwaltung dessen Anordnungen durchzuführen."

„In der sogenannten ‚Kristallnacht' (am 9. November 1938) waren beide Organisationen dabei, SA und SS und die Stadtverwaltung hat da zweifellos mitgewirkt. Auch der Bürgermeister kann sich nicht davon freisprechen. Er hat den Befehl gegeben zum Anstecken der Synagoge (am 10. November sechs Uhr morgens). Der Brand konnte ja erst gelegt werden, nachdem die Freiwillige Feuerwehr aufgetaucht war. Die sollte dann nur ein Übergreifen der Flammen auf die Nachbarwohnungen verhindern, denn die Synagoge befand sich ja mitten in bewohntem Gebiet, direkt an jahrhundertealten Häusern. Aber einen Einsatzbefehl für die Wehr, wenn's nicht brennt, kann nur der Bürgermeister erteilen. Das zeigt eben seine Tatbeteiligung und dann hat man mit äußerster Vorsicht Feuer gelegt. Die SA hat abgesperrt, die SS hat angesteckt und die Feuerwehr hat lediglich aufgepasst, dass nur die Synagoge brennt. Zynischerweise hatte man sogar von vornherein den Schülern der katholischen Volksschule, die in der Nähe lag, schulfrei gegeben."

„Aber SA und SS haben nicht nur in der Pogromnacht jüdische Läden zerstört und geplündert, sondern auch in der Folgezeit die noch verbliebenen Juden bedrängt, noch wochenlang danach. Sie wurden immer wieder von denen heimgesucht und es gab immer wieder Zerstörungen. SA und SS haben Druck gemacht, um die Juden aus Wesel herauszudrängen, und zwar mit maximaler Energie. Sie drangen immer wieder in jüdische Wohnungen ein, haben Mobiliar zerschlagen, Bilder, Porzellan."

„Sind denn ortsansässige Institutionen später an Deportationen beteiligt gewesen?" „Auch das wissen wir nicht genau ... Aber gehen wir mal davon aus. Es gab ja gegen Kriegsende noch sogenannte ‚Judenhäuser' in Wesel. Häuser, in denen noch jüdische Bürger wohnten und die nach und nach ‚abgeholt' wurden, wie man so schön verharmlosend sagte und natürlich hat die Stadt hier irgendwo mitgemacht."

„Welche weiteren nationalsozialistischen Organisationen waren in Wesel beheimatet?" „Weil Wesel Kreisstadt war, gab es hier auch den ‚Bann' der Hitlerjugend, also die Befehlsebene, in der verschiedene ‚HJ-Stämme' zusammengefasst waren. Der ‚Bann der HJ' saß im Haupttorgebäude der Zitadelle. Hier, in den Räumen des Stadtarchivs, war die Motor-HJ beheimatet, nebenan lag die Funker-HJ und ein Stückchen weiter lag die Flieger-HJ. Der ‚Bann' des BDM (Bund Deutscher Mädel) lag in der Nähe der Kreuzstraße. Da stand das BDM-Heim, in dem auch Schulungen für HJ-Gruppen aus dem gesamten Kreis Rees durchgeführt wurden."

„Im Juni 1944 wurde der evangelische Pfarrer Heinrich Schmitz, Mitglied der ‚Bekennenden Kirche', in Wesel durch die Geheime Staatspolizei verhaftet? Gab es in Wesel eine Gestapo-Dienststelle?" „Das ist in Wesel nicht bekannt, wenn überhaupt, dann mag es in Wesel ein, zwei Mitarbeiter gegeben haben. Die nächste Gestapo-Stelle war Düsseldorf."

„Was geschah mit den NS-Funktionsträgern nach dem Kriege?" „Einige von ihnen verschwanden noch vor Kriegsende und tauchten in anderen Städten unter neuem Namen auf, um eine neue Existenz zu beginnen. Es gibt ein Beispiel, das die umgekehrte Richtung zeigt, die Zuwanderung eines ehemaligen Nazi-Funktionärs nach Wesel. Wenige Jahre nach Kriegsende lässt sich hier ein Mann nieder, der eine über 20-jährige Parteikarriere hinter sich hat: Seit 1922 in der NSDAP, später Kreisleiter in Breslau, dann Mitglied des Preußischen Landtages, ab 1930 NSDAP-Mitglied des Deutschen Reichstages bis 1945, 1931 Unter-Gauleiter in Mittelschlesien, seit 1934 in der SS und während des Krieges wird er zum SS-Obersturmbannführer befördert. Ab 1940 ist er schließlich als Bürgermeister zuständig für den Bau einer deutschen Stadt im Osten, für das polnische Sosnowiec, das entjudet und entslawisiert wird. Dieser Mann taucht 1948 in Wesel auf, unter falschem Namen. Bis 1950 hieß er Hansen.[1] Dann hat er, nachdem er sicher war, dass die Bundesrepublik nicht mehr ausliefert, seinen richtigen Namen wieder angenommen. Auch seine Familie kam nun nach. Der war hier nach wenigen Jahren ein geschätzter Mitbürger, Mitglied in der FDP und seit 1953 saß er im Rat der Stadt. So einfach ging das."

„Welche nationalsozialistischen Organisationen gab es in der Regel in den Kleinstädten am unteren Niederrhein?" „In der Regel gab es die SA und die SS, die NSDAP-Ortsgruppe mit Ortsgruppen-, Zellen- und Blockleiter, die Jugendorganisationen HJ und BDM, die NSV (Nationalsozialistische Volkswohlfahrt) und die NS-Frauenschaft, eventuell noch die Deutsche Arbeitsfront (DAF)."

Nachtrag:

Wollte man sich ein Bild über den Nationalsozialismus am unteren Niederrhein machen, so müsste man sich dies wohl mühsam zusammenstellen: aus regionalgeschichtlichen Publikationen (z.B. Moers unterm Hakenkreuz, 2008), aus Beiträgen in Jahrbüchern und Zeitungsberichten zu Themen wie – Judenverfolgung, Novemberpogrome, Zwangsarbeit und Kriegsalltag. In vielen Ortschroniken allerdings klaffen hier Lücken. An dieser Stelle soll darum nur angedeutet werden, dass all jene hierarchischen Strukturen des NS-Regimes tatsächlich auch in den Kleinstädten und Dörfern am Niederrhein ihre Wirkung entfachten, die wir aus Dokumentarfilmen und Geschichtsbüchern kennen. Bis in die kleinste Bauernschaft reichte die nach dem Führerprinzip organisierte Macht der NSDAP.

In der NRZ schreibt der Journalist Nobert Kohnen 2007 über die Gleichschaltung der Stadtverwaltung in Emmerich: „Gegen jede demokratische Spielregel wurde Bürgermeister Dr. Johannes Alff 1933 kommissarisch durch Peter Schuster, bis dahin Obersekretär in Wesel, ersetzt.“

Allerdings taten sich die Nazis schwer damit, in den ländlich-katholischen Regionen Fuß zu fassen, resümiert er. Selbst bei der Reichstagswahl vom 5. März 1933, die bereits von der Verfolgungs- und Einschüchterungspraxis der Nazis geprägt war, hätten viele Emmericher der Zentrumspartei noch die Treue gehalten. Mit 42 Prozent der abgegebenen Stimmen lag das Zentrum damals noch klar vorn, NSDAP wählten lediglich 27 Prozent.[2] Aufzuhalten waren die Nazis jedoch auch in Emmerich nicht. Drei Tage vor der Reichstagswahl hatten nationale Verbände wieder zum Fackelzug durch die Stadt aufgerufen. Laut Polizeibericht waren viele Häuser illuminiert und Buntfeuer wurden abgebrannt. Die Kundgebung, so vermerkt der Bericht, sei störungsfrei verlaufen.

Auch in Emmerich ziehen in der Nacht des 9. November 1938 SA-Trupps durch die Straßen. Sie zerschlagen Fenster und Türen jüdischer Wohnungen. Am Morgen darauf brennt nicht nur die Synagoge in Wesel, sondern auch die in Kleve und Geldern. In Rees, Emmerich und Xanten werden die Inneneinrichtungen der jüdischen

Synagogenhäuser zerstört, teilweise verbrannt. In Kevelaer lebten, so weit bekannt, während der Nazi-Diktatur keine Juden.

In der kleinen Stadt Hamminkeln wird schon im April 1930, drei Jahre vor der Machtergreifung, eine NSDAP-Ortsgruppe gegründet. Kurz darauf ziehen 300 SA-Leute aus dem ‚Gau Essen' in einem propagandistischen Ostermarsch durch den Ort. In der Marktstraße gibt es bald einen Schaukasten der SA, in dem das Nazi-Hetzblatt ‚Der Stürmer' ausgehängt wird. Bereits 1932 marschieren in Hamminkeln 140 Mitglieder im SA-Sturmbann III/57, die SS verfügt immerhin schon über vierzehn Mann. Selbst im mehrheitlich katholischen Dörfchen Bislich – hier hatten 1933 noch 70 Prozent Zentrum gewählt – singen die Schützen nach dem Machtwechsel auch das Horst-Wessel-Lied und bestärken damit den neuen unheilvollen Geist. Auch im katholisch geprägten Rees marschiert die SA schon früh. Etwas distanziert notiert der Chronist Altfried Brey im Jahr 1999: „An den Parteifeiertagen wie dem 20. April oder dem Heldengedenktag im März zogen die Braunhemden durch die Stadt und versuchten die Bevölkerung zu beeindrucken." Das dazu präsentierte Bild ‚SA-Männer mit Hakenkreuzfahne am 1. Mai 1933' beweist allerdings, dass auch hier die Partei von Anfang an da war.

Anmerkungen:

1) Vgl. Josef bzw. Franz Josef S., geb. 1897 in Schlesien, gest. 1972 in Wesel.

2) Insgesamt 8857 Stimmen, davon NSDAP 2409 Stimmen = 27,2%; Zentrum 3733 Stimmen = 42 %; KPD 995 Stimmen = 11%; SPD 829 Stimmen = 8 %.
(Vgl. Kohnen, Norbert: Nazis bekamen 2409 Stimmen. NRZ, Emmerich 2013.)

Verwendete Literatur:

Online-Quellen:
Fleiter, Rüdiger (30.03.2007). Kommunen und NS-Verfolgungspolitik. In: Nationalsozialismus und Zweiter Weltkrieg. Bundeszentrale für politische Bildung.

Roelen, Dr. Martin Wilhelm (01.11.2013). Stichtag: 09. November 1938 – Pogromnacht. Hansestadt Wesel.

Wommelsdorf, Jörn (o.D.). Die kommunale Selbstverwaltung im Nationalsozialismus. Jurawelt.

Joel Behne und Dörthe Gruttmann: Nationalsozialismus – Einführung in die Städtegeschichte. Administrative Neuordnung. Uni Münster, 2017.

Zeitungsartikel:
Agethen, Martha: Die Bislicher Schützen beleuchten die Nazi-Zeit. Rheinische Post, 2012.

Kohnen, Norbert: Geschichte – Nazis bekamen 2409 Stimmen. NRZ, Emmerich 2013.

Paus, Bernfried: Schlägereien in der Friedenshalle, Hamminkeln. Rheinische Post, Hamminkeln 2007.

Artikel in Zeitschriften:
Braun, Klaus: Der schöne Schein – Hamminkeln in der NS-Herrschaft. In: Hamminkeln Ruft, Ausgabe 48, 2007.

Die Scharnhorstjugend aus dem Dorf Bienen bei Rees posiert am Ufer des Alt-Rheinarmes ‚Millinger Meer', um 1933. Alle Mitglieder tragen bereits Hakenkreuzarmbinden. Im Juli 1933 trat die Scharnhorst-Jugend zusammen mit anderen Jugendverbänden geschlossen in die Hitlerjugend über.

Der jüdische Arzt Dr. Philipp Harff wird von SS-Leuten in Wesel in Schutzhaft genommen und abgeführt. 1937 emigrierte der Mediziner mit seiner Frau Stephanie Henrietta, geborene Dreyfuss, sowie den Söhnen Karlheinz und Georg in die USA.

Großer Umzug der NSDAP in Rees am 1. Mai 1933 unter Beteiligung von Arbeiterkolonnen und Handwerkergruppen. Zwischen den Hakenkreuzflaggen wird die Kolping-Fahne getragen. Ort: Einmündung der Dellstraße in den Markt.

Die Menge auf dem Emmericher Geistmarkt erwidert den Deutschen Gruß, 31. Mai 1934. Kundgebung zur 700-Jahrfeier der Stadt Emmerich auf dem Geistmarkt.

20 | März 1945 – Kriegsende in Haldern

Anni Fischer (Schweers) erzählt . . .

Anni Fischer ist 17, als der Krieg endgültig bis vor ihre Haustüre vorgerückt ist. Damals wohnt sie noch bei ihren Eltern in einem Landhaus etwas außerhalb des Dorfes Haldern. Nur knapp sechs Kilometer Luftlinie sind es von dort bis zum rechten Rheinufer vor Rees. Direkt hinter dem Strom steht nun die Front. Die Front der alliierten Befreier – der „Tommy“ zwischen Hönnepel und Büderich, weiter südlich sind die Amerikaner in Stellung gegangen. Seit dem 11. März 1945 ist das westliche Rheinufer jetzt vollständig in den Händen der Alliierten. Vier Tage später beginnen die Briten damit, das Rheinufer künstlich einzunebeln. Nichts kann nun mehr darüber hinwegtäuschen, dass der Großangriff unmittelbar bevorsteht. Auch den Bewohnern des Dorfes Haldern ist das in diesen Tagen klar.

„Zum Schluss war dann von den bei uns einquartierten deutschen Soldaten nur noch der Störtrupp bei uns im Haus“, erzählt Anni Fischer, „also der Horst Schwabe mit seinen drei Männern. Die hatten ja viel Material bei sich, Werkzeug und einen Kabelwagen, hatten aber keine Munition mehr und die wollten sich so gerne ergeben und haben es nicht gewagt. Ich weiß noch, dass die da so saßen, (zitternd) auf der Kellertreppe: ‚Jumbo lass‘ die Ketten rasseln, soll‘n wir? Soll’n wir? Soll’n wir? – Nein, wir haben Angst!‘ Das haben die so gesagt, so ‘ne Redensart und wussten nicht, was sie machen sollten. Mutter hatte ihnen ja angeboten, Zivil anzuziehen, hatte gesagt: ‚Ihr könnt genug Kleidung haben von den Jungens (von den beiden bereits gefallenen Söhnen). Zuerst wollten sie und dann hatten sie aber doch Angst. Die wären erschossen worden. Also, die sind noch gegangen, nachdem alle anderen schon weg waren. Die sind gegangen, als es still war und wir dachten, entweder kommen jetzt die Engländer oder es kommen Flieger, oder es passiert etwas. Dann sind die abgehauen, gerannt, mit ihrem Kabelwagen, mit ihrem Zeug auf dem Rücken, durch den Straßengraben und wir haben denen nachgeschaut. Das Bild seh‘ ich noch vor mir.“

Die folgende Schilderung muss sich am Dienstag, den 27. März ereignet haben. Am späten Nachmittag dieses Tages wird zwischen 16 und 18 Uhr das Kloster Aspel von den Briten besetzt. Am gleichen Tag gehen drei beherzte Männer aus Haldern auf der Reichsstraße 8 den britischen Truppen entgegen, um sie davon zu überzeugen, dass alle deutschen Soldaten und die NS-Führung das Dorf verlassen hätten. Im Hause der Familie Fischer jedoch, anderthalb Kilometer vom Dorfkern entfernt, tauchen ein letztes Mal deutsche Soldaten auf. Möglicherweise sind diese Männer, von denen Anni Fischer hier berichtet, deutsche Nachzügler, die sich von Haldern aus über die Isselburger Straße in Richtung Münsterland zurückziehen. Allerdings drängen sie die Bewohner des Hauses Fischer zur Flucht und, so darf man annehmen, dass diese Soldaten den Plan hegen, hier eine letzte Verteidigungsstellung gegen die vorrückenden Briten einzurichten.

„Wir haben unten im Keller gesessen“, setzt Anni Fischer ihren Bericht fort. „Dann sind noch mal irgendwelche Soldaten bei uns ins Haus gestürmt, vielleicht sechs bis acht Leute. Die rumorten da oben im Haus herum, waren wohl einfach froh, ein Dach überm Kopf zu haben. Nach einer Weile kam ein Offizier zu uns herunter und er verlangte von meinen Eltern, dass wir uns auf den Weg machen und flüchten sollten, aber wir haben uns geweigert. Es ging auch gar nicht, denn mein Vater war ja gar nicht in der Lage. Ich weiß auch noch, dass mein Bruder Gerhard immer gesagt hatte: ‚Geht nie auf die Straße, dann sterbt lieber im Haus.‘ Es war die Rede davon, dass diese Soldaten zu einer Strafkompanie gehören würden. Auch die saßen dann bei uns auf der Kellertreppe. Die hatten vorher am Millinger Meer gekämpft. Einer von denen hat sich vor seinen Kameraden noch damit gebrüstet, wie viele Engländer oder Alliierte er dort erschossen hätte. Diese Soldaten haben uns dann – das war wohl ein Racheakt, weil wir nicht gehen wollten – vor der Haustüre die Straße vermint. Die Straßendecke aufgekratzt und da fünf Minen hereingelegt. Das waren so längliche Minen, die wurden dann wie die Fünf auf dem Würfel, so in der Breite unseres Hauses, in der Straße verlegt. Dann verlangten sie von den Frauen im Haus, die noch in der Lage wären, zu schießen: ‚Raus!'. Ein paar Frauen sollten herauskommen und ich meine, zwei von den Geerlings-Mädchen, Franzis und Päule und ich sind mitgegangen, ein bisschen flatternd auch wohl. Dann haben diese Soldaten uns gezeigt, wie wir mit den Panzerfäusten auf die Engländer schießen sollten. Wir sollten uns verteidigen. Ich hör noch: ‚Achtung, Achtung auf den Rückstoß!' Direkt vor'm Haus, da hatten wir Kies, da haben wir gestanden und haben diese Dinger zum Verrecken nicht angefasst. Angst hatten wir bis in die Haarspitzen. Die Soldaten waren wütend, haben uns aber weiter nichts getan. Die Panzerfäuste wurden dann um zwei Lindenbäume, die links und rechts vor unserem Haus standen, drum herumgestellt und dann sind diese Soldaten aber auch weitergezogen. Vielleicht hatten sie auch Angst. Ich weiß nicht. Jedenfalls sind die weiter und es wurde stiller und stiller."

Nur ein paar Stunden dürften sich diese allerletzten deutschen Soldaten im Hause Fischer an der Isselburger Straße 156-1 aufgehalten haben. Eine Front existiert hier jetzt nicht mehr.
Kurze Zeit später, wohl am Mittag des 28. März, besetzen die Briten das Dorf Haldern und rücken am gleichen Tage weiter in Richtung Isselburg vor. Es sind schottische Soldaten der dritten Britischen Infanterie-Division, die jetzt über die Isselburger Straße vorwärts marschieren, die ‚King's Own Scottish Borderers'. Dabei passieren sie auch das Haus der Familie Fischer.

„Dann haben wir aufgepasst und aufgepasst und gelauert, oben aus dem Dachfenster geguckt, nach Haldern herunter, ob die Engländer kommen. Man kann da nicht ganz bis Heynen gucken, weil die Straße da so einen Knick macht. Auf einmal sahen wir etwas ankommen und da kam dann Kaplan Lehmann (aus Haldern) vor den Truppen vorhermarschiert und schwenkte irgendeine Fahne. Erst dann haben auch wir ganz schnell die weiße Fahne herausgehängt. Wir hatten oben im Haus 'ne Stange mit 'nem weißen Betttuch parat liegen, aber wir hatten ja nicht gewagt, die rauszuhängen, ehe wir wussten, da kommen jetzt die Alliierten. Das wäre zu gefährlich gewesen, weil ja immer noch unsere irgendwo unterwegs waren. Dann bin ich nach draußen gerannt, vielleicht waren auch die Geerlings-Mädchen dabei, ihnen entgegen und hab gesagt, was hier los ist vor'm Haus, damit die doch um Gottes Willen nicht auf die verminte Straße laufen. Das wär' ja furchtbar gewesen. Dann hat der Kaplan, das, was ich gesagt habe, übersetzt, denn Englisch konnte ich ja nicht und die Geerlings auch nicht. Die Truppen haben dann Halt gemacht: ‚Alles stillgestanden!' und: geredet, geregelt und organisiert. Dann wurde sofort mit Kettenfahrzeugen der Graben an ‚Hegmanns Weg' zugeschoben, damit die ganze Kolonne da von der Straße herunterkonnte. Der Zug bewegte sich dann links neben der Straße weiter und bog vor dem Haus Wissing/Heynen wieder auf die Fahrbahn. (So umgingen die britischen Soldaten das verminte Straßenstück.) Dann marschierten Kolonnen über Kolonnen an unserem Haus vorbei. Nachdem die Truppen schon ein Stück auf der Isselburger Straße weitermarschiert waren, kam Kaplan Lehmann zu uns und schellte an der Tür. Wir waren inzwischen wieder im Haus. Er fragte nach einer Brechstange. Da hab' ich die geholt, hinten aus der Werkstatt und ich weiß, da hab' ich noch gesagt: ‚Herr Kaplan, wir haben nur die eine, bringen Sie die auch wieder?' Da sagte er: ‚Mädchen, sei du nur froh, wenn alles gut geht, hier.' Na ja, er hatte natürlich recht. Ja, und dann gingen bei den Briten Befehle zurück und es dauerte gar nicht lange, da kam ein Pionierwagen mit Geräten vorgefahren, der parkte dann bei uns vor der Haustür. Dann sprangen Soldaten von diesem Kastenwagen, die sahen die Panzerfäuste und die sahen auch die aufgebrochene Straße. Man konnte das ja gut sehen, denn die deutschen Soldaten hatten nur ein bisschen Schotter über die Minen gepackt. Sie haben dann die Minen aus der Straße entfernt. Wir haben noch einen Augenblick zugeguckt. Die Panzerfäuste waren ruckzuck weg, die wurden wohl auf den Pionierwagen verladen. Aber die Minen, die wurden noch am Boden, auf der Straße, entschärft und dann mit der Brechstange heraus gehebelt und als die Minen heraus waren, da ging dann sofort der Vormarsch über die Straße weiter. Also, das ging eigentlich sehr fließend, sehr schnell. Kaplan Lehmann war bei uns am Haus stehen geblieben, denn wir konnten uns ja nicht gut verständigen. Dann kamen ja auch schon die Kinder von meiner Schwester angelaufen, die kleine Agnes und die anderen, die schon laufen konnten. Die Kinder bekamen von den Briten sofort leckere Sachen, so eine Dose mit Schokolade und wir kriegten ein bisschen weißes Mehl. Ich muss sagen, die waren sehr, sehr freundlich. Deswegen – sag ich – wir waren froh, als sie endlich da waren … Dann hat der Kaplan ihnen auch die Situation bei uns im Haus geschildert. Wir waren ja in diesem Moment noch im Keller, auch meine Schwester Maria mit der Kleinen, die ja erst im November geboren war. Im Dezember hatte Maria ja die schwere Brustoperation mitgemacht. Ich denke, dass Kaplan Lehmann den Briten das erklärt hat. Jedenfalls, wir sind dann von den Briten nicht kontrolliert worden, die sind nicht durch‘s Haus gegangen, um nach deutschen Soldaten zu suchen. Ja, die haben uns … geglaubt.“ Ein Moment des Schweigens. Die Wanduhr im Wohnzimmer scheint plötzlich lauter zu ticken als vorher. „Also, vor Jahren, da hat es mal eine große Diskussion gegeben in Haldern auf dem Ehrenfriedhof“, sagt Anni Fischer (Schweers) schließlich. Dabei habe ich gesagt, dass wir den Alliierten auch dankbar sein dürfen und sie als Befreier sehen können. Aber da gab es dann auch welche, die das nicht gerne wahrhaben wollten und das anders sahen und so hab‘ ich dann erzählt, wie's bei uns war, als sie kamen."

Nach Tonband-Interviews mit Anni Schweers, geborene Fischer am 25. Januar 2012 und am 15. 8. 2012 in Haldern.
Fassung vom 15. September 2012.

Anni Fischer, verh. Schweers, 1942.

Kriegsalltag im Hause der Familie Fischer in Haldern, ca. 1944. Der deutsche Soldat, der hier zu Tisch geladen ist, heißt Walter Vollbrecht, ist leidenschaftlicher Pazifist und hasst nichts mehr als Uniformen. Im Hause Fischer verwaltet er das Büro für die Kriegsgefangenen, die in der Umgebung von Haldern eingesetzt sind. Rechts am Tisch sitzt Clemens Fischer. Er ist ebenfalls Soldat und wird im Sommer 1945 gesund heimkehren. Links, die Eltern der Zeitzeugin, Vater Gerhard Fischer und Mutter Maria Fischer.

Haldern im März 1945, Blick auf die Pfarrkirche St. Georg.

Am Abend des 25. März erobern britische Einheiten die Stadt Rees. Drei Tage später erst werden sie in Haldern einrücken.

21 | 23. März 1945 – Um 21 Uhr überqueren bei Rees die ersten britischen Soldaten den Rhein

Josef Aryus aus Rees-Esserden erzählt . . .

„So etwa gegen drei Uhr wollte unsere Mutter nach Esserden zu ihren Eltern laufen, um dort mit ihnen Kaffee zu trinken“, erzählt Josef Aryus, 89 Jahre alt, über den 23. März 1945. „Sie wäre nach hinten herausgegangen zu der dem Rheinufer abgewandten Seite des Hofes“, berichtet der damals 13-Jährige, „über das kleine Pättgen durch die Wiesen. Einen richtigen breiten Fahrweg gab es hier gar nicht, aber da haben der Hauptmann und der Oberfeldwebel, die mit ihren Soldaten bei uns in Quartier lagen, gesagt, sie dürfe nicht aus dem Hause gehen, heute läge etwas in der Luft. Kaum war die Warnung ausgesprochen, da fing das Trommelfeuer der Engländer auch schon an. Rechts und links von uns wurde alles platt geschossen. Wir, Gut Kruyshoven, und Hülkenberg, sind als einzige verschont geblieben, aber alle anderen im Dorf sind ausgebrannt, zum Beispiel Bünk, Köster, Aldenhoff hier am Deich – alle in Brand geschossen. Das Vieh ist zum Teil mit verbrannt. Man konnte ja auch gar nicht mehr nach hinten gehen, um die Tiere in Sicherheit zu bringen wegen der starken Splitterwirkung der Granaten. Unsere sechs Pferde standen unter einem Holzsöller. Da war wohl Heu und Stroh oben drauf, aber die Decke bestand nur aus lose verlegten Holzstangen. Unsere Kühe hingegen, die standen auf der Diele und darüber war eine Betondecke. Von denen ist keine verletzt worden, aber alle sechs Pferde lagen – von Granatsplittern getroffen – tot im Stall.“

„Nun begann also das Trommelfeuer. Was taten jetzt Sie und ihre Familie?“, frage ich Herrn Aryus. „Ja, wir konnten nur unten im Keller sitzen. Man durfte auf keinen Fall nach draußen. Es war viel zu gefährlich, überhaupt einen Fuß vor die Tür zu setzen. Wir haben in den drei Gewölbekellerräumen auf Stroh gelegen. Unser Vater hatte dicke Matten Stroh da unten hereingelegt und darauf haben wir geruht – mit Decken. Schlafen ging nicht, also es war sehr laut. Das hat unwahrscheinlich geknallt, aber der Vater hatte solche Dinge schon mitgemacht. Er war Ende 1917 achtzehnjährig als Soldat eingezogen worden und hatte in Frankreich noch den Stellungskrieg kennengelernt. Aus diesem Grund hatte er sich schon vorher Steine besorgt und rund um den Keller mit seinen Fenstern zwei Lagen neue Steine setzen lassen. Davor hat er noch Sand aufgeschüttet und wiederum davor wurden in langer Reihe Holzpfähle gesetzt. Die waren auch wieder mit Sand abgedeckt, damit sie nicht wegflogen, wenn darauf geschossen wurde. Die Pfähle hatte Vater von Verwandten in Weeze mit zwei LKW-Ladungen herantransportieren lassen. Er sagte noch: ‚Dass sie uns nicht durch die Mauern bis in den Keller hereinschießen. Dann sind wir alle tot.' Also, Vater kannte ein kleines bisschen von der Sache und darum ist im Keller nichts passiert. Nur einmal, da ist ein Schuss ungefähr durchgegangen, da wurde die Rauchwolke von der Explosion her bis in den Keller gedrückt und es bildete sich ein Riss in der Außenmauer."

„Mit uns im Keller saß damals übrigens auch unser Nachbar Robert Baumann. Er war an diesem Tag im Kriegslazarett Haus Aspel gewesen, um dort seine kranke Tochter zu besuchen. Das Krankenhaus in Rees existierte zu diesem Zeitpunkt schon nicht mehr und im Aspeler Lazarett wurden nicht nur verwundete Landser (Soldaten) operiert, sondern auch Zivilisten aus dem Umland. Es gab ja durch die Bombenabwürfe viele verletzte Leute, die wurden damals alle in Aspel behandelt und eben auch die Tochter von Robert Baumann. Der war nun auf dem Rückweg von Aspel zu seinem Gehöft in Reeserward, als plötzlich das Trommelfeuer einsetzte. Er kam noch bis zum Deich, aber dann wurde es ihm zu gefährlich, sodass er ganz vorsichtig bis zu unserem Haus kroch. Vater hat dann gesagt, dass er den weiteren Nachhauseweg nicht mehr riskieren könne und mit uns im Keller bleiben solle. Die Tochter von Robert Baumann, Agnes, litt übrigens an Diabetes, für das es damals keine Medikamente mehr gab. Ich weiß, dass die Familie nach dem Übergang noch alles versucht hat, Insulin zu bekommen, auch bei den Tommys (Briten), aber sie haben nirgendwo etwas kriegen können. Die junge Frau ist, meine ich, dann noch Ende 1945 gestorben."

„An diesem Nachmittag des 23. März ist der Robert Baumann also bei uns geblieben. Dann haben die Tommys ihn am nächsten Tag (inzwischen hatten sie das Ostufer erreicht) mit 'nem Jeep nach Hause gefahren, aber als er dort ankam, war niemand mehr da. Haus und Scheunen waren ausgebrannt, alles stand leer und im Garten lagen ich weiß nicht wie viele Leute begraben. Engländer, ja, es standen überall auf den Gräbern englische Namen. ‚Ob unsere dort auch liegen?', hat sich Robert Baumann dann gefragt. Er wusste es nicht. Die Tommys (Briten) haben ihn wieder mit zu uns gebracht und als er hier eintraf, da sagte er: ‚Ich glaub', dass sie alle tot sind.' Also er meinte seine Familie, aber in Wirklichkeit hatten die Engländer, nachdem sie hier eintrafen, seine Frau, den Sohn und die Töchter im Schwimmpanzer über den Rhein gesetzt und nach Hülm bei Goch gebracht, wo sie in Sicherheit waren. Auch unsere Nachbarin Frau Lensing und ihr Bruder, Heinz Heiks, der den Hof verwaltete, die Tochter und die Hausgehilfin, die sind alle von den Tommys in den Schwimmpanzer gesetzt und auf die linke Rheinseite gefahren worden. Alle Leute von den Höfen am Rhein, auch Familie Hövelmann vom Pottdeckel-Hof, wurden so nach linksrheinisch gebracht."

Ich frage: „Wie ging die Nacht im Keller zu Ende?" „Ja, gegen zehn Uhr abends wurde das Geschützfeuer von den Engländern vorverlegt. Man konnte jetzt gut merken, dass die Granaten nicht mehr kurz bei unserem Hof einschlugen, sondern die Einschläge weiter hinten erfolgten. Ich würde sagen etwas oberhalb der Bundesstraße 8, also zwischen B8 und Empel. Da wurde dann diese Gegend von den Engländern unter Feuer genommen und als dies die deutschen Soldaten, die bei uns im Keller lagen, merkten, da gab der Oberfeldwebel den Befehl zum Ausrücken. Der Oberfeldwebel war wohl derjenige, der die Landser unter sich hatte. Behr hieß der. Der hatte das Sagen und Leutnant Ruder, oder Hauptmann Ruder, den hab' ich nachher nicht mehr gesehen. Ich denke, dass der stiften gegangen ist." „Die Soldaten waren mit Ihnen zusammen im Keller?" „Ja, die waren auch mit uns im Keller, vielleicht 25 Mann und neben unserer fünfköpfigen Familie noch Verwandte und Nachbarn. Insgesamt müssen es rund 42 Personen gewesen sein."

„Als nun das Feuer vorverlegt wurde, mussten die ersten zwei Landser (Soldaten) raus. Draußen im Garten vor dem Wohnhaus gab es noch eine Bleiche und dort hatte man ein Stellungsloch gegraben, mit Blick auf den Rhein, eine MG-Stellung. Da sollten die zwei mit ihrem MG hinein, um den Tommy (die Briten) abzuwehren, wenn er käme. Aber die beiden sind gar nicht bis dort gekommen, da waren sie schon tot. Der Tommy war nämlich schon drin in diesem Stellungsloch, der war im Schutz des Trommelfeuers längst bis an unseren Hof herangekommen. Wir im Keller hörten nur, als die beiden draußen waren, dass dort eine MP (Maschinenpistole) rappelte ‚rrrrrrt rrrrrrt rrrrrrt'. Da waren die zwei totgeschossen. (Wahrscheinlich gehörten jene „Tommys", zum fünften Bataillon der Black Watch, die gleich mit der ersten Welle am Freitagabend um 21 Uhr einen Kilometer westlich von Rees über den Rhein gegangen waren. (vgl. Berkel, S. 70.) Ich vermute, dass der ‚englische' MP-Schütze direkt vor unserem Keller stand, denn eine der Patronenhülsen flog durch den kleinen Mauerspalt bis zu uns in den Gewölberaum. Das Loch in der Außenmauer war vielleicht so groß wie ein Fünf-Mark-Stück.

Ich hab‘ die Hülse aufgehoben und zu meinem Vater gesagt: ‚Da, englische Munition!‘“

„Wie jetzt der Beschuss weiter landeinwärts erfolgte, war’s nicht mehr ganz so gefährlich. Denn die Engländer verschossen ja etliche Granaten, die oben in der Luft losgingen, um so eine breite Splitterwirkung zu erreichen. Es sollten möglichst viele Leute von den Splittern getroffen werden. Dann hat Vater aber zu den anderen Landsern gesagt: ‚Ihr könnt nicht vorn heraus, das ist zu gefährlich. Ich bringe euch nach hinten über einen anderen Weg hinaus, durch den Schweinestall und durch die Scheune. Da ist auch noch ein Ausweg nach Osten und von da könnt ihr an der Hecke entlang bis zum Deich laufen und hinterm Deich seid ihr in Sicherheit.‘ So sind die Landser im Gänsemarsch losgezogen, aber bei diesem Abrücken sind noch vier von ihnen durch eine Granate schwer verwundet worden, die wurden dann sofort zurück in den Keller gebracht. Ein Sanitäter hat sie betreut.“
„Morgens zwischen drei und vier Uhr kam dann der erste englische Soldat herunter zu uns in den Keller. Er war schweißüberströmt. Dem lief das Wasser so vom Kopf. Die Tommys hatten ja so eine Angst. Mit einem Revolver in der Hand guckte er, ob noch kampffähige Soldaten unter uns waren. Inzwischen hatte auch jemand schon ein weißes Tuch oben vor dem Kellereingang über die Koksheizung gehängt, um anzuzeigen, dass für die Tommys hier keine Gefahr mehr drohte. Wir durften den Keller dann nicht verlassen, aber als es hell wurde, bin ich mal eben heraufgegangen und hab‘ aus dem Flurfenster des Vorderhauses herausgeguckt. Vor uns liegt ja heute die Rheinbrücke und bis zu dieser Stelle war alles platt geschossen. Granattrichter neben Granattrichter. Da stand kein Baum mehr. Man konnte gut bis Rees sehen. Ich staunte, was die Engländer in der einen Nacht alles mit Schwimmpanzern über den Rhein gefahren hatten.[1] Ich hab‘ mal hundert Fahrzeuge gezählt, die da zwischen

dem Banndeich und dem Rheinufer abgestellt worden waren, aber es waren bestimmt viel mehr: kleine Panzer (Bren-Carrier), Jeeps und eben jede Menge Amphibienfahrzeuge. Also die Übermacht der Engländer war unwahrscheinlich groß."

„Unsere dagegen hatten nur noch einen VW-Kübelwagen besessen, für den sie ab und zu zwanzig Liter Kraftstoff-Zuteilung bekamen, außerdem noch ein Sturmboot, das am Rheinufer lag. In einem kleinen Handkärrchen zogen sie Munition, Panzerfäuste und Minen hinter sich her. Viele Straßen wurden ja zuletzt vermint. In die wurden Panzerminen, Riegelminen eingebaut. Ich denke, die waren so achtzig Zentimeter lang, neun Zentimeter breit und einige Zentimeter hoch. Dann wurden Rillen in die Straße gemacht und in diese wurden die Riegelminen hereingelegt. Zuletzt wurden etwas Sand und Reste der Straßendecke darüber geschaufelt und wenn einer darüberfuhr, dann gab es eine unheimlich starke Detonation. Hier bei unserer Katstelle ‚Moshövel' am Spyckweg sind drei englische Panzer auf Minen gefahren.[2] Bei einem waren die Panzerplatten im Boden voll durchschlagen. Die Stahlplatten waren wie Blech auseinandergeplatzt. Drei Besatzungsmitglieder waren vermutlich sofort tot. Die Leichen haben (mit einiger Wahrscheinlichkeit) hier beim Nachbarn Heinrich Simons in der Wiese gelegen. Zwei weitere englische Panzer, die den ersten getroffenen rechts und links umfahren wollten, fuhren ebenfalls auf Minen und hatten Kettenschäden."

„Ich weiß, dass von den Deutschen in unserer Nähe zwei englische Panzer mit der Panzerfaust abgeschossen wurden. Die lagen vor dem Winter-Deich, ungefähr da, wo der Spyckweg in den Dammweg mündet, denn oben im Damm hatten sich die deutschen Landser ja auch eingegraben. Die hatten die Panzer wohl herankommen lassen – bis auf 30, 40 Meter und ihnen dann mit der Panzerfaust eine gegeben. Die hatten so ein Loch im Turm (er zeigt die Dicke mit den Händen). (Wahrscheinlich irrt sich hier der Zeitzeuge, und die faustgroßen Löcher wurden durch Armour-Piercing-Geschosse verursacht.) Das Geschoss hatte sich durchgeschweißt und war dann im Innern explodiert. Das geschah nachmittags, aber viel mehr kann ich dazu nicht sagen." „War das noch am Nachmittag des 24. März?" „Ja, ja, vermutlich. Noch etwas später, da sind ja so viele englische Panzer gekommen. Ich weiß gar nicht, wie sie die so schnell herübergekriegt haben. Das muss am 26. März gewesen sein, da war ja die erste Brücke schon fertig. Dann fuhren die Engländer ja Tag und Nacht unentwegt. Die ersten englischen Panzer, die ich sah, das waren vielleicht 50, 60, 70 Stück. Die kamen alle hier über die Wardstraße gefahren und dann durch die Weiden sofort Richtung Aldenhoff am Altrhein vorbei nach Grietherbusch, Richtung Bienen. Ja, die sind auch nie wieder zurückgekommen, wo sie geblieben sind, weiß ich nicht."[4]

„Wissen Sie noch, wie die bei Ihnen einquartierten deutschen Soldaten bewaffnet waren?" „Mit 98 K (Karabinern), dem MG-42 und jeder Menge Panzerfäuste, aber auch ‚Panzerschreck-Waffen' gab es. Der ‚Panzerschreck' war so ein langes Ofenrohr, das wurde auf die Schulter gesetzt, um Raketen auf Panzer abzufeuern. Schwere Waffen hatten die Landser aber nicht."

„Zwischen sechs und sieben Uhr in der Früh – am 24 März – kamen englische Sanitäter, um die vier deutschen Verwundeten abzuholen. Die wurden mit Sanitätskraftwagen weggebracht, wo die hingekommen sind, das wissen wir nicht. Die Tommys, die noch draußen in den Rheinwiesen lagen, hatten sich in Granattrichtern, Splittergräben und neu ausgehobenen Erdbunkern verschanzt. Sie fürchteten sich vor deutschem Artilleriebeschuss. Darum haben sie an diesem Morgen alle Türen aus dem Haus mitgenommen, um damit ihre Erdlöcher abzudecken. An unserem Gehöft waren zwei Giebel zerschossen worden und die Dächer waren zerstört, gebrannt hatte es wie gesagt aber nicht."[5]

„Als die Engländer jetzt am 24. März endlich da waren, da begannen sie, all die Leute aus Bienen, Millingen und vor allem aus Rees, die noch in ihren Häusern ausgeharrt hatten, auf unseren Hof zu treiben. Schon nach kurzer Zeit waren hier ungefähr 400 Menschen versammelt, alte Männer, Frauen, Kinder, alles durcheinander. Die hatten sie einfach aus den Häusern geholt. Darunter waren wohl hundert Fremdarbeiter, Polen, Russen, Italiener und andere, all die, die hier auf den Höfen gearbeitet hatten. Bei Hülkenbergs waren eine Russin und ein Italiener; wir hatten auch einen Italiener, Nino.[6] All diese Leute mussten versorgt werden. Bei uns im Keller gab es zu dieser Zeit allerdings noch sehr viel Vorrat, und zwar Kartoffeln. Danach hatten sich die Tommys wohl bei unserem Vater erkundigt und nun mussten die Frauen jede Menge Kartoffelsuppe kochen, um die hungrigen Mäuler satt zu kriegen."

„Außerdem hatten die Tommys herausgefunden, dass es unter den evakuierten Zivilisten auf unserem Hof einen Müller gab, nämlich den Müllermeister Josef Rosenbaum aus Rees. Der, so meinte man, müsse auch eine Bäckerei und noch Vorräte haben. Also wurde Josef Rosenbaum von den Tommys zu seiner Mühle oberhalb von Rees gebracht. (Das war die heutige Scholten-Mühle an der B 8. In einem Wohnhaus davor befanden sich die Bäckerei und ein Kolonialwarenladen.) Dort musste er dann mit einigen Helfern, die ihm zur Seite gestellt wurden, Tag und Nacht Brot backen. Anschließend wurde das Brot mit einem Handwagen zu uns gefahren, sodass es für die Leute jetzt Kartoffelsuppe mit Brot gab. Die Zivilpersonen sind, ich würde mal sagen, zehn, vierzehn Tage bei uns geblieben, bis sie wieder nach Hause konnten."

„Aber linksrheinisch, da war es ja noch viel schlimmer. Da hatten die Tommys die gesamte linke Rheinseite ausgeräumt. Die Leute mussten alle nach Bedburg-Hau. Niedermörmter, Hönnepel und die anderen Dörfer standen ganz leer. Das Vieh in den Ställen hatten sie einfach losgemacht und in die Weiden laufen lassen. Unsere Großeltern in Appeldorn waren damals alte Leute. Der Opa war von 1859 und die Oma von 1863. Ja, die mussten im März 1945 alle weg – ins Evakuierungslager Bedburg-Hau, wo sie in Zelten untergebracht wurden. Nach dem Übergang konnten sie alle wieder nach Hause, aber da war das Vieh natürlich weg."

„Die Fremdarbeiter, die bei uns waren, die haben die Tommys alle mitgenommen und nach Haldern gebracht. Da war in der Bauerschaft Helderloh ein riesiges Lager für Ausländer. Ich denke, dass dort mindestens 500 Leute waren." (Tatsächlich befanden sich im UNRRA-Lager in Haldern insgesamt 14.407 Menschen aus neunzehn Nationen, Flüchtlinge und vor allem ehemalige Zwangsarbeiter.[7])

„Noch am 24. März haben die Tommys angefangen, eine erste Brücke zu bauen (etwas stromaufwärts der heutigen Rheinbrücke) und ich meine, dass am 26. März diese Brücke fertig gewesen sei.[8] Es wurden ja in wenigen Tagen bei Rees fünf Brücken über den Fluss geschlagen, drei hier, wo die heutige Brücke liegt und zwei noch oberhalb dieser Brücken. Der Bau der ersten Brücke hat zwei Tage gedauert. Nein, so schnell ging das nicht, da mussten ja mit hunderten von Fahrzeugen die Pontons herangefahren werden. Wir haben die Fahrzeugkolonnen hierfür oben vom Söller aus mit einem Scherenfernrohr beobachtet. Goch und Pfalzdorf konnte man von da gut einsehen und auf dem Kalkarer Berg, da sah man oben die lange Reihe von LKW fahren. Man kann es sich gar nicht vorstellen, ein Fahrzeug nach dem anderen."

„Das Fernrohr hatten die deutschen Soldaten mitgebracht. Oben auf unserem Söller, da ist ein großes Fenster im Giebel und durch das kann man bis auf den Kalkarer Berg gucken. Aus dem Grund saßen dort oben immer deutsche Artillerie-Beobachter. Da lag eine große Kreuzung, die auch heute noch da ist und schon vor dem 23. März fuhren dort den ganzen Tag alliierte Militärfahrzeuge. Wir Kinder durften dann auch schon mal gucken und weil da auf dem Westufer so viel Betrieb war, bekam die deutsche Artillerie 8,8 Zentimeter Flak, die in Empel stand, ab und zu fünf oder sechs Schuss frei. Die Zielangaben waren per Funk von unserem Dachboden übermittelt worden. Wenn dann ein Treffer erzielt wurde, dann waren vielleicht drei, vier oder fünf englische Fahrzeuge kaputtgeschossen worden, die wurden dann abgeschleppt, aber unsere Artillerie hatte keine Munition mehr. Das deutsche Militär war nur noch Armutswerk."

„Übrigens, unser Italiener, Nino, hat nach dem Krieg noch zweimal geschrieben", erzählt Josef Aryus zum Schluss. „Hat berichtet, dass er gut zu Hause angekommen sei, notierte aber keine Adresse, an die man hätte antworten können. Er hieß mit vollständigem Namen Guerino Forner und kam aus Asolo, das weiß ich wohl noch. Der Junge war damals achtzehn Jahre alt und hat hier mit den Pferden arbeiten müssen, weil unsere Pferdeknechte ja alle eingezogen waren. Es musste ja alles Soldat werden. Da waren nur ein paar Bauern, die zu Hause bleiben konnten und denen hatten zumeist Mädchen und Frauen ausgeholfen – hinten im Betrieb."

Nach einem Interview mit Josef Aryus am 11. Januar 2022 in Rees-Esserden und einem Zeitungsbericht von Frau Elisabeth Hanf mit dem Titel „Erinnerungen wurden wach" vom 4. April 2015 in der RP, Emmerich. Fassung vom 06. Februar 2022. Überarbeitet vom 26. April bis zum 12. Mai 2022, u. a. nach Hinweisen von Alexander Berkel.

Anmerkungen:

Auflistung der Personen, die im Keller waren nach dem Interview vom 11. Januar 2022:
„25 (deutsche) Soldaten im Keller, dabei unser Italiener Nino; dazu folgende Leute: Vater, Mutter, Josef, Karl-Heinz und Agnes, das waren wir drei Blagen, und Mia Simons, unser Hausmädchen, die war aus der Nachbarschaft; eine Tante Grete, die Ehefrau von Onkel Karl, einem Bruder meines Vaters, mit ihren drei Kindern, Walter, Margret und Karola sowie dem Hausmädchen Mathilde Hol(e) manns; Hans Becker aus Rees, der hatte ‚ne Bäckerei in der Rheinstraße und seine zwei Schwestern Truda und Dörchen; der alte Reinhard van de Mötter von der Dellstraße; und Robert Baumann, der nicht nach Hause konnte, wegen des Beschusses."

1) Der Autor Alexander Berkel bemerkt hierzu am 30. April 2022 in einer Email:
„Die Briten konnten Jeeps und kleine Transport-Kettenfahrzeuge (sogenannte ‚Bren Carriers') mit ihren Buffalo-Amphibienfahrzeugen über den Rhein bringen – nachdem die Buffalos die erste Angriffswelle der Infanterie herüber- und erste Bren-Carrier und Jeeps mitgebracht hatten, pendelten sie weiter zwischen den Ufern hin und her und trugen Fahrzeuge herüber. Eine Fähre für Fahrzeuge bis neun Tonnen (Class 9 Raft mit dem Code-Namen ‚Poplar') wurde dann in Betrieb genommen, die konnte Lastwagen tragen. Die schweren Fähren für fünfzig bis sechzig Tonnen (Code-Namen ‚Tilbury' und ‚Gravesend') brauchten eine ganze Weile, bis sie fertig waren und den Betrieb aufnehmen konnten."

2) Am 30. April 2022 erklärte mir Josef Aryus per Telefon, dass der britische Panzer dreißig Schritte vor dem Haus der Katstelle ‚Mos-

hövel‘, die damals die Hausnummer ‚Esserden 49‘ getragen habe, durch eine Panzermine zerstört worden sei.

3) Josef Aryus erklärte mir, dass im Garten bei Simons neben den drei toten Briten aus dem bei Moshövel zerstörten Panzer noch drei weitere britische Soldaten bestattet worden seien, so dass dort insgesamt sechs getötete Briten gelegen hätten.

4) Josef Aryus erklärte mir dazu am 30. April 2022 per Telefon: „Die Panzer auf der Wardstraße habe ich selbst gesehen, die kamen aus Richtung der (soeben errichteten) Rheinbrücke und fuhren zwischen den Häusern durch, kamen also zwischen der Katstelle von Lensing, Esserden Nr. 50 und 51 und unserer Katstelle Moshövel, Nr. 49 hindurchgefahren.“

5) Vgl. Hanf, Elisabeth: Weltkriegsende – Invasion der Engländer im elterlichen Kellergeschoss. NRZ, Emmerich 2015.

6) Der italienische Fremdarbeiter Nino hieß nach der Erinnerung von Josef Aryus Guerino Forner und kam aus Mittelitalien. Sein Heimatort hieß eventuell Aselo oder Aserlo oder so ähnlich. Wahrscheinlich kam er jedoch aus Asolo bei Venedig. Beim Telefonat mit Josef Aryus am 30. April 2022 bestätigte dieser, dass Nino aus Asolo gekommen sei.

7) Rüdiger Gollnick schreibt dazu auf Seite 137 seines Buches ‚Fremd in Feindesland‘: „In Rees-Haldern existierte ein riesiges DP-Lager – zeitweise mit Belegungszahlen bis zu 15.000 Menschen. Es bestand als sog. Assembly Center AC 414. Es wurde vom britischen Militär sogleich nach der Eroberung des rechtsrheinischen Gebietes eingerichtet.

(Vgl. Bär, Dr. Werner-Francisco: Das UNRRA-Lager in Haldern

im Sommer 1945 – Erinnerungen eines Neunjährigen. In: Rüdiger Gollnick: Fremd im Feindesland – Fremd im Heimatland. Pagina-Verlag, Goch 2017, S. 105.)

8) Die erste bei Rees geschlagene Bailey-Brücke, die etwas stromaufwärts der heutigen Rheinbrücke lag, wurde tatsächlich am Morgen des 26. März 1945 fertig.
(Vgl. Berkel, Alexander: Krieg vor der eigenen Haustür. Wesel 2004, S. 265.)

Verwendete Literatur:

Hanf, Elisabeth: Erinnerungen wurden wach. Josef Hiepass-Aryus wagte sich am Morgen des 24. März 1945 aus dem Versteck und erspähte Hunderte von Militärfahrzeugen auf Feldern vor dem elterlichen Hof. NRZ, Emmerich 2015.

Hanf, Elisabeth: Weltkriegsende – Invasion der Engländer im elterlichen Kellergeschoss. NRZ, Emmerich 2015.

Berkel, Alexander: Krieg vor der eigenen Haustür, Wesel 2004.

Josef Aryus (rechts) erlebt das Kriegsende als Kind im Alter von 13 Jahren. Dieses Foto zeigt ihn mit seinen Geschwistern Karl-Heinz (links) und Agnes im Jahre 1941.

Das Gehöft der Familie Aryus in Rees-Esserden nahe des Rheinufers, 1960er Jahre.

Agnes Aryus im elterlichen Garten in Esserden, 1960er. Auf der rechten Seite befand sich damals das Stellungsloch für die deutschen Soldaten.

Am Morgen des 24. März landet die 15. Schottische Division auf dem Ostufer des Rheins.

Während an der Rheinfront gekämpft wird, bringen Amphibienfahrzeuge (DUKWs) Nachschub über den Strom.

Feldmarschall Montgomery schreitet die ‚Northumbrian Bridge' von der Reeser Rheinseite her ab.

22 | Fünf Tage im März (1945) – Textauszug

Die Zeitzeugen Karl Awater aus Kamp-Lintfort und Paul Awater aus Haldern erzählen von den letzten Kriegstagen auf dem Haldershof in Aspel . . .

Über jenen 23. März 1945, an dem die Briten zwischen Wesel und Emmerich begannen, den Rhein zu überschreiten, heißt es in einer Halderner Kriegschronik: „Der Großangriff begann fast mit Frühlingsanfang an einem herrlich sonnigen Tag. Nachmittags aber wurde die Sonne durch künstlichen Nebel verfinstert, den die alliierten Truppen vom Rhein her legten. Nun wusste unsere Kampftruppe, was die Uhr geschlagen hatte. Am 23. März um fünf Uhr nachmittags setzte ein Trommelfeuer ein, das zunächst pausenlos bis zum folgenden Morgen dauerte. Schon in der Nacht erzwangen die Feindtruppen Rheinübergänge bei (Gut) Hübsch (in Haffen) und Rees."

Freitag, der 23. März und Samstag, der 24. März

Dieses Ereignis hat sich unter dem Titel ‚Der Übergang' stark in das Langzeitgedächtnis vieler Niederrheiner eingebrannt, auch in das des heute 89-jährigen Zeitzeugen Karl Awater. „Vom 23. März 1945 erinnere ich Folgendes", beginnt der Bauernsohn aus Aspel bei Haldern seine Schilderung. „Ich hatte gerade ein Nachmittagsbutterbrot gegessen und ging zum Hof hinaus, da stand dort ein PKW, alte Reichsklasse, DKW Pappmachéwagen, und die (beiden) Soldaten, die danebenstanden, konnten den Wagen nicht starten. Sie haben mich gebeten, mich 12-jährigen Jungen, mal anzudrücken, zusammen mit Willi Buckermann, dem späteren Bürgermeister von Haldern. Der ist noch zwei Jahre jünger als ich, der war damals zehn

Jahre alt. So haben wir angedrückt und gedrückt und immer wieder haben die versucht, zu starten, aber es funktionierte nicht. Hinter Tenhonsels Scheunenmauer sahen wir eine Gruppe von Soldaten, die sich auf einem Stapel Zaunpfähle in der Sonne ausgestreckt hatte. Wir schoben immer weiter und weiter, waren nachher bei Tenhonsels vorbei, dann auch bei den nächsten Häusern, da wo rechts Stockhorst und links Kuhnen liegen. Sie haben immer wieder versucht, den Wagen zu starten."

„Es war jetzt etwa fünf Uhr oder Viertel nach fünf, da hörte ich plötzlich Artillerie-Abschüsse (auf der linken Rheinseite). Die erlebten wir ja schon seit einiger Zeit, mindestens seit vierzehn Tagen, immer mal wieder. Dann bemerkte ich Einschläge im Bereich vor dem Halderner Bahnhof, da stiegen große Rauchpilze auf. Man sah deutlich, wie die Erde hochspritzte. Es war ja trocken, richtiges Frühlingswetter. Ich denk' sofort, wir müssen in Deckung und sag zu Willi Buckermann: ‚Komm, wir hauen ab, wir gehen zurück, lass' die mal seh'n, wie die ihr Auto starten.' Ich dreh' mich um und seh' zu meinem Schrecken meinen zweieinhalb Jahre alten Bruder Hermann dort steh'n. Hatte gar nicht bemerkt, dass der uns gefolgt war. Ich hab' ihn mir unter den Arm geklemmt und im gleichen Moment schlugen auch in unmittelbarer Nähe schon Granaten ein. Willi Buckermann schrie auf: ‚Ich hab' 'nen Splitter mitgekriegt.' Aber das war wohl nur ein aufgewirbelter Stein von der Straße. Jetzt noch nach Hause zu laufen, war eigentlich keine realistische Möglichkeit, denn es waren ja mindestens 300, 400 Meter bis zum Haldershof. Da gab's kein Überlegen mehr. Also sind wir in den am nächsten gelegenen Keller der Familie Kuhnen geflüchtet. Dann haben wir von fünf bis acht Uhr abends dagesessen. Da brach ein furchtbares Trommelfeuer los. Es knallte rundherum, überall. Im Keller befanden sich zwei Reihen mit hölzernen Biergartenbänken, auf denen haben wir Rücken an Rücken gesessen und haben gewartet, dass es mal aufhörte zu knallen."

„Gegen acht Uhr hörte es tatsächlich für eine ganze Weile auf, da gab es 'ne Feuerpause und in der ist mein Bruder Paul mit dem holländischen Arbeiter Gert Otten, der bei uns auf dem Hof beschäftigt war, gekommen. Herr Otten mit dem Fahrrad, Paul zu Fuß und dann sind wir zu fünft, also Willi Buckermann, mein Bruder Paul und ich, hinter dem Holländer, der Hermann, meinen jüngsten Bruder hinten auf dem Gepäckträger seines Fahrrads mitnahm, zurück zum Hof. Man musste da schon um die (ersten) Granatlöcher drum herumkurven. Die Stromleitungen, die längs des Aspeler Weges verliefen, vom Haldershof zum Grootshof, die schweren RWE-Leitungen, hingen auch schon zum Großteil von den Masten herunter. Sie waren von Granatsplittern durchschlagen worden. Ja, zu Hause angekommen war die Freude meiner Mutter natürlich groß. Der älteste Sohn war vor 'nem Vierteljahr zum Militär eingezogen worden und man wusste ja auch schon nicht mehr, wo der steckte. Dann die beiden Jüngsten (während des Artilleriebeschusses) weg, also Hermann und ich, da waren natürlich alle sehr besorgt. Aber nun war'n wir ja wieder da. Wir erfuhren nun auch, dass es unter den Soldaten an Tenhonsels Scheune einige Verletzte gegeben hatte. Sie waren anschließend dort auf der Deele verbunden worden."

„Es ging jetzt vor allem darum, sich mit der Situation im Keller anzufreunden. In unserem Keller hatten sich bereits Nachbarn, die inzwischen gekommen waren, einquartiert, Kisters und Buckermanns. Die waren auch früher schon des Öfteren bei uns gewesen, immer wenn es starke Fliegeralarme gab. Dann haben wir da – in unserem Kartoffelkeller – auf dem Boden gelegen. Mein Vater hatte damals vorgesorgt für diesen Fall und auf den Steinfußboden Kanthölzer gepackt, dann eine Lage Bretter darübergelegt und darauf eine Lage Stroh ausgebreitet. Über diese Lage Stroh wurden Teppiche aus dem Haus ausgerollt. Das war dann unser Nachtlager für die nächsten Tage."

„Zu den Nachbarn kamen noch deutsche Soldaten, die gingen eben auch bei uns ein und aus. Wenn es gerade mal ein starkes Artilleriefeuer gab, dann flüchteten die auch zu uns herunter, zumal im Kohlenkeller neben unserem Schutzraum auch der Befehlsstand war. Der bestand vor allem aus einem Funkgerät, das auf dem Treppenabsatz stand.“

„Es gab also eine Funkstation des deutschen Militärs bei uns im Hause, die war angeblich nicht abhörbar, weil das UKW-Frequenzen wären. Aber das war ja wohl ein Trugschluss. Als nämlich etwas später der Kommandant oder Richtschütze des deutschen Panzers auf unserem Hof den britischen Panzer vor dem Hollandshof abgeschossen hatte, da sollte der (für seinen, ich glaube, zehnten Panzerabschuss) das Ritterkreuz verliehen bekommen. Das wurd‘ dann von den Deutschen per Funk an die nächste Dienststelle gemeldet. Dann dauerte es gar nicht lange, bis wir wieder starken Artilleriebeschuss auf unser Wohnhaus bekamen. Also die Briten waren genau im Bilde, die haben den Funk bei uns auf dem Haldershof mit Sicherheit abgehört.“

„Das Trommelfeuer ging dann weiter, soviel ich weiß siebzehn Stunden lang, ununterbrochen bis zum Samstagmorgen mit immer nur kurzen Unterbrechungen. Bei der ersten Feuerpause nach acht Uhr abends, da wurde nur noch um Rees herum beziehungsweise auf Esserden und Reeserwardt mit Schrapnell geschossen, das heißt mit Granaten, die in der Luft explodierten, um eine starke Splitterwirkung zu erzeugen, damit kein deutsches Militär in Rheinnähe gelangen konnte. Denn gegen neun Uhr abends erfolgte ja schon der erste Rheinübergang (der Briten) mit Sturmbooten. Als wir um acht Uhr etwa von Kuhnen aus zum Hof zurückliefen, konnten wir im Halbdunkel sehen, wie die Granaten hinter Rees in der Luft explodierten.“

In den Feuerpausen hat unser Melker (Herr Weikamp) die paar Kühe, die das Trommelfeuer überlebten, notdürftig gemolken, nur so viel, dass die Euter nicht prall voll waren und Schmerzen verursachten. Dann haben wir vor allem Milch getrunken. Meine Mutter hatte außerdem so große Blechtrommeln voller Zwieback gemacht. Sie hatte vorher jede Menge Brot richtig getrocknet, damit man etwas zu essen hatte. So gab es hauptsächlich Zwieback mit Milch."

„Das Trommelfeuer dauerte die nächsten Tage an. Dann war es eine Zeit lang ruhig und dann ging es wieder los. Aber vor allen Dingen kamen ja schon bald die Engländer mit Panzern, auch mit Schützenpanzern. Dabei wurden etliche Höfe in Brand geschossen, zum Beispiel die Bauernhöfe in Reeserward, Speldrop und Androp, auch die in Groin. Zum Beispiel die Anwesen von Wessels, Streuff und Böhling. Bei Letzteren ist das Hinterhaus abgebrannt."

Sonntag, der 25. März

„Bei unserem Nachbarn Tenhonsel auf dem Grootshof war im Obergeschoss zwischen zwei Fenstern eine Granate eingeschlagen." Paul Awater: „Die Familie fühlte sich in ihrem Keller nicht mehr sicher und daraufhin sind alle zu uns herübergekommen. Unser Bruder Hermann war damals noch klein, sprach aber schon ein wenig und der sagte auf einmal: ‚Mutter, alle Honsels sind da!' – Wir sind dann mit der gesamten Nachbarschaft bei uns im Kartoffelkeller gewesen: Tenhonsels, Tenbrucks, Buckermanns und Kisters. Die sind alle in unseren Keller geflüchtet, weil der so stabil war. Nur der alte Buckermann, der ist nicht zu uns gekommen, sondern zu Hause geblieben, aber seine ganze Familie war hier."

Karl Awater: „Der Kartoffelkeller wurde übrigens beim Umbau des Hinterhauses im Jahre 1937 mit einer starken Betondecke versehen, weil darüber jetzt der Pferdestall war. Da der Keller – von Westen aus gesehen – noch hinter dem Wohnhaus liegt, war er vor einem Granatbeschuss gut geschützt. Die Kellerluken, in die auch die Kartoffeln herein gekippt wurden, die waren außerdem noch mit Baumstämmen verbarrikadiert worden – als Splitterschutz."

Am Sonntagnachmittag des 25. März rollen dann zwei britische Sherman-Panzer über die Reichsstraße 8 in Richtung Hollandshof. Vermutlich geschah zu genau dieser Zeit das folgende, nur mündlich überlieferte, Ereignis.

Paul Awater: „Bei uns auf dem Hof hat ein deutscher Panzer gestanden, in der Deckung des Vorderhauses. Der hat einen englischen Panzer, der beim Hollandshof über die B8 (damals Reichsstraße 8) in Richtung Aspel angefahren kam, abgeschossen. Albert Awater (Junior): „Daraufhin haben die Briten natürlich zurückgeschossen. Deswegen war die eine Seite unseres Hauses ganz zerstört." Paul Awater: „Nach diesem Abschuss ist der deutsche Panzer nach Empel verlegt worden. Da hat es ja noch länger geknallt als hier. Der Panzerkommandant hat auch noch das Ritterkreuz bekommen. Der abgeschossene englische Panzer stand dann nach Kriegsende noch jahrelang in Böhlings Obstwiese, mindestens bis Ende 1948. Die Briten hatten ihn einfach von der Straße geschoben. Der deutsche Panzer war übrigens vor seinem Einsatz rückwärts in unsere Scheune gefahren, um von der englischen Luftaufklärung nicht gesehen zu werden. Dabei hat er, weil er breiter war als das Scheunentor, einen Teil der vorderen Wand weggerissen. Vater ging noch hin und sagte: ‚Das geht nicht, die Einfahrt ist zu schmal.' Da sagten die Panzer-Soldaten nur: ‚Geh'n Sie weg da, sonst werden Sie umgefahren!' Das war ein Rums, da waren die Steine herausgebrochen. Den Schaden sieht man heute noch. An der linken Torseite fehlt ein Stück der Mauer."

(Text gekürzt)

Nach Interviews mit Paul und Liesel Awater 9. April 2010, mit Karl Awater am 30. Juli 2012 (Nr. 1 – 3) und mit Albert Awater am 22. Februar 2022 (10). Zweimal überarbeitet und Korrekturen eingefügt, zuletzt nach dem zweiten Telefonat mit Karl Awater vom 14. April 2022.

Fassung vom 6. März 2022.

Vorbereitungen für die alliierte Rheinoffensive. Ein mechanischer Nebel-Generator, März 1945.

Zwei britische Batterien sind in Stellung gegangen, um kurze Zeit später die Rheinüberquerung der alliierten Truppen vorzubereiten, 20. März 1945.

Der Rheinübergang von Montgomerys 21. Armee-Gruppe wird mit einem Raketen-Angriff eröffnet, 24. März 1945.

Familie Awater im Sommer 1944; oben v. l.: die Geschwister Karl, Hete, Albert, Ursel, Paul; unten v. l.: Mutter Elisabeth Awater, geb. Böhling, Sohn Hermann, Vater Albert.

Der Haldershof der Familie Awater in Aspel, ca. 1940.

Britische Tanks der ‚11th Armoured Division' fahren durch eine zerstörte deutsche Stadt, März 1945.

23 | 23. März 1945 –Trommelfeuer und Rheinübergang der Briten bei Bislich

Paul Kühnen aus Bislich erinnert sich . . .

Dass der Angriff über den Strom kurz bevorsteht, ist den Menschen zwischen Wesel und Emmerich damals sehr wohl bewusst. Schon seit dem 11. März 1945 befindet sich jetzt das gesamte Westufer des Rheins in alliierter Hand. Am 15. März beginnen die Briten am Niederrhein damit, durch einen künstlichen Nebelschleier ihre Aktivitäten zu verbergen. Ab dem 21. März wird die Nebelwand sogar ununterbrochen aufrechterhalten. Ein untrügliches Zeichen dafür, dass eine militärische Operation in Kürze zu erwarten ist. Dann, am Freitag, den 23. März, ist die Stunde gekommen. Um halb vier nachmittags gibt der britische Feldmarschall Montgomery in seinem Hauptquartier in Walbeck den Angriffsbefehl. Punkt siebzehn Uhr bricht jenes orkanartige Trommelfeuer los, an das sich ältere Niederrheiner wohl ohne Ausnahme erinnern können. Aus 1300 britischen Geschützen, die zwischen Hönnepel und Büderich stehen, donnert ein nicht mehr enden wollender Granathagel auf das westliche Rheinufer nieder.[1]

Paul Kühnen aus Bislich bei Wesel ist damals zwölf Jahre alt und lebt mit seiner Familie etwas außerhalb des Dorfkerns, etwa zwei Kilometer Luftlinie westlich des Rheinstroms. Der heute 87-Jährige kann sich – auch nach nunmehr 75 Jahren – noch sehr gut an diesen 23. März erinnern: „Was ich an diesem Nachmittag gemacht habe, ja, das kann ich Ihnen noch genau erzählen“, sagt er, „das würde ich auch nie vergessen. Mein Vater hatte damals gut für eventuelle Notzeiten vorgesorgt, denn er wurde ja zum Schluss noch eingezogen, nicht mehr zum Militär, sondern zur OT, zur Organisation Todt. So hatten wir genügend Kartoffeln im Keller und auch draußen in einer

Kartoffelmiete. Außerdem besaßen wir seit Kriegsbeginn vier Schafe. Vater hatte gesagt, das ist gut für Fleisch und überhaupt, wenn's mal knapp wird. Diese Schafe liefen immer auf einer Nachbarswiese, die einem Bauern gehörte. Nun lag ja in den vierzehn Tagen vor diesem 23. März schon die alliierte Front auf der anderen Rheinseite. Auch in dieser Zeit haben wir die Schafe immer noch auf diese Wiese gebracht, aber man musste jetzt schon höllisch aufpassen, denn wenn abends der Artillerie-Beschuss (von linksrheinisch) losging, dann mussten die Tiere vorher in Sicherheit gebracht worden sein."

„Jetzt muss dazu erwähnt werden, dass dieses Artillerie-Feuer in Wellen abrollte. An diesem 23. März gingen die Granaten zunächst alle über das Dorf hinweg – bis zum Diersfordter Wald. Dann lief der Beschuss wie eine Walze zurück, erst bis zum Ort, dann weiter bis zum Rheinufer. Mittlerweile waren wir schon an diese Art des Beschusses gewöhnt. In den letzten zwei Wochen hatte man ständig darauf aufpassen müssen, auf den Beschuss und auf die Jabos (Jagdbomber). Wir waren schon daran gewöhnt, zu horchen. Wenn man das Pfeifen der Granaten hörte, bestand eigentlich keine Gefahr, dann brauchte man sich nicht auf den Boden zu werfen. Hörte man allerdings den Abschuss und danach kein Pfeifen, dann war's gefährlich, dann erfolgte der Einschlag mit Sicherheit in der Nähe."

„So hab' ich dann, als wir die ersten Detonationen der Granaten hörten, zu meiner Mutter gesagt, es wäre doch schlimm, wenn jetzt alle vier Schafe im Trommelfeuer zerfetzt würden. Also lief ich los, um sie hereinzuholen, während der Granathagel zuerst noch über uns hinwegging. Das Trommelfeuer ging nun ununterbrochen durch. Wir saßen derweil mit siebzehn Personen im Keller.

Die Einliegerfamilie (Neuhausen), die bei uns oben im Haus wohnte, die war zu fünft, dann wir: Mutter, meine beiden Schwestern, mein jüngster Bruder und ich. Dazu Verwandte aus Bochum und aus Wesel, die ausgebombt waren. – Eigentlich war alles gut vorbereitet. Im Keller stand Sand zum Löschen, ein Eimer Wasser mit Tüchern. Gasmasken mussten ja während des Krieges sowieso vorhanden sein. Die Beleuchtung bestand aus Petroleum- und Karbid-Lampen. Alles war da. Mittlerweile hatten wir auch schon den größten Teil der Küche nach unten verlegt, denn man konnte tagsüber oben schon nicht mehr viel Zeit verbringen, erst recht nicht in der Nacht. Schon seit Wochen wurde unten im Keller geschlafen."

„In den Tagen zuvor hatte der Artillerie-Beschuss meist nach zwei, drei Stunden wieder aufgehört, aber das war an diesem Abend nicht so. Das ging weiter. Dann hörte man deutlich die Einschläge in der Nähe. Also es war … eigentlich … erschreckend. Irgendwann, da krachte es oben über uns. Dann kam ein Stück von der Decke herunter, von der Betondecke des Kellers. Eine Granate war im oberen Geschoss eingeschlagen und dort detoniert. Offenbar hatte aber nur ein einzelner Granatsplitter die untere Decke durchschlagen. Der ganze Keller war nun voller Staub. Da waren die Wassereimer und die Lappen, die wir uns über Nase und Mund legen konnten, natürlich gut. Das Bombardement ging dann pausenlos bis, na, ich würde mal sagen, schätzungsweise zwei Uhr. Dann hörte es plötzlich auf. Dann haben wir die Kellertüre hinten mal geöffnet und herausgeguckt. Also, es sah aus, als stünde ganz Bislich in Flammen. Überall brannte es, aber man hörte keinen Schuss mehr. Diese Stille dauerte etwa eine Viertelstunde oder zwanzig Minuten, dann ging es wieder los. Die Einschläge erfolgten jetzt aber nicht im Dorf, sondern die Geschosse gingen alle über uns hinweg."

Die plötzlich eintretende Ruhe hat allerdings einen triftigen Grund: Ab zwei Uhr in der Früh werden zwischen Xanten und Bislich Soldaten der 15. schottischen Division (15th Scottish Infantry Division) in Buffalo-Schwimmpanzern über den Rhein gesetzt. Bereits eine gute halbe Stunde später haben vier Kompanien der Royal Scots Fusiliers das Dörfchen Bislich eingekreist und alle wichtigen Straßenkreuzungen besetzt.[2]

„So gegen Morgen, etwa sieben Uhr, hörten wir schließlich, dass die Türe aufgebrochen wurde", erzählt Paul Kühnen weiter, „und dass Männer ins Haus kamen. Da stand dann plötzlich ein ganz junger britischer Soldat oben an der Kellertreppe, sah mich an und rief zu mir herunter, ob Soldaten dort seien. Es war ein ganz junger Kerl, ich schätze ihn mal auf 18, 19 Jahre. Rußverschmiert im Gesicht und der Schweiß lief ihm über Stirn und Wangen. Da hab' ich noch gedacht, mein Gott, der hat ja genauso viel Angst wie wir auch. Ich hab' ihm dann mit meinen paar Brocken Englisch, ich ging ja damals schon zur Oberschule, klargemacht, dass keine Soldaten unten wären. ‚No soldiers – only women, children and one old man!', hab' ich ihm zugerufen. Dann ist er heruntergekommen, ganz vorsichtig, immer die Maschinenpistole im Anschlag und hat in alle Kellerräume hereingeguckt."

„Er hat dann natürlich bemerkt, dass wirklich keine Soldaten dort waren. Die Briten blieben nun im Haus, wir durften aber nicht aus dem Keller heraus. Gegen neun Uhr kam einer von ihnen zu uns herunter und wollte, dass meine Mutter mit nach oben kommt. Sie sollte heißes Wasser bereitmachen. Ein junger Schotte lag schwer verwundet auf dem Küchentisch. Sie haben versucht, ihn zu retten, aber es war vergebens. Jedenfalls kam unsere Mutter mit Tränen in den Augen wieder herunter und sagte nur: ‚Es hat nichts genützt – so junge Leute!' Wir haben dann weiterhin im Keller gesessen und gewartet. Die britischen Soldaten, die sich bei uns im Haus aufhielten waren alle sehr nett und freundlich. So um zehn Uhr sagten sie uns, nun dürften wir heraufkommen. Es war jetzt sicher, die Front war schon etwas weiter landeinwärts gerückt."

„Als wir in den Garten gingen, bemerkten wir einen wunderschönen Märztag mit viel Sonnenschein und wir waren alle erstaunt: Der ganze Himmel hing voller Fallschirme. Die Flugzeuge, die über uns hinwegflogen, die Dakotas, immer in Dreier-Formation, setzten Soldaten ab, aber auch Versorgungsbehälter an Fallschirmen."

Es ist die bis dahin größte zusammenhängende Luftlandung des Zweiten Weltkrieges, die die Bislicher an diesem Morgen des 24. März am Himmel beobachten können. Über dem Dreieck Wesel – Mehrhoog – Hamminkeln werden mehr als 14000 britische und amerikanische Fallschirmjäger abgesetzt.

„Dann kamen die ersten Flugzeuge mit den Lastenseglern", berichtet Paul Kühnen weiter. Aber die landeten fast alle hinter dem Diersfordter Wald. Vorwiegend im Hamminkelner Raum sind die heruntergekommen. Wir haben da draußen gestanden: Ein wunderschönes Bild. Und wir waren so befreit! Weil es endlich vorbei war – auch mit dem Beschuss. Wir hatten das ja wochenlang als ständige Gefahr erlebt. Wenn man ins Dorf wollte oder sonst irgendwohin, dann musste man immer aufpassen, dass keine Flugzeuge da waren, selbst, wenn wir Kinder auf der Straße waren. Wenn ein Jabo (Jagdbomber) kam und vorbeiflog, dann war das nicht so schlimm, aber wenn der anfing, sich zu drehen und kam auf einen zu, dann musste man weg. Die schossen auf alles. Ich kann nicht sagen, dass ich übermäßig viel Angst hatte, aber man stand immer unter einem gewissen Druck. Meine Schwester Ursula hat damals zu mir ziemlich treffend gesagt: ‚Endlich ist das Theater vorbei.'

Nach einem Interview mit Paul Kühnen in Bislich am 6. März 2020.
Fassung vom 9. April 2020.

Anmerkungen:

1) Berkel, Alexander: Krieg vor der eigenen Haustüre. Wesel 1994, S. 20 – 32.

2) Berkel, Alexander: Krieg vor der eigenen Haustüre. Wesel 1994, S. 49 – 51.

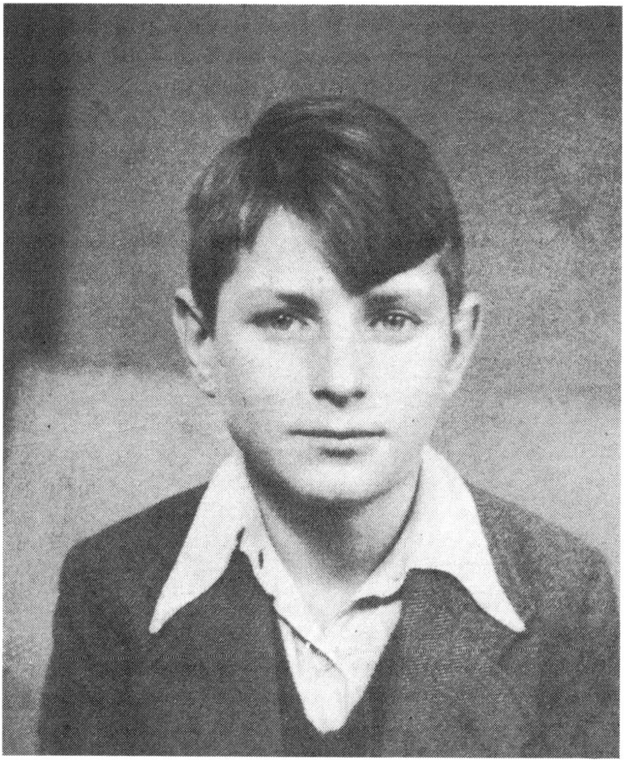

Paul Kühnen als 10-Jähriger, Bislich, im April 1943.

Die Nacht vom 23. auf den 24. März 1945. Die 21. Armee-Gruppe des britischen Feldmarschalls Montgomery geht über den Rhein.

23. März 1945: Britische Artillerie beschießt vor dem Angriff stundenlang das Ostufer des Rheins.

Eine Granatwerfer-Bedienung des 8. Bataillons der Royal Scots am Deich in Bislich beschießt gegnerische Positionen. Plötzlich schlagen kurz hinter ihnen deutsche Granaten ein. Ein britischer Soldat wird verwundet und muss von den Kameraden in Sicherheit gebracht werden.

Premierminister Churchill wird von britischen Soldaten vor der Pontonbrücke bei Xanten-Beek begrüßt.

24 | „...die reinsten Kinder!“

Hermann Telaak aus Haldern erzählt über seinen Einsatz als Soldat bei den Kämpfen nach der ‘Luftlandung Hamminkeln‘ am 26. März 1945 . . .

„Ich bin am 20. November 1944 – als 17-Jähriger – zum Arbeitsdienst eingezogen worden“, erzählt der 83-jährige Landwirt Hermann Telaak und schildert den weiteren Verlauf seiner Erlebnisse so: „Den Arbeitsdienst hab‘ ich abgeleistet in Radevormwald, aber als ich nach knapp zwei Monaten wieder zu Hause war – vom Arbeitsdienst entlassen – da lag der Stellungsbefehl schon auf dem Tisch. Ich war dann nur ein paar Tage bei den Eltern und wurde am 5. Januar 1945 Soldat. Zwei Brüder waren schon Soldat, ich war der Dritte. Da stand Vater mit der Landwirtschaft nun alleine da. Allerdings hatten wir einen kriegsgefangenen Franzosen als Hilfe auf dem Hof – und im Haus eine Ukrainerin. Ich bin dann eingezogen worden zur Grundausbildung nach Wuppertal-Barmen. Wir lagen in der Colmar-Kaserne, aber nicht sehr lange, nur für ein paar Wochen, dann wurden wir aufgeteilt. Von Barmen sind wir dann abkommandiert worden nach Bad Lippspringe. ‚Gott schuf in seinem Zorn die Senne von Paderborn‘, den Spruch hab‘ ich noch im Kopf. (lacht) Dort sind wir ausgebildet worden – zum Panzergrenadier – aufgesessene Infanterie. Fahrzeuge gab es aber gar nicht mehr. Wir waren dort mit zwei Kompanien in einem großen Kursaal untergebracht – Bad Lippspringe ist ja ein Kurort – und von da aus sind wir morgens zur Senne (dem Truppenübungsplatz) marschiert. Dann haben wir noch Glück gehabt, denn Anfang März wurden wir (in Richtung Heimat) nach Borken-Grütlohn verlegt. Da lagen wir dann in Privatquartieren, verteilt über das ganze Dorf, also auf den Höfen der Bauerschaft. Unser Auftrag dort war die Kontrolle des Luftraums. Tag und Nacht mussten wir Posten aufstellen und nach oben in den

Himmel gucken, ob (lacht) feindliche Flugzeuge zu sehen sind. Die Unsrigen, die wussten ja schon, dass die Engländer etwas vorhatten und eine große Luftlandung bevorstand. Auf einmal kam ein neuer Befehl, wir mussten unsere Sachen packen und dann sind wir zu Fuß im Eilmarsch von Borken nach Brünen gelaufen. Abends kamen wir oben auf dem Kugelberg an, der lag in der Unterbauerschaft Brünen."

Die Ankunft der Infanteristen auf dem Kugelberg muss am Abend des 25. März 1945 erfolgt sein, also genau anderthalb Tage nach der großen Luftlandung bei Hamminkeln. Noch in den Nachmittagsstunden des Vortages war auf dem Kugelberg eine deutsche Flakeinheit von alliierten Jagdbombern fast vollständig vernichtet worden.[1] Den in der Dunkelheit eintreffenden Panzergrenadieren aus Borken wird dies damals allerdings kaum bewusst gewesen sein.

„Oben auf dem Berg haben wir noch mal Erbsensuppe bekommen", berichtet Hermann Telaak weiter, „und das war die letzte Mahlzeit, die wir von der Truppe erhielten. In der Nacht haben wir dann keine Minute geschlafen. Unserem Hauptmann hatten sie schon abends eine verpasst. Der war mit seinem Geländewagen losgefahren und getroffen worden. Die Amerikaner und Engländer waren ja schon ganz nah an unserem Berg. Hauptmann Becker war das, der hatte unsere Führung. Er kam nicht mehr zurück. Ich hab' nur gehört, dass er in ein Lazarett irgendwo im Münsterland gebracht wurde. In der Nacht fing es dann plötzlich an zu knallen. Die hatten uns auf dem Hügel gewittert. Da suchte jeder natürlich sofort eine Deckung. Wir hatten Ein-Mann-Löcher gegraben, aber ein Obergefreiter aus unserer Kompanie, der konnte wohl so schnell kein Loch finden. Der stürzte sich einfach über mich. Wir haben nachher mal nachgeguckt. Er hatte so ein großes Einschussloch in seiner Gasmaskenbüchse. Der hat Glück gehabt."

„Morgens kam dann der Einsatzbefehl. Wir wurden an der Autobahn-Trasse der A3 eingeteilt. Alle paar hundert Meter längs der Fahrspur musste ein Mann als Posten stehen. Die Autobahn war ja zu der Zeit noch im Bau, aber der Mutterboden war schon abgeschabt, die Fahrspur schon angelegt. Wir sollten die Engländer abwehren – mit 'nem Karabiner und 'ner Panzerfaust.[2] Zum Schutz hatten wir uns wieder Ein-Mann-Löcher gegraben. Dann dauerte es gar nicht lange. So etwa gegen acht Uhr hatten wir uns aufgestellt und schon gegen zehn Uhr etwa kam plötzlich ein Panzer auf uns zu. Der kam direkt über die Autobahn-Trasse aus Richtung Hamminkeln – mit aufgesessenen Infanteristen und mit 'nem weißen Stern vorne drauf, ein Amerikaner. Lostermann (mein Kamerad, 200 Meter rechts von mir), der kam aus seinem Loch heraus – richtet sich auf – guckt – und bamm – ich seh' noch, wie er so … (Hermann Telaak zeigt mir, wie sein Kamerad mit ausgebreiteten Armen nach hinten fällt.) hinten rüber fiel. Mein Gott, den haben sie erschossen. Da hab' ich nur gedacht, jetzt wird es Zeit, dass ich hier wegkomme. Meine Mutter hatte mir noch ein weißes Taschentuch mitgegeben und gesagt, wenn es gefährlich wird, soll ich mich ergeben. – Ja, gut. Das hab' ich aber dann nicht getan. Ich hab' mir gesagt, hier bleib' ich nicht und bin abgehauen – alleine – wir hatten ja auch keine richtige Führung mehr. Aber die Feldgendarmerie, die war überall. Die hatte noch tags zuvor an einem Hof sechs deutsche Soldaten erschossen – wegen Fahnenflucht. Trotzdem hab' ich mir gedacht, hier taugt es nicht, hau ab. Meine Panzerfaust, die hab' ich scharf (entsichert) an der Trasse liegen lassen, nur den Karabiner hab' ich mitgenommen."

„Ich hatte das Glück, dass direkt hinter mir ein Waldstück lag. So konnte ich einigermaßen geschützt durch den Busch flüchten. Im Wald hab' ich wohl gemerkt, dass eine Granate angesaust kam, aber ich war so schnell am Boden, dass mir nichts passierte. Das hatte ich ja gelernt. Ich bin dann zum nächsten Gehöft gelaufen. Das lag gar nicht weit von der Trasse weg und als ich auf die Diele kam, stand da ein Mann. Ich hab' gefragt: ,Wo ist der Bauer? Wo sind die Besitzer?' ,Weiß nich', weiß nich', sagte der. Es war ein Pole, ein polnischer Fremdarbeiter. Irgendwie hab' ich mich da auch noch nicht richtig sicher gefühlt und hab' gedacht, hier bleib' ich auch nicht. Ich bin dann wieder losgelaufen zum nächsten Hof, musste dazu aber über eine weite Freifläche, eine große Weide. Bei einem Halt zwischendurch sah ich dann auf einmal – von weitem –, wie die Amerikaner anfingen, den Kugelberg zu stürmen. Das war so in anderthalb Kilometer Entfernung. Ein furchtbares Geratter, so ein Geratter hatte ich noch nie gehört. Auf meinem Weg hab' ich die halbe Zeit flachgelegen und konnte dabei sehen, wie die amerikanische Infanterie den Berg hochging.[3] Ich dachte, der liebe Gott ist mit uns gewesen – wie gut, dass ich morgens als Posten eingeteilt wurde und vom Kugelberg weggekommen bin, ich weiß nicht, ob ich da noch lebendig herausgekommen wäre."

„Als ich dann am zweiten Hof ankam, war da ein Erdbunker. Darin saß eine Gruppe von Evakuierten aus Wesel. Ein Mann sagte zu mir: ,Sie kommen hier nicht rein!' Da hab' ich ihm klargemacht: Ich komm hier rein, ich komm hier rein! ,Dann müssen Sie Ihre Waffe wegschmeißen', hat er mir gesagt, denn ich hatte ja den Karabiner noch. Dann hab' ich das Gewehr einfach weggeworfen, ich glaube einfach so auf den Acker. Aber das war gefährlich – verdammt gefährlich. Ich bin dann in den Bunker hineingegangen. Da waren wohl zwanzig evakuierte Männer und Frauen aus Wesel und vielleicht vier oder fünf Soldaten versammelt. Dann dauerte es keine halbe Stunde mehr, da kam ein amerikanischer Panzer mit aufgesessenen Soldaten auf den Hof gefahren. Da hab' ich das weiße Taschentuch dann benutzt und hab' am Bunkerausgang damit gewunken, zum Zeichen, dass wir uns ergeben. ,Come on, come on!', riefen uns die Amis aus dem Bunker heraus, aber die zitterten dabei am ganzen Leib, die waren ziemlich nervös, das konnte ich gut merken. ‚Wo deutsche Soldaten?', ja das konnten sie in Deutsch sagen, aber wir wussten von nichts. Gott sei Dank haben sie dann auch keine Soldaten mehr gefunden. Denn hätten wir die Unwahrheit gesagt, dann wär' es vielleicht noch schlimm ausgegangen. Das war am 26. März 1945."

„Die Amerikaner nahmen uns Soldaten dann mit zu einem anderen Gehöft in Brünen. Draußen im Garten mussten wir uns ein Areal mit Stacheldraht umzäunen und darin wurden wir eingesperrt. Das war 'ne ganze Meute, sicher hundert Mann. Zu essen gab es nichts. Die Alliierten haben ja damals so viel Gefangene gemacht, die konnten das gar nicht mehr bewältigen. Ich erinnere mich noch, dass mir an diesem Tag ein amerikanischer Major befahl, eine Kanne Wasser ins Haus zu tragen. Die englischen und amerikanischen Offiziere, die saßen im Wohnzimmer am Tisch und ich brachte ihnen dann den Kessel mit Wasser. Da guckte der Major mich an und sagte: ‚Die reinsten Kinder'. Später am Abend ist der Major noch mal zu uns gekommen und hat Schinken verteilt. Die hatte er im Haus von der Decke heruntergeholt. (Wir schauen unwillkürlich zu den vier weiß getünchten Schinken-Haken, die auch jetzt noch aus der Küchendecke der Familie Telaak herausgucken.) Wir hatten aber kein Messer und so war es schwierig, das Fleisch aufzuteilen. Da ging dann schon nach kurzer Zeit eine Rauferei los, denn die Soldaten hatten doch alle Hunger."

„Wir blieben in diesem Lager bis zum nächsten Morgen. Dann ging es zu Fuß nach Bislich. Dort haben uns die Engländer mit Motorbooten über den Rhein übergesetzt. Von der linken Rheinseite aus sind wir mit LKWs nach Weeze gefahren, da war ein Auffanglager auf dem Gut Wissen. Wir haben dort ungefähr acht Tage gelegen und dann wurden wir nach Xanten gebracht. Da kamen wir schließlich in Eisenbahnwaggons und dann ging's ab nach Belgien. In Jabbeke vor Ostende, da sind wir dann gelandet und kamen in ein englisches Gefangenenlager. Über die Behandlung dort, da darf ich mich eigentlich nicht beklagen. Ende Juni 1945 wurden wir schon entlassen, das war ja ziemlich früh."

„Als ich im Sommer zu Hause eintraf – in Helderloh auf den Müsershof –, da staunte ich. Unsere gesamten Weiden und auch der Hof standen voller Zelte. Da hab' ich meinen Vater gefragt: ‚Sind hier noch Soldaten?' ‚Nein,', sagte er, ‚das sind entlassene Fremdarbeiter.' Zu dieser Zeit waren wohl 8000 Polen und 4000 Italiener in Helderloh, aber das war dann schon die Nachkriegszeit."

„Diese Truppe, jene zwei Kompanien Panzergrenadiere, die am 25. März auf dem Kugelberg eintrafen, was waren das für Leute?", möchte ich wissen. „Ein Gemisch – alte und junge Soldaten – ein zusammengewürfelter Haufen, wie man so sagt", erklärt Hermann Telaak und fügt hinzu: „Nein, Kampfmoral, die gab es nicht mehr, höchstens türmen Geh'n kam den Leuten noch in den Sinn, aber das war gefährlich. Die waren zuletzt alle nur froh, dass der Krieg zu Ende war und sie noch ihr Leben hatten."

Nach Interviews mit Hermann Telaak am 15. und 18. Oktober 2010.

Anmerkungen:

1) Vgl. Bernhard, Herbert: 1945 – Die Entscheidungsschlacht am Niederrhein. Wesel 1976, S. 182.

2) Die deutschen Panzergrenadiere, zu denen auch der Zeitzeuge Hermann Telaak gehört, müssen damals an der östlichen Seite der A3-Trasse gestanden haben.

3) Ortwin Nißing aus Hamminkeln, der sich eingehend mit der Luftlandung befasst hat, ergänzt meine Schilderung durch folgenden Zusatz: „Die Kampfgruppe Becker lag beim Vorrücken der Amerikaner in Höhe des jetzigen Autobahnrastplatzes Wispelt. Nach einem kurzen Feuergefecht setzte sich die Masse der Kampfgruppe Becker über Heiden nach Reken-Velen ab."

(Vgl. Nißing, Ortwin: Die Geschichte der 3. Batterie vom Fallschirmjäger Artillerie Regiment 7 in dem Waldstück „Hingendahls Waldchen" bei Mehrhoog. Bund deutscher Fallschirmjäger, 2015.)

Der Zeitzeuge Hermann Telaak in Helderloh, ca. 1952.

Ein verletzter deutscher Soldat wartet an der Brücke über die Bislicher Ley in Bergerfurth auf Hilfe. Für seine Kameraden kommt jede Hilfe zu spät.

Die Vorausabteilung der 15. schottischen Division erreicht am 25. März 1945 die Luftlandetruppen in Hamminkeln. Der führende Panzerspähwagen befindet sich etwa in der Höhe des Hofes Wessels-Stenck, Bislicher Straße. Im Hintergrund sind die Gebäude des Köpenhofs zu erkennen.

Eine gemischte Gruppe von deutschen Soldaten, die beim Rheinübergang gefangen genommen wurden, 25. März 1945.

Deutsche Kriegsgefangene aus dem Raum Dingden, März 1945.

Zwei Soldaten der Royal Ulster Rifles am Ortseingang Brüner Straße.

25 | Mai 1945 – „Geläutert worden bin ich in der Gefangenschaft“

Der Zeitzeuge Walter Günther aus Emmerich erzählt . . .

„Von Ostende aus sind wir am 1. April 1945, das war Ostersonntag, eingeschifft worden, nach England“, berichtet Walter Günther, als wir im Januar 2017 über seine Kriegserlebnisse sprechen. Knapp zwei Monate vor diesem Ostersonntag ist er im Reichswald bei Kleve in alliierte Kriegsgefangenschaft geraten. „Zuerst kam ich in die Nähe von London“, erinnert er sich, „‚Kempton-Park‘ hieß das.[1] Da schliefen wir in Zelten und von dort aus ging‘s nach Mittelengland, an die Westküste, nach Chester.[2] Ja, das war ganz gut dort, aber dann wurden SS-Leute und Fallschirmjäger abtransportiert in ein Nazi-Lager. Ich war ja Fallschirmjäger, ich gehörte dann auch dazu. Wir waren ein kleiner Trupp von etwa zehn Mann. Man hat uns dann nach Oldham verfrachtet. Oldham, das liegt auch im Westen Englands. Das Camp befand sich in einer ehemaligen Baumwollspinnerei. Da gingen knapp tausend Menschen in eine Etage rein. Ich glaub‘ drei oder vier Etagen hatte diese stillgelegte Fabrik. Ja, und da gab‘s dann welche, die schon länger in diesem Lager inhaftiert waren, die fragten uns bei unserer Ankunft, woher wir kämen. ‚Ja‘, sag ich, von da und da. Wo ich denn in Gefangenschaft geraten wär‘? Ich sag: ‚Am Niederrhein, im Reichswald.‘ ‚Was, im Reichswald? Das kann nicht stimmen‘, meinten sie, ‚wir wissen, dass die deutschen Truppen bei Dünkirchen steh‘n. Die deutschen Panzer stehn vor …‘ Das heißt, die waren schon länger in Gefangenschaft und machten sich selbst was vor. Da hat ein wohlmeinender Kamerad zu mir gesagt: ‚Halt die Schnauze! Wer weiß, was die sonst mit dir anstellen.‘ Da bin ich dann doch ein bisschen unruhig geworden … Ja, so ist das überall. Es kristallisieren sich immer wieder ein paar heraus, die das Sagen haben, die praktisch den übrigen Teil (der Gruppe) beherrschen. So war das auch hier mit diesen Leuten, die natürlich zusammenhielten und die von ganz anderen Dingen träumten und alle zwangen, so zu denken, wie sie es für richtig hielten." „Diese Leute, die die Niederlage Deutschlands leugneten, waren eine Art Rädelsführer?", frage ich. „Das waren hauptsächlich welche, die schon kurz nach der Invasion in Gefangenschaft geraten waren.[3] „War das noch vor Kriegsende?" „Da war der Krieg gerade aus, das war Ende Mai. Da spannen die noch davon, dass der Krieg gewonnen werden könne." Reinders: „Hatten die überhaupt keine Nachrichten erhalten?" Günther: „Ich weiß es nicht. Ich weiß nur noch, dass wir wenig später in eine große Baracke geführt wurden, gruppenweise, wo uns die Engländer einen Dokumentarfilm zeigten – mit Aufnahmen aus deutschen KZs. Von Menschen, die nur noch Haut und Knochen waren, von Bergen von Leichen. - Also da hab' ich mich geschämt. Da waren dann verschiedene Mitgefangene, die riefen: ‚Das ist nicht wahr! Alles Lügen! Propaganda!' Und so weiter. Mh, … die wollten das nicht wahrhaben." Reinders: „Wie haben die Filmaufnahmen auf Sie gewirkt?" Günther: „Schlimm, schlimm, ganz schlimm, … sie haben ganz schlimm auf mich gewirkt, ja. (längerer Moment des Schweigens) Denn irgendwie im Unterbewusstsein hab' ich immer gedacht, mit den Juden ist etwas geschehen.[4] Irgendwann, ich glaub' 'ne Woche danach, gab es einen Aufruf, wer in der Landwirtschaft arbeiten wolle, der solle vortreten. Da hab' ich mich denn gemeldet und bin in ein Lager an der schottischen Grenze gekommen, nach Cumberland, dorthin, wo gegenüber die Insel ‚Man' liegt. Na ja, und da war denn Ruhe." Reinders: „Sie sagten soeben, als mein Tonband schon abgeschaltet war, in der Gefangenschaft hätte es zu viele gegeben, die noch Nazis gewesen seien?" Günther: „Ja, ja, ja, sie hungerten ja nicht. Sie bekamen ja zu essen. Zwar nicht zu viel, aber auch nicht zu wenig. Also konnten sie 'ne große Klappe haben, aber wie gesagt, ich bin da eigentlich geläutert worden – zu der Zeit – ja."

Nach einem Interview mit Walter Günther am 7. Januar 2017 in Emmerich (Protokoll, S. 6 und 7), einem Interview vom 19. Februar 2019 und einem Interview vom 20. Januar 2020.
Fassung vom 30. April 2020.

Anmerkungen:

1) ‚Kempton-Park' liegt südwestlich von London in der Nähe der Themse in Sunbury-on-Thames. Sunbury-on-Thames is a suburb in the Borough of Spelthorne, in the county of Surrey in England.

2) Chester liegt südlich von Liverpool.

3) Die Textpassage ab: „Ja, so ist es überall …", stammt aus dem zweiten Interview mit Walter Günther vom 19. Februar 2019, Protokoll, S. 7.

4) Diese Textpassage stammt ebenfalls aus dem zweiten Interview mit Walter Günther vom 19. Februar 2019, Protokoll S. 8, oben.

Walter Günther, 1947, in englischer Kriegsgefangenschaft (in Middleton Manor).